知的財産
ライセンス契約

産業技術
（特許・ノウハウ）

弁護士
伊藤 晴國 著

日本加除出版株式会社

はしがき

　知的財産ライセンスは典型的な企業間取引の一類型であり，一般にその契約の構成はさほど複雑ではない。とは言え，ライセンス契約の基本条項の背後には，ライセンサーとライセンシー間の先鋭的な利害対立に由来する様々な論点が存在し，その解釈をめぐって当事者間に紛争が生じることも少なくない。また，同一の企業がライセンス取引を行う場合であっても，許諾技術の分野や内容，許諾製品，許諾地域，独占・非独占の別といった事情，さらには当然のことながら，ライセンサーとライセンシーのいずれの立場に立つのかによって，ライセンス交渉に臨む姿勢や戦略は大きく異なり得る。したがって，個別具体的なライセンス契約の取扱いに直面する企業の担当者や企業から依頼を受ける弁護士は，単なるサンプル条項の引き写しによって個々の案件に対処することはできず，知的財産ライセンスの本質を正しく理解した上，具体的な事情に照らして，当該企業にとっての合理的な契約条件を模索する必要がある。

　本書は，特許発明やノウハウといった産業技術のライセンス契約について，一般的な英文契約の書式に沿った条項例を題材に，知的財産権及びそのライセンスの法的性質，関連する法令や判例といった背景事情に遡って，その典型条項──許諾範囲，ライセンス料，表明保証，改良技術の取扱いなど──に関する基本的な考え方を概説するとともに，実践的なドラフティングの指針を提供し，もって，企業担当者や弁護士がその直面する具体的なライセンス契約案件を適切に処理するための一助となることを目的としている。知的財産ライセンス契約を適切に組み立てるためには，特に当該知的財産権及びそのライセンスについての正しい理解が必要となる。そこで，本書では，第1章において知的財産権及びそのライセンスの法的性質を概観した上，第2章における産業技術ライセンス契約の具体的条項の解説においても，必要な限りにおいて，許諾対象の権利やそのライセンスの法的性質に遡った分析を行うよう努めたつもりである。

　本書の上梓は，平成29年の夏，日本加除出版の朝比奈耕平氏と西国際法

はしがき

律事務所の所長である西美友加弁護士が知的財産の理論から紐解いたライセンス契約の実務書の出版を企画したことを端緒とする。著者は，西弁護士にお声がけいただき，キヤノンマーケティングジャパン株式会社理事兼法務・知的財産本部本部長（当時）の大島正通氏，及びLINE株式会社法務室の橋本有加弁護士と共に，同企画のワーキンググループに参加することとなった。その後，事情により，橋本弁護士に代わって，株式会社ワコム法務部のDirectorである木佐優弁護士ほかが同ワーキンググループに加わった。

　一口にライセンス契約といっても，対象となる知的財産によって，その法的性質や経済的機能は一様ではなく，特許，ノウハウのライセンスから，ソフトウェアその他の著作物，商標やキャラクターのライセンスなど，およそ実務上ニーズの高い知的財産のライセンス契約だけでもその類型は多岐にわたる。上記ワーキンググループは，ほぼ隔月で会議を開き，これら多様な知的財産ライセンス契約を体系的に解説するための構成や内容について喧々諤々の議論を戦わせた。その中にあって，幸い著者が担当する特許・ノウハウ部分は，構成にさほど工夫を要しない分，他のメンバーの担当部分であるソフトウェア以下の部分と比較して草稿作成の進捗が早かった。その結果，多様な知的財産ライセンス契約を一冊で網羅する書籍を出版するという当初の予定を変更し，特許・ノウハウ部分のみを取り出し，他の部分に先行して刊行する運びとなった。時間を要しながらもどうにか本書の執筆を進めることができたのは，ひとえに上記ワーキンググループのおかげであり，本書の内容もグループ内の自由闊達で忌憚のない議論に拠るところが大きい。メンバーである上記の方々には，この場を借りて心から御礼申し上げる。

　最後に，第2章第4節第7（租税の取扱い）の内容についてご助言を賜ったジョーンズ・デイ法律事務所の井上康一弁護士，そして，著者の遅筆に最後までお付き合いいただいた上，的確な指摘と緻密な校正によって本書を刊行に導いて下さった編集者としての朝比奈氏に対し，深く御礼申し上げたい。

　　令和元年（2019年）10月

　　　　　　　　　　　　　　　　　　　　　伊　藤　晴　國

目　次

第1章　知的財産ライセンスとは

第1節　はじめに ——————————————————————————— 3

第2節　物権的・非物権的知的財産権とライセンスの法的性質 ————— 5

第3節　物権的知的財産権の法的性質——所有権との対比 ————— 10

第4節　知的財産ライセンスの法的性質
　　　　——物権的知的財産権のライセンスと賃借権との対比 ———— 13

第5節　知的財産ライセンスの法的性質
　　　　——非物権的知的財産権のライセンス —————————— 15

第6節　知的財産ライセンスの経済的機能と契約内容の多様性 ———— 17

　第1　契約締結の場面と契約内容の多様性……………………………… 17

　第2　ライセンスの経済的機能——賃貸型と売買型……………………… 18

　第3　賃貸型と売買型の別による約定内容の相違……………………… 20

第7節　本書の内容と表記について ————————————————— 21

第2章　産業技術ライセンス契約

第1節　総　論 ——————————————————————————— 25

　第1　特許とノウハウ——権利とライセンスの本質……………………… 25

　第2　ライセンス契約の構成要素と基本的視点………………………… 28

　第3　本章の構成………………………………………………………… 30

第2節　ライセンス条項 ——————————————————————— 31

　第1　許諾技術…………………………………………………………… 35

　第2　独占性の有無……………………………………………………… 38

　　1　独占ライセンスと非独占ライセンス　38

　　2　日本の特殊事情（専用実施権と通常実施権）　40

　第3　有償・無償の別…………………………………………………… 42

　第4　許諾行為…………………………………………………………… 43

iii

目　次

　　1　総　論　*43*

　　2　第三者への実施委託について　*46*

第5　実施分野‥‥‥‥‥‥‥‥‥‥‥‥‥‥‥‥‥‥‥‥‥‥‥‥‥　*48*

第6　許諾製品‥‥‥‥‥‥‥‥‥‥‥‥‥‥‥‥‥‥‥‥‥‥‥‥‥　*49*

　　1　総　論　*49*

　　2　許諾製品の流通と消尽論　*51*

　　3　間接侵害品　*52*

　　4　考　察　*54*

第7　許諾地域‥‥‥‥‥‥‥‥‥‥‥‥‥‥‥‥‥‥‥‥‥‥‥‥‥　*55*

　　1　許諾地域と許諾技術の関係　*55*

　　2　許諾地域と国際消尽　*58*

第8　許諾期間‥‥‥‥‥‥‥‥‥‥‥‥‥‥‥‥‥‥‥‥‥‥‥‥‥　*62*

第9　サブライセンス権の有無‥‥‥‥‥‥‥‥‥‥‥‥‥‥‥‥‥‥　*63*

　　1　サブライセンス権とは何か　*63*

　　2　サブライセンスに関する権利義務　*65*

第10　ライセンスの譲渡可能性‥‥‥‥‥‥‥‥‥‥‥‥‥‥‥‥‥‥　*67*

第11　ライセンスの取消可能性・永続性‥‥‥‥‥‥‥‥‥‥‥‥‥‥　*68*

第12　まとめ‥‥‥‥‥‥‥‥‥‥‥‥‥‥‥‥‥‥‥‥‥‥‥‥‥‥　*69*

第3節　ノウハウの提供・技術支援 ——————————————— *72*

第1　ノウハウの提供‥‥‥‥‥‥‥‥‥‥‥‥‥‥‥‥‥‥‥‥‥‥　*72*

第2　技術支援‥‥‥‥‥‥‥‥‥‥‥‥‥‥‥‥‥‥‥‥‥‥‥‥‥　*74*

第4節　ライセンス料の支払 ————————————————— *77*

第1　契約一時金‥‥‥‥‥‥‥‥‥‥‥‥‥‥‥‥‥‥‥‥‥‥‥‥　*78*

第2　マイルストーン・ペイメント‥‥‥‥‥‥‥‥‥‥‥‥‥‥‥‥　*79*

第3　ロイヤルティ‥‥‥‥‥‥‥‥‥‥‥‥‥‥‥‥‥‥‥‥‥‥‥　*80*

　　1　総　論　*80*

　　2　ロイヤルティ算出方法　*84*

　　3　ロイヤルティ期間　*93*

　　4　ロイヤルティの報告及び支払　*97*

　　5　適用為替レート　*99*

第4　記録・監査‥‥‥‥‥‥‥‥‥‥‥‥‥‥‥‥‥‥‥‥‥‥‥‥　*100*

iv

第5	最低ロイヤルティの定め	…………………………………	*104*
第6	支払に関する定め	………………………………………	*106*
第7	租税の取扱い	……………………………………………	*107*

   1 ライセンス料に関する課税関係　*107*

   2 租税の取扱いに関する約定　*111*

第8 ライセンス対象の権利が失効した場合の取扱い………………… *116*

   1 許諾特許が無効となった場合のライセンス料支払義務　*117*

   2 許諾技術がパブリックドメインとなる前に支払われたライセンス料の取扱い　*118*

   3 ライセンス料の構成に関するライセンサーとライセンシーの利害対立　*120*

   4 不争義務について　*120*

   5 ノウハウがパブリックドメインに帰した場合の取扱い　*121*

第5節　ライセンシーによる許諾技術の実施 ——————————— *123*

第1 ライセンシーの実施努力義務………………………………… *124*

第2 非独占ライセンスへの転換権………………………………… *125*

第3 ライセンシーによる競争品取扱禁止義務…………………… *126*

第6節　知的財産権の取扱い ————————————————— *128*

第1 ライセンス対象の権利の維持管理…………………………… *128*

   1 許諾特許の維持管理　*128*

   2 許諾ノウハウの秘密性の維持管理　*131*

第2 ライセンス対象の権利を侵害する第三者に対する対応………… *132*

   1 非独占ライセンスの場合　*133*

   2 独占ライセンスの場合　*134*

第3 第三者知的財産権の侵害についての取扱い………………… *136*

第4 改良技術の帰属及び許諾……………………………………… *138*

   1 改良技術に関する権利関係の定め方　*140*

   2 特許制度，競争政策上の観点からの制約　*141*

第7節　表明保証 ————————————————————————— *146*

第1 当事者双方に共通する表明保証事項………………………… *146*

   1 当事者である法人の存在と契約締結の権能　*147*

   2 矛盾する別の契約の不存在　*147*

第2 ライセンサーの表明保証事項………………………………… *148*

v

目　次

    1　許諾特許をライセンスする権限の保有　*149*

    2　ライセンサーが権限を保有する全ての特許がライセンスされること　*149*

    3　許諾製品が第三者の知的財産権を侵害しないこと　*150*

    4　許諾技術に第三者の営業秘密等が含まれないこと　*152*

    5　許諾ノウハウが非公知であること　*153*

    6　許諾技術に関する紛争が存在しないこと　*153*

  第3　ライセンシーの表明保証事項……………………………………… *154*

第8節　秘密保持 ──────────────────────── *156*

  第1　秘密保持義務の対象………………………………………………… *157*

  第2　秘密保持義務の内容………………………………………………… *160*

  第3　研究発表…………………………………………………………………… *163*

  第4　プレスリリース……………………………………………………… *166*

第9節　契約期間・解約 ─────────────────────── *168*

  第1　契約期間………………………………………………………………… *169*

  第2　相互的な解約事由…………………………………………………… *170*

  第3　ライセンサーによる解約の事由…………………………………… *176*

    1　ライセンシーによる許諾特許の有効性の争い　*176*

    2　ライセンシーによる無断譲渡　*177*

    3　ライセンシーの支配権の変動　*178*

    4　ライセンシーの売上目標の未達　*180*

    5　ライセンシーの実施努力義務違反　*181*

  第4　ライセンシーによる解約の事由…………………………………… *182*

    1　許諾特許の失効　*182*

    2　許諾ノウハウの公知化　*183*

    3　第三者からの特許侵害クレーム　*184*

    4　ライセンシーによる任意解約権　*185*

  第5　契約終了の効果……………………………………………………… *187*

第10節　譲渡・支配権の変動 ──────────────────── *191*

  第1　契約上の地位の譲渡の制限………………………………………… *191*

  第2　許諾技術の譲渡の制限……………………………………………… *193*

  第3　支配権の変動………………………………………………………… *195*

目　次

第11節	一般条項 ————————————————	*198*
第1	損害賠償（補償） ····························	*198*
1	第三者のクレームに関する補償　*199*	
2	損害賠償（補償）とその制限　*201*	
3	保　険　*203*	
第2	不可抗力 ·································	*204*
第3	当事者の独立性 ···························	*205*
第4	契約準拠法 ······························	*207*
第5	紛争解決方法 ····························	*209*
1	裁判と仲裁　*210*	
2	紛争解決地の選択　*212*	
3	知的財産権に関する紛争と保全手続の特殊性　*213*	
第6	引き抜きの禁止 ···························	*214*
第7	黙示的ライセンスの不存在 ····················	*216*
第8	追加保証 ·································	*217*
第9	権利放棄 ·································	*218*
第10	通　知 ·································	*220*
第11	完全合意 ·································	*222*
第12	書面による契約変更 ·························	*223*
第13	分　離 ·································	*224*
第14	契約解釈 ·································	*226*
第15	支配言語 ·································	*229*
第16	副　本 ·································	*230*

第3章　産業技術ライセンス契約書式

独占ライセンス契約 ————————————————	*235*

判例索引 ··································	*307*
事項索引 ··································	*309*

vii

目　次

コラム目次

コラム 1　「知的財産」と「知的財産権」の違い ……………………………… 4

コラム 2　共有特許の場合，各共有者は単独でライセンスできるのか？… 34

コラム 3　グローバル・ライセンスとは何か？…………………………… 57

コラム 4　covenant not to sue, non-assertion とは何か？ ………… 70

コラム 5　ライセンスにおける委員会制度とは何か？……………………… 76

コラム 6　クロスライセンス契約において
　　　　　ロイヤルティはどのように定められるか？……………… 90

コラム 7　パテントプールとは何か？………………………………………… 91

コラム 8　標準必須特許（SEP）と FRAND ライセンスとは何か？… 91

コラム 9　特許期間満了後のロイヤルティ支払義務を有効にするには
　　　　　どのような約定にすべきか？……………………………… 95

コラム10　特許侵害訴訟において被告が損害金を支払った後，当該
　　　　　特許が無効となった場合，被告が原告に支払った損害金
　　　　　はどう扱われるのか？……………………………………… 122

コラム11　ハッチ・ワックスマン訴訟（ANDA 訴訟）とは
　　　　　いかなる訴訟か？…………………………………………… 135

コラム12　NAP 条項とは何か？ ……………………………………………… 144

コラム13　ライセンサーが倒産した場合，ライセンスはどうなるか？… 173

コラム14　破産管財人による未履行双務契約の解除権の有無という
　　　　　問題についてはいかなる国の法が適用されるのか？……… 174

コラム15　Qimonda AG 事件
　　　　　（In re Qimonda, 462 B.R. 165 (Bankr. E.D. Va. 2011).) … 175

コラム16　原ライセンス契約の解約によるサブライセンス契約の終了… 186

viii

第 1 章

知的財産ライセンスとは

第1節

はじめに

　本書は，知的財産（Intellectual Property）に関するライセンス契約のうち，特に特許発明やノウハウといった産業技術のライセンス契約について，実務上の基本的な考え方を示すことを主眼とする。なお，「産業技術」というのは，法律上定義された言葉ではなく，本書では「産業活動において利用される技術」，平たく言えば「人の生活に必要なモノやサービスを生産又は提供するために利用される技術」を意味する用語として用いる。

　本来，「ライセンス」とは「許可」を意味するのであり，許可の対象は必ずしも知的財産に限られるものではない。実際，法務実務においては，行政機関による許認可も「ライセンス」と表現される。しかしながら，単に「ライセンス」といえば，知的財産に関するライセンスを意味することが圧倒的に多いであろう。

　我が国の知的財産基本法は，「知的財産」を，

　　「発明，考案，植物の新品種，意匠，著作物その他の人間の創造的活動により生み出されるもの（発見又は解明がされた自然の法則又は現象であって，産業上の利用可能性があるものを含む。），商標，商号その他事業活動に用いられる商品又は役務を表示するもの及び営業秘密その他の事業活動に有用な技術上又は営業上の情報」

と，「知的財産権」を，

　　「特許権，実用新案権，育成者権，意匠権，著作権，商標権その他の知的財産に関して法令により定められた権利又は法律上保護される利益に係る権利」

とそれぞれ定義している（同法2条1項及び2項）。したがって，実務上一般にいう「ライセンス」とは，これらの財産又は財産権に関する許諾を意味する。本書においても，以下，そのようなライセンスを「知的財産ライセン

第1章　知的財産ライセンスとは

ス」又は単に「ライセンス」といい，その契約を「知的財産ライセンス契約」又は単に「ライセンス契約」と表記する。

　本書の主題である産業技術ライセンス契約の具体的条項の検討は次章に譲り，本章では，より大きな枠組みである知的財産ライセンスについて，その理解のための基本的な視点をいくつか述べておく。

コラム**1**　「知的財産」と「知的財産権」の違い

　知的財産基本法の定義によれば，「知的財産」（intellectual property）とは，特定の思想，表現，表示及び情報である無体物（情報財）であり，「知的財産権」（intellectual property right）とは，かかる情報財を客体とする権利である。分かりやすい例で言えば，「発明」，すなわち「自然法則を利用した技術的思想の創作のうち高度のもの」（特許法2条1項）は「知的財産」であり，これに対する権利である「特許権」は「知的財産権」である。有体物で言えば，「不動産」が権利の客体であり，「所有権」や「地上権」などの物権が権利であるのと同様の概念区分である。

　このように「知的財産」と「知的財産権」とは権利の客体と権利自体ということで異なる概念であるが，実務上は，これらの言葉はそれほど厳密に区別されて用いられておらず，「知的財産」という言葉を権利の客体ではなく，権利（知的財産権）を意味する言葉として用いられる例もしばしば見られる。権利とその客体のいずれを意味しているのかは，大抵文脈から判断できるので，目くじらを立てて厳密な使い分けをする必要はないが，権利とその客体とが概念として異なることは意識しておくべきであろう。

　ちなみに，「特許」という言葉と「特許権」という言葉も，厳密に考えると意味は異なり，本来，前者は国（特許庁）が要件を満たす発明に対して特許権を付与する行為（行政行為）を意味し，後者はかかる行政行為によって発生した権利を意味する。しかしながら，実務上は，権利を意味するに当たって「特許権」と言わず，単に「特許」という言葉を用いることが多い。本書においてもこの点厳密な使い分けをしていないことをご容赦いただきたい。

第2節 物権的・非物権的知的財産権とライセンスの法的性質

　知的財産基本法における定義から明らかなように，知的財産又は知的財産権という概念の中には，多様な財産又は権利が含まれる。それ故，一口に知的財産ライセンスといっても，対象となる知的財産によって，その法的性質や経済的機能は一様でない。

　知的財産基本法に定義される「知的財産権」のうち，「特許権，実用新案権，育成者権，意匠権，著作権，商標権その他の知的財産に関して法令により定められた権利」は，その権利範囲において，対象となる当該知的財産（発明，考案，植物の新品種，意匠，著作物，商標等）の他人による実施（あるいは使用又は利用）を排除する物権的効力を有する。特許権について見れば，特許法68条本文が「特許権者は，業として特許発明の実施をする権利を専有する。」として，この理を明示的に規定している。以下，本書では，かかる物権的効力を有する知的財産権を「物権的知的財産権」と呼ぶこととする。なお，知的財産権のうち，特許庁の所管に係る，特許権，実用新案権，意匠権及び商標権の四つを「産業財産権」というが，これらの権利は全て物権的知的財産権に該当する。

　他方，知的財産基本法に定義される「知的財産権」のうち，「その他の知的財産に関して法令により定められた……法律上保護される利益に係る権利」，例えば不正競争防止法や不法行為法によって保護される営業秘密又は限定提供データに係る権利は，物権的権利ではない。例えば，営業秘密の典

1　「秘密として管理されている生産方法，販売方法その他の事業活動に有用な技術上又は営業上の情報であって，公然と知られていないもの」（不正競争防止法2条6項）。

2　「業として特定の者に提供する情報として電磁的方法（電子的方法，磁気的方法その他人の知覚によっては認識することができない方法をいう。次項において同じ。）により相当量蓄積され，及び管理されている技術上又は営業上の情報（秘密として管理されている

型例は，秘匿された非公知の技術情報，いわゆるノウハウであるが，ノウハウの保有者は，同一のノウハウを第三者が実施していても，不正競争が成立する場合は別論，一般的にはその実施について差止めや損害賠償を請求することはできない。営業秘密に該当するノウハウの保有者は，他人によるその取得，使用又は開示が「不正」と評価される限りにおいて，それを排除する権利が不正競争防止法によって与えられているだけであり，当該ノウハウ自体について特許権のような排他的な使用権が本来的に与えられているわけではないのである。したがって，特許ライセンスの場合と異なり，ノウハウライセンスは，物権的権利の行使の不作為請求権という法的性質[4]を有するものではない。従来から高い価値が認識されていた医薬品の臨床試験データはもとより，近時のデジタル革命によって改めてその経済的価値に注目が集まっている産業上の各種データも，技術上又は営業上の情報として，不正競争防止法上の営業秘密又は限定提供データに該当し得るのであり，基本的にノウハウと同様に扱うことができよう。以下，本章では，説明の便宜上，かかる営業秘密や限定提供データに該当するノウハウやデータに関する権利といった物権的効力を有しない知的財産権を「非物権的知的財産権」と呼ぶこととする。

　このように，法は知的財産の保護の制度として，排他的権利を設定する方法と侵害行為に対する救済制度を定める方法という，異なる二つの制度設計を用意している。このような制度設計（保護形態）の違いに着目し，知的財産法を「権利付与法」と「行為規制法」の二つに分類する学説もある[5]。知的財産の保護の方法としてそのいずれを用いるかは，基本的に対象となる知的財産（情報）の内容・性質によって定まることになろうが，情報はその性質上，本来的に特定人による独占になじまないのであり，一定の情報について

　　ものを除く。）」をいう（不正競争防止法2条7項）。
　3　正確に言えば，ノウハウのうち不正競争防止法2条6項の要件を満たすものが「営業秘密」に該当する。
　4　第2章第1節第1（25頁）参照。
　5　中山信弘『特許法〔第4版〕』（弘文堂，2019）15〜17頁。

保護の制度を設けるとしても，侵害行為に対する救済手段を定めることを原則とし，例外的に，一定の新規な情報を創作した者に対して排他的権利を与えるというのが自然な知的財産保護の法設計であり，歴史的な法の発展はともかく，現行法もそのような建付けの制度設計になっていると考えることができる。

　この点，本書で対象とする産業技術について，ネジメーカーA社がその製造販売するネジ製品に関して保有する技術情報を例に，具体的に考えてみる。

　(a)　A社が製造販売するネジ製品の寸法に関する情報は，製品自体が市販され，誰でもその製品を採寸することができるのであるから，営業秘密には該当しない。したがって，当該ネジ製品の寸法についてA社が特許等の産業財産権を取得していれば別論，そうでない限り，B社がA社のネジ製品を市場で購入して採寸し，設計図を作成して同寸法のネジ製品を製造販売したとしても，A社は営業秘密の侵害を理由にB社の製造販売行為を差し止め，又はこれに損害賠償を請求することはできない[6]。

　(b)　これに対し，A社が同ネジ製品の製造方法について営業秘密に該当するノウハウを保有している場合，B社が当該ノウハウをA社から窃取し，又は窃取された当該ノウハウを使用してネジ製品を製造し，またこれによって製造されたネジ製品を販売する行為は不正競争に該当し[7]，A社はB社に対してかかる行為の差止めや損害賠償等を請求することができる。しかしながら，当該製造方法をノウハウとして秘匿している限り，A社は当該製造方法自体について排他的権利を有するものではない。したがって，B社がたまたま同じ製造方法を開発し，又は不正行為の介在なくこの製造方法に関する情報を取得した場合等で

　6　形態模倣の不正競争（不正競争防止法2条1項3号，19条1項5号）が成立する可能性は別論とする。

　7　窃取行為及び使用行為について不正競争防止法2条1項4号，製造されたネジ製品の販売行為について同項10号。

第1章　知的財産ライセンスとは

は，A社はB社によるその使用行為について救済を求めることはできない。

(c)　他方，当該ネジ製品の製造方法が特許要件を満たすものであり，A社がこれについて特許出願し，特許を取得すれば，出願から20年間，A社は当該製造方法について特許権という排他権を有することになるから，その間にB社が同じ製造方法を使用すれば，たとえB社がA社とは関係なくたまたま同じ製造方法を開発したとしても，先使用権が成立しない限り，A社は特許権の効力として，B社に対し差止めや損害賠償等を請求することができる。[8]

　すなわち，上記設例(a)において，A社のネジ製品の寸法の情報が，営業秘密に該当しないから，産業財産権によって保護されていない限り，基本的に誰でも使用することのできるパブリックドメインに帰すのであり，競業他社であるB社もこれを使用することを妨げられない。これに対して，設例(b)においては，当該ネジ製品の製造に関してA社が営業秘密を保有している場合，A社は当該情報について不正競争防止法・不法行為法上の保護を受ける権利という非物権的知的財産権を有し，これらの法に基づいてB社の不正な行為について救済を求めることができる。もっとも，この場合，A社は当該情報について物権的知的財産権を有するわけではないから，B社による当該情報に使用行為が正当なものであれば，これを排除することはできない。他方，設例(c)においては，A社が当該情報について特許権を取得すれば，B社に先使用権が成立しない限り，B社によるその使用行為を排除することができる。

　このように，同じ知的財産権であっても，物権的知的財産権と非物権的知的財産権とでは，その効力と権利保護の仕組みが異なるのであり，一口に知的財産権のライセンスと言っても，物権的知的財産権のライセンスと非物権的知的財産権のライセンスでは法的性質が異なる。すなわち，物権的知的財

　8　特許法79条。

8

第2節　物権的・非物権的知的財産権とライセンスの法的性質

産権のライセンス，典型的には特許権のライセンス[9]の本質が，物権的権利の
行使（差止請求権，損害賠償請求権，不当利得返還請求権等の行使）をさせ
ないという不作為請求権であるのに対し，非物権的知的財産権のライセン
ス，典型的には営業秘密であるノウハウのライセンスの本質は，秘密である
技術情報の開示を受け，秘密保持義務等，契約上の一定の条件の下でそれを
使用する権利であるといえる。

　さらに，物権的知的財産権のライセンスは当該知的財産権の不作為請求権
であることから，その対象となる知的財産権の権利内容・効力によってライ
センスの効力は異なることになる。例えば，特許権と著作権はいずれも物権
的効力を有する知的財産権であるが，それぞれの権利内容・効力は異なるか
ら[10]，その不作為請求権であるライセンスは，許諾対象の権利の違いに照らし
て異なることになる。要するに，物権的知的財産権のライセンスの本質は，
当該知的財産権の不作為請求権であるから，その権利内容は，許諾対象であ
る知的財産権の投影的性格を有することになるのである。

　9　ここでは，我が国の特許法にいう通常実施権を念頭に置いている。我が国の特許法にい
　　う専用実施権はそれ自体物権的権利であり，ここにいう典型的なライセンスではない。
　10　特許権と著作権は，いずれも侵害行為に対する救済として，差止請求，損害賠償請求，
　　不当利得返還請求等の救済が認められるという点では共通しているが，それぞれの効力の
　　違いに応じて侵害を構成する行為の範囲が異なり，また損害賠償請求についてみれば，特
　　許権の場合は侵害者の過失が推定される（特許法103条）のに対し，著作権の場合，侵害
　　者の過失は推定されないという差異がある。また特許権と著作権では存続期間も大きく異
　　なる。

9

第1章　知的財産ライセンスとは

第3節　物権的知的財産権の法的性質──所有権との対比

　前記第2節に述べたように，物権的知的財産権のライセンスは許諾対象である知的財産権の投影的性格を有するから，物権的知的財産権のライセンスを理解するためには，許諾対象である知的財産権及びその客体である知的財産の法的性格を理解することが肝要である。物権的知的財産権の法的性格は，代表的な物権である所有権と対比すると分かりやすい。

　【図表1】は，所有権と典型的な物権的知的財産権について，基本的な事項を対比したものである。とりわけ重要なことは，各権利の客体の違いであり，所有権は有体物（不動産・動産）を支配する権利であるのに対して，物権的知的財産権は無体物（情報財）である知的財産（情報）を排他的に利用

【図表1】所有権と物権的地的財産権の対比

	所有権	知的財産権
権利の客体	有体物（不動産・動産）	無体物（知的財産）
権利の内容	対象物を自由に使用・収益・処分する支配権	対象である知的財産を排他的に利用する権利
存続期間	なし	あり
発生原因	原始取得（即時取得，時効取得等）	設定登録又は創作行為
移転の様式性	なし（諾成契約）	産業財産権の特定承継については移転登録が効力要件
消滅原因	対象物の消滅	存続期間の満了，産業財産権については無効審決・取消審決の確定
侵害に対する救済	返還請求，妨害排除請求，妨害予防請求，損害賠償請求	差止請求，損害賠償請求（損害推定あり）

10

第3節　物権的知的財産権の法的性質——所有権との対比

する権利だということである。[11]有体物を利用するには基本的に占有が必要となり，複数人が同時に同様の態様で同一の物を利用するということは想定されない。これに対して，無体物である情報の場合，場所的な観念がなく（遍在性），利用するために占有が必要とされないため（そもそも情報について物理的な占有は観念できない。），複数人が同時に同様の態様で同一の情報を利用することが可能である。このように，有体物と異なり，無体物である思想や情報は本来的に特定人に独占させることが性質上困難である上，思想や情報は基本的に先人の遺産の集積を土台として進歩・発達していくものであり，政策的に考えて，特定人に特定の思想や情報を独占させることは一般的に適当ではない。

　そのような事情から，基本的に，物権的知的財産権は，特定の思想や情報を特定人に独占させることを例外的に正当化するような事情がある場合に初めて認められる。例えば，特許制度は，公開することを代償として，原則として出願から20年間に限り，一定の基準を満たした先進的な発明（自然法則を利用した技術的思想の創作のうち高度のもの）[12]についてその発明を排他的に実施する権利を与えるというシステムであるが，これはそのような仕組みを作ることによって人々に発明を行うインセンティブを与え，もって科学技術を発展させることを目的とする政策的な制度であると一般に解されている。

　また，有体物と異なり，無体物である思想や情報はその外延が曖昧であって，特定することが困難である上，ある思想・情報はそれが発展することによって新たな思想・情報を形成し，さらに別の思想・情報を組み込んで又はそれと結び付き若しくは積層してさらなる別に思想・情報を形作るものであり，ある思想・情報と別の思想・情報との境界は必ずしも明確に線引きすることができない。そのような思想・情報の性質もあり，物権的知的財産権

11　ただし，商標権は，更新登録料を納めて存続期間を更新することにより，半永久的に権利を存続させることができる。

12　特許法2条1項。

11

は，ある思想・情報を独占的に利用できることを保証する権利ではなく，あくまでその思想・情報を他人が利用することを排除する権利にすぎない。例えば，甲が内燃機関の構造に関するある技術的思想（発明A）について特許を有しているとして，乙が発明Aに包含され，その下位概念に属する，自動車用エンジンの構造に関する技術的思想（発明B）について新たに特許を取得したとすると，甲はもはや乙の許諾がなければ発明Aのうち発明Bに係る部分については実施することができなくなる（他方，発明Bが発明Aの下位概念に属するということは，発明Bを利用すれば発明Aを利用する関係に立つということであるから，乙も甲の許諾がなければ発明Bを実施することはできない。）。

　以上のように，客体である知的財産（思想や情報）が有体物とは異なる性質を有することから，物権的知的財産権は所有権とは異なる法的性格を有することになるのである。

第4節 知的財産ライセンスの法的性質 ——物権的知的財産権のライセンスと賃借権との対比

　前記第3節に述べたように，物権的知的財産権の特質の一つは，知的財産という無体物を権利の客体とすることにある。所有権に代表される物権は有体物を権利の客体とする。通常，有体物を利用するには占有を必要とするため，複数人が同時に同じ有体物を同じ態様で利用することは困難であるが，これに対して知的財産は占有を観念できない無体物であり，同じ知的財産を複数人が同時に同じ態様で利用することが可能である。このような客体の性質の相違から，同じく利用権の設定であっても，有体物の利用権と物権的知的財産のライセンスとでは，法的性格に差異が生じる。同じく利用権である有体物の賃借権と対比すると，知的財産ライセンスの法的性格が理解しやすいのではないかと思う。

　前記のとおり，物権的知的財産権のライセンスは，当該知的財産権の行使（差止請求権，損害賠償請求権，不当利得返還請求権等の行使）をさせないという不作為請求権という法的性質を有する。

　賃貸借については民法第3編第2章第7節に規定が置かれているほか，不動産賃貸借についての特別法として借地借家法が存在するが，一部の強行規定を除けば任意規定であり，例えば，賃貸物の修繕等に関する民法606条や賃借人による費用の償還請求に関する同法608条などは当事者間の契約により法と異なる約定をすることが可能と考えられる。そのような任意規定を除いて考えると，結局，賃借権の効力の本質は，目的物である物（有体物）を使用収益すること（民法601条）にあると解され，さらにこの使用収益権の主たる内容は，目的物の所有者が有する所有権（物権的請求権，損害賠償請求権，不当利得返還請求権等の行使）を賃借人に対して行使させないという不作為請求権であると考えられる[13]。

　こう考えると，物の賃借権と物権的知的財産権のライセンスとは，いずれ

第1章　知的財産ライセンスとは

も物権的権利の行使に対する不作為請求権という点で共通しており，本質的な違いは，前者が有体物を対象とする所有権に対する不作為請求権であるのに対し，後者は無体物である知的財産を対象とする物権的知的財産権に対する不作為請求権であるという，対象となる権利の違いにあると考えられる。そして，この対象である権利の違いは前記第3節に述べたとおりである。

　このように物権的知的財産権のライセンスは，債権的な利用権であるという点において物の賃借権と共通し，これに類似した法的性質を有する。

　以上の議論は，日本法上の通常実施権を想定したものであり，物権的権利である専用実施権にはそのまま当てはまらないものの，専用実施権については地上権と対比することでほぼパラレルな議論ができるのではないかと思われる。専用実施権の法的性質については第2章第2節第2の2（40頁）参照。

13　賃借人が有する使用収益権の内容には，賃貸借目的物の使用収益を妨げる不法占有者の排除を賃貸人に請求する権利も含まれると解されるが，利用のために占有を必要とせず，したがって不法占有者の存在による利用不能を観念できない知的財産権のライセンスと比較するに当たっては，これを捨象して考える。なお，知的財産権の侵害者を賃貸借目的物の不法占有者とパラレルに考えた場合，独占ライセンス（独占的通常実施権）については，明示的な定めがなくとも事情によって，侵害者の排除をライセンサーに請求する権利をライセンシーに認める余地があると考えられるのであり（第2章第6節第2の2（134頁）参照），そのような独占ライセンスはより賃借権に類似した法的性質を有するといえる。

14

第5節 知的財産ライセンスの法的性質 ——非物権的知的財産権のライセンス

前記第3節（10頁）及び第4節（13頁）では，物権的知的財産権とそのライセンスの法的性質について述べたが，本節では非物権的知的財産権とそのライセンスの法的性質を概観する。

前記第2節（5頁）に述べたように，本書にいう非物権的知的財産権とは，権利の客体である知的財産自体に物権的効力が付与されていない知的財産権をいい，いわゆるノウハウやデータのうち，不正競争防止法上の営業秘密や限定提供データに該当する情報に係る権利がその典型である。営業秘密や限定提供データを不正に取得し，使用し又は開示する一定の行為は不正競争防止法上の不正競争及び民法上の不法行為に該当し[14]，差止請求，損害賠償請求等の救済の対象となる。しかしながら，このような救済は，一定の不正行為に対する救済として定められているにすぎず，差止請求が認められるとはいえ，不法行為法の延長的な侵害救済のための法制度であり，対象の知的財産自体について特許権のような物権的権利（排他権）が与えられるわけではない。つまり，非物権的知的財産権は，対象の知的財産に対する本来的な排他的権利ではなく，当該知的財産に対する特定の不正な侵害行為についてのみ救済を求めることができる権利として設計されているのである。

非物権的知的財産権のライセンスについて，その典型であるノウハウ（営業秘密に該当するものとする。以下同じ。）に係る権利のライセンスを例に考えてみよう。ある企業がある化合物の製造方法を自社のノウハウとして秘密に管理しているとする。第三者がそのようなノウハウを窃取，詐取，強迫その他の不正な手段によって取得し，使用すれば，そのような行為は不正競争，不法行為に該当し，当該企業から差止め・損害賠償の請求を受けること

---

14 不正競争防止法2条1項4号～16号。

になる。そこで，ノウハウの取得・使用が不正競争・不法行為に該当することを避けるために当該企業からライセンスを受ける必要がある。情報の適法な使用を可能とするためにライセンスを受けるという意味において，ノウハウのライセンスは特許権のライセンスと同じである。しかしながら，特許の場合，対象である技術情報（発明）の内容は既に公開されており，これを使用したいと考える第三者は，特許権者から排他権である特許権を行使されないためにライセンスを取得する。これに対し，ノウハウの場合，特許権のような排他権は存在しないものの，対象である技術情報の内容が公開されていないため，これを使用したいと考える第三者は，まず適法にノウハウの内容を知るためにライセンスを取得しなければならない。このように，ノウハウのライセンスは，排他権に対する不作為請求権ではなく，不正競争・不法行為の構成要件該当性若しくは違法性の阻却事由又は適用除外事由を構成するという法的性格ないし法形式上の位置付けのみならず，情報へのアクセスのためにまず要求されるという点において，典型的な物権的知的財産権である特許権のライセンスと異なる。また，ノウハウは，その内容が公知になって営業秘密性を喪失すればパブリックドメインに帰すことから，その財産的価値は情報の秘密性によって支えられている。そこで，ノウハウライセンスでは，必然的な許諾条件としてライセンシーにその秘密保持義務が課されるだけでなく，ノウハウの秘密性がライセンスの前提条件として要求され，ライセンサーにも一定の秘密保持義務が課される場合がある。

　なお，我が国の不正競争防止法上の限定提供データは，その要件として非公知性を要求されないが，無償で公衆に利用可能となっている情報（オープンデータ）と同一の情報の取得，使用及び開示行為は，不正競争から除外される。そこで，限定提供データについては，オープンデータに該当しないことがそのライセンスの前提条件として要求されるものと考えられる。

15　不正競争防止法 19 条 1 項 6 号・8 号。

16　不正競争防止法 19 条 1 項 8 号ロ。

第6節 知的財産ライセンスの経済的機能と契約内容の多様性

第1 契約締結の場面と契約内容の多様性

　知的財産ライセンス契約が締結される場面としては，例えば以下のケースのように，様々なものが考えられる。

① 　本書で取り扱う産業技術ライセンスについていえば，Ａ社が特許を取得したある発明についてＢ社が事業化を企て，Ｂ社からＡ社にアプローチしてライセンス交渉を行い，ライセンス契約が締結されるというケースが考えられる。

② 　Ａ社がＢ社に対して特許侵害を通告し又は特許侵害訴訟を提起した後，和解方法としてライセンス契約が締結されるというケースも，典型的な知的財産ライセンス契約の締結場面である。

③ 　また，企業グループ内の知的財産の一括管理のため，各グループ会社がその保有する知的財産権を，グループ内の特定の会社（IP 保有会社）に譲渡した後，事業実施に必要なライセンスの許諾（ライセンスバック）をこの IP 保有会社から受け，あるいは，そうでなくとも，あるグループ会社が，その事業のため別のグループ会社が保有する知的財産権について，当該別会社からライセンスの許諾を受けるというケースもしばしばあろう。

④ 　合弁会社を通じて合弁事業を行う複数の会社のうちの１社又は数社が，合弁事業に必要な知的財産のライセンスを，合弁会社に対して許諾するというケースもあろう。

⑤ 　Ｃ社にシステム開発を依頼したＤ社が，導入されたシステムの使用についてＣ社からライセンスの許諾を受けるというケースも，よくあるライセンス契約締結の場面である。

第1章　知的財産ライセンスとは

⑥　市販のソフトウェアを消費者が店頭で購入した後開封し，又はインターネット上でダウンロードすることによって当該ソフトウェアのエンドユーザーライセンス契約が締結される[17]というのもライセンス契約締結の一つの場面である。

　このように，知的財産ライセンス契約締結の場面や端緒には様々なものがあり，それに応じてライセンス契約に含まれる条項も異なり得る。例えば，同じく産業技術のライセンス契約であっても，①のケースでは，B社が当該発明を実施する製品を開発又は製造するに当たって，A社の関連ノウハウの開示や技術支援を必要とする場合が多いと考えられ，その場合，ライセンス契約にはノウハウの提供・技術支援に関する条項が含まれることになる。他方，②のケースでは，B社は既に当該発明を実施した（と疑われる）製品を製造販売しているのであるから，和解のために締結されるライセンス契約にノウハウの提供や技術支援に関する条項が含まれることはまれであろう。また，③のケースでは，ライセンシーによる改良技術の権利はライセンサーであるIP保有会社に有償又は無償で譲渡されるというアサインバック条項が入ることになる場合が多いであろうし，同一グループ内の企業であるため，厳格な表明保証条項は求められないであろう。④のケースにおいて，合弁会社への出資の方法としてライセンスが供与される場合には，ロイヤルティが設定されない場合もあるであろう。

第2　ライセンスの経済的機能——賃貸型と売買型

　上記のとおり，知的財産ライセンス契約締結の場面や端緒には様々なものがあり，それに応じてライセンス契約の具体的内容も異なり得るが，いずれにせよ，知的財産ライセンス契約は，ライセンサーの知的財産の利用権をライセンシーに設定することを目的とする。企業間の知的財産ライセンス契約

17　契約形態からシュリンクラップ契約，クリックラップ契約又はブラウズラップ契約などと呼ばれる。

第6節　知的財産ライセンスの経済的機能と契約内容の多様性

では，ライセンシーの一定の事業目的のためにライセンサーの知的財産の利用権が設定されることになるが，知的財産を利用した商品又は役務を制作・提供する主体がライセンサーとライセンシーのいずれであるかという知的財産の利用主体の別において，大きく二つの類型に分類できる。

　この点，本書で取り扱う特許発明やノウハウ等の産業技術のライセンスについては，ライセンサーの保有する知的財産を利用して，ライセンシーが商品又は役務を制作・提供する（A社が保有する特許発明やノウハウについてB社がライセンスを受け，当該技術を用いてB社の製品を製造し，販売する）というのがよくあるシナリオである。このように，ライセンサーの知的財産を利用してライセンシーがモノやサービスを生み出し，それを提供する事業を行うというのが特に事業者間における産業技術ライセンスの典型的な利用形態であり，経済的機能である。

　他方，典型的なソフトウェアライセンスでは，ライセンサーがその知的財産を利用して制作したプロダクトであるソフトウェアの利用権をライセンシーに設定し，ライセンシーがそれを利用する。この場合，ライセンシーは，ライセンサーが保有する当該ソフトウェアに関する著作権や特許権等の知的財産権に関するライセンスを取得するものの，当該知的財産権を利用したモノ又はサービスはライセンサーによって既に制作されており，ライセンシーはライセンサーの制作物を利用するためにライセンスを受けるにすぎない。このような類型の取引は，その経済的機能に照らすと，実質的にはライセンサーの制作物の売買であり，取引の対象が有体物ではなくソフトウェアという無体物（情報）であるが故に法的には売買契約ではなくライセンス契約の形式を取っているにすぎないということもできる。乱暴な言い方をすれば，このようなライセンスは無体物の売買にほかならない。

　典型契約になぞらえれば，前者の産業技術のライセンス契約は賃貸借に，後者のソフトウェアライセンス契約は売買にそれぞれ類似するということができ，誤解を恐れずに言えば，前者は賃貸型ライセンス契約，後者は売買型ライセンス契約と表現することができる。そして，この類型の違いはライセンス契約の定めに影響を与えるものと考えられる。

19

第1章　知的財産ライセンスとは

第3　賃貸型と売買型の別による約定内容の相違

　賃貸型と売買型というライセンス契約の類型の違いによって規定内容が相違する典型的な条項としては，第三者の知的財産権侵害についての表明保証が挙げられる。賃貸型ライセンス契約においてライセンシーはライセンサーの知的財産（情報）を利用してモノを作る。典型的なケースでは，ライセンサーはライセンシーのモノ作りには関与せず，単に自己が権利を有する知的財産についてライセンシーに対する権利行使を差し控えるにすぎない。モノ作りはライセンシーの責任において行われるのであり，ライセンサーはライセンシーによって作られるモノが第三者の知的財産権に抵触するか否かについて関知せず，この点について表明保証をすべき立場にはない。他方，売買型ライセンス契約においてモノを作るのはライセンサーであり，ライセンシーはそれを購入して利用するにすぎない。特に，売買型ライセンス契約の中でも，ソフトウェアライセンス契約のような著作物のライセンス契約については，著作物が思想ではなく具体的な表現であること，著作権侵害が依拠性を要件とすることもあり，ライセンシーがライセンサーに対し，その購入物について第三者の知的財産権を侵害しないことの表明保証を求めることも合理性を有する。それ故，賃貸型ライセンス契約においてはライセンサーによる第三者知的財産権の非侵害の表明保証が基本的に妥当しないのに対し，売買型ライセンス契約，特に著作物のそれにおいてはこれが妥当すると考えられる（当事者間の交渉力の格差によってライセンサーがそのような表明保証を拒絶することは別論である。）。

　また，典型的な賃貸型ライセンス契約においては，ライセンシーによる改良技術の開発が予定されるため，そのような改良技術についてライセンシーからライセンサーへのライセンス許諾義務が定められることが多いが（いわゆるグラントバック），典型的な売買型ライセンス契約においては，ライセンシーによる改良技術の開発は通常予定されず，そのためグラントバックを定める必要性は一般的に乏しいと考えられる。

20

第7節 本書の内容と表記について

　一般に，知的財産権は，属地主義の原則の適用を受け，一国の知的財産権の成立，移転，効力等は当該国の法律によって定められ，知的財産権の効力は当該国の領域内においてのみ認められる。そして，知的財産権の効力は国によって異なるのであり，その裏返しとしてライセンスの効力も国によって異なる。この点，本書では，日本法上の知的財産権（具体的には日本特許と日本法上のノウハウに関する権利）がライセンスの許諾対象（の一部）となることを所与の前提とし，論点に関する法律や判例の引用も日本の法律・判例にとどめるのを原則としているが，ライセンスに関する日本の裁判例がさほど多くないこともあり，重要と思われる問題については，日本企業によるライセンス取引の主要な相手国である米国の裁判例を参考として引用している。特に断りのない限り，本書にいう知的財産権は日本法上の知的財産権を意味し，例えば，単に「特許権」という場合は日本法上の特許権を，「特許法」とは日本の特許法を指す。

　また，本書においては，ライセンス契約に関連する知的財産法以外の法令に言及することもあるが，特に断りのない限り，全て日本法を指すものとする。本書は，基本的に日本法を契約準拠法としたライセンス契約を概説するものであり，契約準拠法が外国法である場合には本書の記載内容が必ずしも妥当しない可能性があることに留意されたい。

　他方，現代の国際化社会では，日本の知的財産権を対象とするライセンスの場合であっても，契約の一方当事者（ライセンサー又はライセンシー）が外国企業である場合も多く，その場合，契約書は英文契約の書式に従って英語で作成されるのが実務上通例である。そこで，本書では，一般的な英文ライセンス契約を条項例と書式に用い，読者の便宜に鑑み，和訳を並記する体裁にしている。

第 **2** 章

産業技術ライセンス契約

第1節　総　論

第1節

総　論

　産業技術を対象とする知的財産権としては，商標権以外の産業財産権，すなわち，特許権，実用新案権及び意匠権のほか，植物の新品種についての育成者権や半導体集積回路についての回路配置利用権が挙げられる[18]。また，不正競争防止法や不法行為法（民法）によって保護されるノウハウに関する権利も産業技術に係る知的財産権と位置付けることができる。本章では，代表的な産業技術のライセンス契約として，特許及びノウハウのライセンスを取り上げて概説することとする。

第1　特許とノウハウ──権利とライセンスの本質

　特許権は，発明の公開の代償として，原則として出願日から20年の期間，対象の発明を排他的に実施することのできる対世的な物権的権利である。特許権は，対象である発明，すなわち，「自然法則を利用した技術的思想の創作のうち高度のもの」（特許法2条1項）について，特許要件の審査を経て設定登録されることによって発生する。

　これに対し，ノウハウとは，一般に，秘匿された非公知の技術情報を意味する[19]。ノウハウは特許権のような物権的権利が付与されるものではないが，

18　ソフトウェアも産業技術の一つと位置付けることができ，その意味ではこれを保護する著作権も産業技術を対象とする知的財産権という範疇に含まれ得る。

19　「ノウハウ」は法律上定義された用語ではなく多義的な言葉であり，技術的要素を含まない営業情報を指す言葉として用いられることもあるが，本書では特に断りのない限り，秘匿された非公知の技術情報を意味する言葉として同用語を用いる。かかる意味における「ノウハウ」は，不正競争防止法2条6項に定義される「営業秘密」としての技術上の情報を含むが，必ずしも「営業秘密」の3要件（秘密管理性，有用性及び非公知性）を満たすとは限らない。

25

第2章　産業技術ライセンス契約

それが不正競争防止法上の営業秘密，すなわち，「秘密として管理されている生産方法，販売方法その他の事業活動に有用な技術上又は営業上の情報であって，公然と知られていないもの」（不正競争防止法2条6項）に該当する限り，同法上，その不正な侵害行為に対して差止請求，損害賠償請求等の保護が与えられ，また「権利又は法律上保護される利益」（民法709条）として，不正な侵害行為に対する損害賠償請求権が認められる。

「自然法則を利用した技術的思想の創作のうち高度のもの」（特許法2条1項）という要件を満たすノウハウは「発明」に該当し，特許出願することも可能である。したがって，発明性を有するノウハウは，権利者が特許権による保護ではなく，営業秘密としての保護を選択した発明だということができる。発明を特許出願しても特許査定を受ける保証はない上，出願から1年6か月で発明は自動的に公開されてしまう。さらに，特許査定を受けても，特許権を発生・維持するには特許料を支払わなければならず，しかも特許権は原則として出願日から20年経過することによって消滅し，対象の発明はパブリックドメインとなって誰でも実施することができるようになる。他方，同じ発明を営業秘密として秘匿することを選択し，秘密管理に成功すれば，事実上，半永久的にその実施を独占できる可能性がある。反面，秘密管理には相応の費用が掛かる上，秘密管理に失敗し，営業秘密の要件を喪失すれば，その発明について一切の法的保護を失う可能性もある。企業は，このような特許権と営業秘密それぞれによる保護の特質（長所と短所）を勘案し，発明の内容に応じて，特許出願するか営業秘密として秘匿するかを選択することになる。製品の販売によって技術内容を第三者によって把握されやすい物の発明については特許権による保護を図ることが多いのに対し，方法の発明，特に物を生産する方法の発明については，技術内容が直接第三者の目に触れる可能性が低く，秘密管理することが比較的容易なため，営業秘密としての保護を選択する場合も多いと一般にいわれている。

特許の場合，対象である発明の内容は出願公開によって公開されて誰でもアクセス可能なのであり，そのライセンスは，特許権者に物権的な権利である特許権の行使（差止請求権，損害賠償請求権，不当利得返還請求権等の行

第 1 節　総　論

使）をさせないという不作為請求権たる法的性質を有すると考えられる[20]。これに対し，ノウハウの場合，本来的にその技術内容は秘匿されている一方，特許権のような物権的権利は付与されない。もっとも，不正競争防止法上，他人のノウハウを不正な手段によって取得したり，不正な手段によって取得されたノウハウを事情を知りつつ使用，開示することが許されないだけでは[21]なく，その保有者からノウハウの開示を受けた場合であっても，開示の趣旨[22]に背いてこれを使用し又は開示することは許されず，また開示の趣旨に背い[23]て開示されたノウハウを事情を知りつつ使用，開示すること，さらには以上[24]の行為によって生じた物を譲渡等することも許されない[25]。ライセンシーが，ライセンス契約上定められた範囲を超えてノウハウを使用し又は第三者にこれを開示すれば，契約上の不作為債務（目的外使用禁止義務，秘密保持義務）の不履行として差止請求，損害賠償請求の対象となるほか，「不正の利益を得る目的」（不正競争防止法 2 条 1 項 7 号）での使用に該当する結果，不正競争防止法上の差止請求権，損害賠償請求の対象となる。裏を返せば，ノウハウの保有者から，その一定の使用や開示について許諾を受ければ，許諾範囲内での当該ノウハウの使用や開示には正当性が認められ，不正競争（不正競争防止法 2 条 1 項 7 号）の構成要件該当性が阻却され又はその適用が除外される[26]。したがって，ノウハウライセンスの法的本質は，秘密保持義務（目的外使用禁止義務を含む。）を前提とした，非公開の技術情報の開示の約束及びその使用（及び場合によっては一定の開示）の許諾（正当性の付与）にあると考えられる。つまり，特許ライセンス契約は，公開技術について，ライセンサーが一定の条件の下に所与の排他権を解除することによって

20　中山信弘『特許法〔第 4 版〕』（弘文堂，2019）542 ～ 543 頁。

21　ここでは不正競争防止法上の「営業秘密」（不正競争防止法 2 条 6 項）に該当することを議論の前提としている。

22　不正競争防止法 2 条 1 項 4 ～ 6 号。

23　不正競争防止法 2 条 1 項 7 号。

24　不正競争防止法 2 条 1 項 8 号・9 号。

25　不正競争防止法 2 条 1 項 10 号。

26　不正競争防止法 19 条 1 項 6 号。

27

第2章　産業技術ライセンス契約

ライセンシーにその使用を認める契約であるのに対し，ノウハウライセンス契約は，非公開技術について，ライセンサーが一定の条件の下にライセンシーにこれを開示し，その使用の正当性を認めることにより，さもなくば違法とされる行為を適法化する契約であるといえる。[27]

このように，同じく産業技術のライセンスといっても，特許ライセンスとノウハウライセンスとではその法的性質が異なる。この理論的な法的性質の差異は，実際のライセンス契約の規定上においてはそれほど大きな違いとなって現れるものではないものの，特許ライセンスとノウハウライセンスとでは，秘密保持義務の位置付け・重要性が異なるほか，ライセンス対象の権利を侵害する第三者に対する対応（第6節第2（132頁）参照），表明保証（第7節（146頁）参照），契約終了の効果（第9節第5（187頁）参照）等の定めにおいて取扱いが異なることになる。

なお，産業上の各種データも，技術上又は営業上の情報として，不正競争防止法上の営業秘密又は限定提供データ[28]に該当し得るのであり，そのライセンスについては基本的にノウハウと同様に考えることができよう。

第2　ライセンス契約の構成要素と基本的視点

一般的な産業技術ライセンスは，対象となる産業技術に関する許諾に対して対価を支払う双務有償契約である。つまり，対象の知的財産についてライセンスを許諾するライセンサーの債務と，ライセンス料を支払うライセンシーの債務が対価関係に立っており，契約の本質的な要素となっているから，これらの債務を定める条項が，産業技術ライセンス契約の最も重要な規

27　大づかみに言えば，ノウハウライセンスも，特許ライセンスと同様，知的財産権（ノウハウの場合は不正競争防止法や民法によって保護される利益に係る権利）の不行使の約束であるといえよう。

28　「業として特定の者に提供する情報として電磁的方法（電子的方法，磁気的方法その他人の知覚によっては認識することができない方法をいう。次項において同じ。）により相当量蓄積され，及び管理されている技術上又は営業上の情報（秘密として管理されているものを除く。）」をいう（不正競争防止法2条7項）。

第1節　総　論

定であるといえる。つまり，ライセンスの範囲をいかに定めるか，その対価をいかに定めるか，ということがライセンス契約における最も基本的な課題である。特に賃貸型の独占ライセンス契約の場合，定められた範囲における許諾技術の利用は，ライセンシーのみに委ねられることになるから，ライセンサーからすれば，ライセンシーによる許諾技術の利用のいかんにかかわらず一定の許諾対価の支払を確保し，又はその利用が失敗した場合に契約関係を変更若しくは解消する手段を用意しておく必要がある。他方，ライセンシーとしては，許諾技術を利用した事業の成否は不明であるから，その成否にかかわらず経済合理性を有する許諾対価を定め，また前提として，許諾技術の排他的な利用が保障される仕組みを確保する必要があろう。

　また，通常，ライセンス契約は，一回の契約上の義務の履行で契約関係が終了するものではなく，契約上の義務の履行が一定期間にわたって継続する継続的契約であり，契約期間をどのように定めるか，いかなる解約事由を認めるか，また契約終了の効果をいかに定めるかが重要である。とりわけ，一般的な製造業者間の特許ライセンス契約のように，典型的な賃貸型の産業技術ライセンス契約において，ライセンシーは許諾技術を利用してモノを作るための製造のために設備投資するのが一般的であり，ライセンシーからすれば，その設備投資を回収できるように契約期間を定め，また場合によっては，契約終了後の製造の継続を確保するため契約終了の効果について細心の注意を払う必要がある一方，許諾技術を用いた事業が不成功に終わる場合に備え，一定の場合に契約を解約できる余地を残す必要がある。他方，ライセンサーにとっても，許諾技術を利用したライセンシーの事業の成否が不明であるため，ライセンス許諾という義務を負う期間をいかに定め，いかなる条件で契約関係から離脱できることにするのか，また契約終了後の当事者間の権利義務関係をいかに定めるかということは大きな関心事となる。

　産業技術ライセンス契約には様々な条項が含まれ，その典型的な条項を第2章で概説するが，強いて実務的な視点から重要性に優先順位を付けるとすれば，基本的な対価関係に立つライセンス許諾の範囲とライセンス料に関する定め，並びに，その法律関係が存続する契約期間とその終了事由及び効果

29

第2章　産業技術ライセンス契約

がこの類型のライセンス契約における骨格的な条件であり，これらをいかに構成するかが特に重要なことなのではないかと考える。

第3　本章の構成

典型的な産業技術のライセンス契約には，一般に以下のような項目に関する条項が含まれる。

① ライセンスの許諾

② 技術支援

③ 支払条項

④ ライセンサーのロイヤルティ収入確保の仕組み

⑤ 知的財産権の取扱い

⑥ 表明保証

⑦ 秘密保持

⑧ 契約期間・解約

⑨ 譲渡・支配権の変動

⑩ 一般条項

本章では，一定の産業技術に関する特許発明とノウハウを保有するライセンサーが，当該産業技術について，自らその事業化を行う一定の地域以外の地域における事業化を独占的にライセンシーに委ねるというシナリオを想定[29]し，一般的な英文契約の書式に従った，特許とノウハウのハイブリッド独占ライセンス契約の条項例を検討の素材に用いて，産業技術ライセンス契約における典型条項の各内容について概説する。対象の産業技術が特許発明であるかノウハウであるかによって取扱いを異にする定めについては個別に説明を加えている。

なお，本章で用いる条項例から成るライセンス契約は，契約書式として第3章にその全体が収載されている。

29　物理的，コスト的又は規制的な観点から流動性に乏しい製品の場合などが考えられる。

第2節

ライセンス条項

【条項例】

2.1 Grant of License

Subject to the terms and conditions of this Agreement, Licensor hereby grants to Licensee an exclusive, royalty-bearing, sublicensable, non-assignable license under the Licensed Technology in the Field of Use in the Licensed Territory to Exploit the Licensed Products; provided, however, that Licensee shall not, directly or through its Affiliate, Sublicensee or any Third Party, market, promote, distribute, offer for sale, sell, or export the Licensed Products from the Licensed Territory to any Person in the Excluded Territory.

■ 和 訳

第2.1条 ライセンスの許諾

本契約に含まれる条件に従い，ライセンサーは本契約をもってライセンシーに対し，本許諾地域において本実施分野で本許諾技術に基づいて本許諾製品を利活用する，独占的，有償，サブライセンス可能かつ譲渡不能なライセンスを許諾する。ただし，ライセンシーは，直接又はその関係会社，サブライセンシー若しくは第三者を通じて，本許諾製品を本許諾地域から本除外地域の人に対し，宣伝し，流通させ，販売の申出をし，販売し，又は輸出してはならない。

　産業技術ライセンス契約におけるライセンス条項とは，許諾技術のライセンス（実施許諾）とその範囲（許諾範囲）を規定する条項をいう。第1章に述べたとおり，知的財産ライセンス契約は，ライセンサーがライセンシーに対し，対象となる知的財産権について一定範囲の実施・使用を許諾すること

第2章　産業技術ライセンス契約

を主たる目的とする契約であるから，実施許諾とその範囲を定めるライセンス条項は，産業技術ライセンス契約の根幹であり，最も重要な規定といってよい。

特許権は，物権的権利として，権利者に特許発明について一定の排他的権利を与える。すなわち，第三者がその権利範囲に該当する行為を行えば，権利者は，当該第三者に対し，当該行為の差止めのほか損害賠償又は不当利得[30]の返還を請求することができる。第1節第1（25頁）に述べたように，産業技術ライセンスの中でも，特許ライセンスの法的本質は，そのような物権的効力を有する特許権の権利行使をさせないという不作為請求権なのであり，そのライセンス条項は，そのような不作為請求権の付与と範囲を定める条項にほかならない。

他方，ノウハウには特許権のような物権的権利は付与されないから，産業技術ライセンスの中でも，ノウハウライセンスの法的本質は，目的外使用禁止義務と秘密保持義務を課した上での技術情報の開示にあると考えられ，そのライセンス条項は，ノウハウの開示とその使用許諾範囲を定める条項といえる。[31]

特許ライセンスにしてもノウハウライセンスにしても，ライセンス条項では，ライセンスの範囲（許諾範囲）を定める必要がある。産業技術のライセンス契約における許諾範囲は，一般に，次のような事項を特定することによって定められる。

① 対象となる権利・技術

② ライセンスの独占性の有無

③ 有償・無償の別

④ 許諾行為

⑤ 実施（使用）分野

30　なお，米国特許法においては特許権の効力として当然に差止請求権が認められるわけではない（*eBay Inc. v. MercExchange, LLC*, 547 U.S. 388 (2006).）。

31　ノウハウの開示をライセンス条項とは別個に技術支援に関する条項等において定める場合もあり，本節冒頭の条項例はそのような建付けを想定したものである。

第2節　ライセンス条項

⑥　許諾地域
⑦　許諾期間
⑧　サブライセンス権の有無
⑨　ライセンスの譲渡可能性
⑩　ライセンスの取消可能性

以下，許諾範囲を特定する各事項について概説する。

第2章　産業技術ライセンス契約

コラム2　共有特許の場合，各共有者は単独でライセンスできるのか？

　共有特許における各共有者の権利関係は，各国の法制によって多様であり，共有特許をライセンスする場合の権利関係も様々である。例えば，米国では，独占ライセンスについては，共有者全員の同意が必要であるが，非独占ライセンスについては各共有者が他の共有者の同意を得ることなく，単独で第三者にライセンスすることができ，その対価として得たライセンス収入を他の共有者に分配する必要もない。これに対し，日本の特許法では，特許権が共有に係る場合，各共有者は他の共有者の同意を得なければ第三者にライセンスすることはできない（特許法73条2項）。

　したがって，ライセンス対象の特許が共有特許である場合，それがいずれの国の特許であるかによって許諾するための要件が異なり得るが，許諾特許が多数に上る場合，個々の特許についてその要件を調査することはコスト的に現実的ではない。そこで，実務的には，例えば次のような条項によって，共有特許をライセンスするために必要な手続を履践する（努力）義務がライセンサーに課される場合もある。

As to any Licensed Patent that is jointly-owned by Licensor and any Third Party, Licensor shall use reasonable commercial efforts to obtain the written consent of every joint owner to the jointly-owned Licensed Patent or meet any other requirements to grant the license hereunder to Licensee.

ライセンサーと第三者が共有する本許諾特許について，ライセンサーは，ライセンシーに本契約上のライセンスを許諾することについて当該共有許諾特許の一切の共有者から書面による同意を取り付け又はその他必要な条件を満たす合理的な商業的努力を行うものとする。

第1 許諾技術

　ライセンスは，まず，許諾される対象の技術（許諾技術）を特定することによって範囲が画される。特許ライセンスの場合，ライセンサー（特許権者）は許諾技術（許諾特許の発明）の範囲においてライセンシーに特許権を行使することができなくなる。他方，ライセンシーからすれば，許諾技術に漏れがあり，企図する事業に関連する技術が他にあれば，また別個のライセンス契約を締結しなければならなくなる。ノウハウライセンスの場合，ライセンサーは許諾技術について物権的権利を有するものではないが，許諾技術の定めがライセンサーとライセンシーの権利義務の範囲を画するという意味においては特許ライセンスの場合と何ら異なるものではない。したがって，ライセンサーとライセンシーの双方にとって，許諾技術を特定することは極めて重要である。

　ライセンスされる対象の権利は，実務上，例えば次のような許諾技術に関する定義規定を設けることによって特定される。

"Licensed Technology" means the Licensed Patents and Licensed Know-How.

「本許諾技術」とは，本許諾特許及び本許諾ノウハウを意味する。

"Licensed Patents" means: (i) the patents and patent applications listed on Exhibit A, (ii) continuations, divisionals, substitutions and continuations-in-part of any patent applications on Exhibit A, (iii) any patents issuing on any of the foregoing applications, and (iv) any foreign counterparts of any of the foregoing.

「本許諾特許」とは，(i)別紙Aに列挙された特許及び特許出願，(ii)別紙Aに列挙された特許出願の継続出願，分割出願，差替出願，部分継続出

願，(iii)上記特許出願について登録された特許，並びに，(iv)上記特許及び
特許出願の対応外国特許及び特許出願を意味する。

"Licensed Know-How" means any and all Know-How Controlled by
Licensor as of the Effective Date that is necessary or useful for the
Manufacture of the Products and that is provided to Licensee by
Licensor pursuant to this Agreement. The Parties agree that the
Licensed Know-How specifically includes the Core Technical
Information.

「本許諾ノウハウ」とは，本効力発生日時点においてライセンサーに
よってコントロールされる一切のノウハウのうち，本製品の製造に必要
又は有用であり，かつ，本契約に基づいてライセンサーからライセン
シーに提供されたものを意味する。当事者は，本許諾ノウハウは，具体
的に，本主要技術情報を含むことを合意する。

　上記条項例においては，まず許諾技術が許諾特許と許諾ノウハウから構成
されることが定められた上，許諾特許と許諾ノウハウの範囲がそれぞれ個別
に特定されている。
　特許は国（特許庁）に出願し，登録されることによって発生するから，許
諾される特許の範囲は特許番号や出願番号によって容易に特定することがで
きる。許諾技術を当該技術内容を記述することによって特定しようとする

32　特許ライセンスの場合，許諾対象となるのは基本的に特許権であるが，上記条項例に見
　られるように，特許登録される前の特許出願もライセンス対象となることがしばしばあ
　る。これは，将来，特許登録されることを見据えてライセンス対象に含めるという意味も
　あるが，さらに，登録前の特許出願に認められる権利についてライセンシーに不作為請求
　権を付与するという意味もある。例えば，日本の特許法上，特許出願人には，出願公開
　後，補償金請求権（特許法65条）が認められるから，登録前の特許出願に係る権利も含
　めて許諾対象とすれば，そのような請求を受けない権原もライセンシーに付与されること
　になるのである。

と，その外延が不明確となり，事情によっては，ライセンサーの意図に反して，ライセンス契約の締結又はその効力発生後にライセンサーが取得した知的財産が黙示的に許諾範囲に含まれると解釈されるおそれも生じる。そこで，許諾技術の範囲を明確化するため，特許については特許番号又は出願番号若しくは公開番号をもって許諾技術を特定することが望ましい。

　これに対し，ノウハウについてはそのような容易な方法で許諾範囲を特定することはできず，基本的に，技術内容を記述することによって特定せざるを得ない。そこで，技術内容の記述を厳格化した上で，黙示的ライセンスの不存在（第11節第7（216頁）参照）を規定し，さらに，ライセンス契約の締結又はその効力発生後にライセンサーが創出，取得したノウハウは許諾範囲外とするのが当事者の意思であれば，その旨を契約上明記すべきであろう。この点，上記条項例では，①契約の効力発生日時点においてライセンサーが管理していること，②特定の製品の製造に必要又は有用であること，③契約に基づいてライセンサーからライセンシーに提供されたこと[33]，という三つの要素でこれを特定した上，④本許諾ノウハウには「本主要技術情報」が含まれると定めている。ここで，例えば，「本主要技術情報」を

"Core Technical Information" means such sufficient technical information related to the [　　　　　] technology as would enable an ordinary person skilled in the art to Develop and Manufacture the Covered Products, descriptions of which are included in Exhibit B.

「本主要技術情報」とは，当業者が本実施製品を開発及び製造することを可能とさせるに十分な [　　　　] 技術に関する技術情報であり，別紙Bにその説明が記載されているものを意味する。

　33　③の点については，ライセンサーのライセンシーに対する一定の技術支援提供義務が別途定められることが予定されている（第3節（72頁）参照）。

第2章　産業技術ライセンス契約

と定義し，別紙Bにその技術内容を説明する記述を含めれば，少なくとも許諾ノウハウの中核的部分の範囲が相当程度特定されることになろう。

第2　独占性の有無

1　独占ライセンスと非独占ライセンス

　ライセンスは，独占ライセンス（exclusive license）と非独占ライセンス（non-exclusive license）の二つに大別される。独占ライセンスとは，ライセンサーがライセンシー以外の第三者に対し，一定の範囲において，同一の知的財産について実施許諾しないという不作為義務を負うライセンスをいい，非独占ライセンスとはライセンサーがそのような不作為義務を負わないライセンスをいう。中間的な概念として単独ライセンス（solo license）というものもある。これは，ライセンサーが特定の者（ライセンサー又は第三者）以外の第三者には同一の知的財産について実施許諾しないという不作為義務を負うライセンスであり，ライセンシーが対象の知的財産の実施を独占することができないという意味においては非独占ライセンスの一種として位置付けることができる。

　ライセンス条項では，当該ライセンスが独占ライセンス，非独占ライセンス（単独ライセンスを含む。）のいずれであるかを明示する必要がある。一般に，ライセンス条項において許諾されるのが「独占ライセンス」であると規定されれば，別段の約定（上記した単独ライセンスである旨の約定）がない限り，通常，ライセンサー自身も当該知的財産権の実施ができないと解釈されるものと思われるが（少なくとも，米国では一般にそのように解されているようである。），特にライセンシー側の立場に立てば，この点を明確化するため，例えば次の条項例のような形で，許諾範囲内において第三者に対して許諾技術のライセンスを与えることができないだけでなく，ライセンサー自身その範囲で許諾技術を実施できなくなるという独占ライセンスの趣旨を確認する規定を別途設けるのが安全であろう。

38

第2節　ライセンス条項

【 条 項 例 】

2.2 Exclusivity of License
(a) During the Term Licensor may not practice or grant to its Affiliate or any Third Party any license to practice the Licensed Technology within the scope of the license granted to Licensee under Section 2.1.

■ 和　訳
第2.2条　ライセンスの独占性
(a) 本契約期間中，ライセンサーは，第2.1条でライセンシーに許諾されたライセンスの範囲内において本許諾技術を実施し又は関係会社若しくは第三者にこれを実施するライセンスを許諾してはならない。

　少なくとも上記条項例のような明示的な定めを置けば，独占ライセンスのライセンサーは，対象の知的財産を第三者に実施許諾することができないだけでなく，自らこれを実施して収益を上げることもできない。したがって，ライセンス料の全部又は一部がランニング・ロイヤルティ（従量払い）である場合，ライセンサーとしては，ライセンス対象の知的財産から十分な利益を得るには，ライセンシーによって当該知的財産が最大限活用される必要がある。せっかく独占ライセンスを許諾したのに，ライセンシーが対象の知的財産の活用を怠れば，ライセンサーはライセンスの経済的価値（対象の知的財産権を利用することによって獲得されることが期待される収益）に見合う対価を得ることができない可能性がある。そこで，独占ライセンスの場合には，実際の売上いかんにかかわらず最低限支払われるべきロイヤルティ（minimum royalty）の額が定められ，又は一定の場合にライセンサーに解約権や非独占ライセンスへの転換権が与えられる等，ライセンサーの収益を確保するためのメカニズムが設けられるのが一般的である。この点については，第5節（123頁）において詳しく述べる。

39

第2章　産業技術ライセンス契約

2　日本の特殊事情（専用実施権と通常実施権）

　日本の特許法では，専用実施権（特許法 77 条）と通常実施権（同法 78 条）という二つのライセンス（実施権）が定められている。通常実施権者は，設定行為で定めた範囲内において業として当該特許発明を実施する権利を有し（同法 78 条 2 項），専用実施権者は，そのような権利を専有する（同法 77 条 2 項）と定められているから，一見，通常実施権と専用実施権はそれぞれ上記にいう非独占ライセンスと独占ライセンスに対応する権利であるかに思われるが，実はそうではない。ごく簡単に述べれば，専用実施権とは，実務上「独占ライセンス」と呼ばれるライセンスのうち，専用実施権として登録されたライセンスをいう。それ以外のライセンス，すなわち，専用実施権として登録されていない独占ライセンス及び非独占ライセンスは通常実施権に該当し，一般的に前者は独占的通常実施権，後者は非独占的通常実施権と呼ばれる。実務上の「独占ライセンス」，「非独占ライセンス」と特許法上の「通常実施権」，「専用実施権」の関係を概念図として表すと【図表2】のようになる。

　通常実施権は，第 1 節第 1（25 頁）において述べた特許ライセンスの基本的な法的性質，すなわち，特許権の権利行使をさせないという不作為請求権という性質を有する。この理は非独占的通常実施権のみならず，独占的通常実施権にも当てはまる。通常実施権は本質的に不作為請求権という債権的な権利にすぎないが故に，通常実施権者には許諾特許を侵害する第三者に対する固有の差止請求権は認められず[34]，債権者代位権の転用として，特許権者

【図表2】ライセンス概念図

独占ライセンス		非独占ライセンス
専用実施権	非独占的通常実施権	
独占的通常実施権		

34　大阪高裁昭和 61 年 6 月 20 日判決・無体裁集 18 巻 2 号 210 頁等。

35　民法 423 条。

第2節　ライセンス条項

が有する差止請求権の代位行使が認められる余地があるのみである[36]。非独占的通常実施権者には第三者に対する損害賠償請求権も認められないが，一定の場合に債権侵害の不法行為が成立し得るのと同様の理屈により，独占的通常実施権者には固有の損害賠償請求権が実務上一般的に認められている[37]。なお，従前，通常実施権を対抗するにはその登録が必要であったが，平成23年特許法改正により通常実施権の登録制度は廃止され，現在，通常実施権は，その発生後の特許の譲受人や専用実施権者に対し当然に対抗可能である[38]。

　同じ独占ライセンスでありながら，専用実施権は，独占的通常実施権には見られない特殊な効力が認められる。専用実施権は，設定行為で定めた範囲内において，業としてその特許発明の独占的に実施することのできる法定の権利であり（特許法77条2項），専用実施権者には侵害行為に対して，損害賠償請求権のほか，固有の差止請求権（同法100条）が認められる。このように専用実施権は対世的な物権的効力を有するのであり，この点単なる債権的な権利にすぎない独占的通常実施権と決定的に異なる。第1章第4節（13頁）においてライセンスを賃借権と対比したが，その文脈で考えれば，専用実施権はさしずめ地上権のようなものだということができる[39]。ただし，専用実施権は，その設定登録が効力要件であり（特許法98条1項2号），特許庁に設定登録して初めて権利が発生する。その設定登録に費用が掛かるほか，専用実施権者と専用実施権の設定範囲（地域，期間，内容）が特許登録原簿に記載され一般に公開されるため，企業にとって利用しにくい制度となっており，あまり活用されていないのが実情である。

　もっとも，専用実施権は，侵害者に対する固有の差止請求権が認められる点において独占的通常実施権より実効的な権利であることは間違いなく，日

36　東京地裁平成14年10月3日判決・裁判所ウェブサイト（ただし，間接侵害の不成立と特許の無効を理由に原告の差止請求を棄却）。第6節第2の2（134頁）参照。

37　東京地裁平成10年10月12日判決・判時1653号54頁等。

38　特許法99条。

39　中山信弘『特許法〔第4版〕』（弘文堂，2019）532頁。

第2章　産業技術ライセンス契約

本の特許の独占ライセンスを受けるライセンシーとしては，もし事情が許せ
ば，例えば次のような定めにより，ライセンス契約上，専用実施権の設定を
受ける権利（ライセンサー側の設定登録義務）を定めておくのが得策であ
る。

【 条 項 例 】

2.2 Exclusivity of License

(b) Licensor agrees to Licensee's registration or recordation of the exclusive license granted under Section 2.1 with the patent office or any other equivalent competent authority in each country in the Licensed Territory, to the extent such registration or recordation is available, and shall provide Licensee with any documentation and assistance necessary for such registration or recordation upon Licensee's request. Any fees associated with such registration or recordation shall be borne by Licensee.

■ 和　訳────────────────────

第2.2条　ライセンスの独占性

(b) ライセンサーは，ライセンシーが第2.1条で許諾された独占ライセ
　　ンスを本許諾地域各国における特許庁又は同等の所轄官庁において登
　　録又は記録することを，そのような登録又は記録が利用可能である限
　　りにおいて同意し，ライセンシーの要求に従い，当該登録又は記録に
　　必要な一切の文書及び支援をライセンシーに対し提供するものとす
　　る。当該登録又は記録に伴う費用はライセンシーにおいて負担する。

第3　有償・無償の別

　ライセンスの有償・無償の別も，ライセンスの許諾範囲を画する事項の一
つと位置付けることができる。産業技術ライセンスの場合はまれであろう

が，事情によっては無償ライセンスが許諾される場合もあり得る。

　有償ライセンスについては，対価をいかに定めるかが最大の問題であるが，これについては別途，第4節（77頁）において詳しく述べる。

第4　許諾行為

1　総　論

　ライセンスは，許諾される行為を特定することによってさらに範囲が画される。

　日本特許のライセンス契約を例にとれば，許諾行為となり得る発明の「実施」には次の行為が含まれる（特許法2条3項）。

① 物（プログラム等を含む。以下同じ。）の発明にあっては，その物の生産，使用，譲渡等（譲渡及び貸渡しをいい，その物がプログラム等である場合には，電気通信回線を通じた提供を含む。以下同じ。），輸出若しくは輸入又は譲渡等の申出（譲渡等のための展示を含む。以下同じ。）をする行為

② 方法の発明にあっては，その方法の使用をする行為

③ 物を生産する方法の発明にあっては，前号に掲げるもののほか，その方法により生産した物の使用，譲渡等，輸出若しくは輸入又は譲渡等の申出をする行為

　したがって，日本特許をライセンスする場合には，ライセンス条項において，上記の行為のいずれを許諾するのか特定することになる。例えば，物の特許発明について，ライセンシーに当該物を製造販売する権利を特に地域を限定せずに許諾するライセンスであれば，ライセンスの許諾行為には，物の生産，使用，譲渡等，輸出，輸入，譲渡等の申出という，物の発明の実施に該当する全ての行為を許諾行為に含めるのが一般的であろう。法的に考えると，生産の許諾さえあれば，少なくとも国内的には，その他の行為は消尽や黙示的許諾の理論により特許侵害を構成しないと考える余地もあるが，ライセンシーとしてはその他の実施行為についても許諾対象に含めた方が安全で

第2章　産業技術ライセンス契約

ある。

　ライセンスの範囲を明確に定めるに当たって許諾行為を特定すべきことは，他国の特許のライセンスについても当然当てはまるし，ノウハウライセンスの場合も同様である。

　この点，本節冒頭の条項例（31頁）では，

Subject to the terms and conditions of this Agreement, Licensor hereby grants to Licensee an exclusive, royalty-bearing, sublicensable, non-assignable license under the Licensed Technology in the Field of Use in the Licensed Territory **to Exploit the Licensed Products**; provided, however, that Licensee shall not, directly or through its Affiliate, Sublicensee or any Third Party, market, promote, distribute, offer for sale, sell, or export the Licensed Products from the Licensed Territory to any Person in the Excluded Territory.

本契約に含まれる条件に従い，ライセンサーは本契約をもってライセンシーに対し，本許諾地域において本実施分野で本許諾技術に基づいて**本許諾製品を利活用する**，独占的，有償，サブライセンス可能かつ譲渡不能なライセンスを許諾する。ただし，ライセンシーは，直接又はその関係会社，サブライセンシー若しくは第三者を通じて，本許諾製品を本許諾地域から本除外地域の人に対し，宣伝し，流通させ，販売の申出をし，販売し，又は輸出してはならない。

と規定し，原則的な許諾行為の範囲を，本許諾製品を「Exploit（利活用する）」ことと定めているが，ここでこの「Exploit（利活用する）」の範囲を，例えば，

"Exploit" as a verb or "Exploitation" as a noun means, with respect to the Licensed Products, to Develop, Manufacture, Commercialize, to

第2節　ライセンス条項

use, have used or otherwise exploit the Licensed Products.

本許諾製品に関して，動詞としての「利活用する」又は名詞としての「利活用」とは，本許諾製品を開発し，製造し，商品化し，使用し，使用させ又はその他の態様で利用することを意味する。

と定義し，さらに，この定義に登場する「Develop（開発する）」，「Manufacture（製造する）」，「Commercialize（商品化する）」という言葉を，例えば，それぞれ，

"Develop" as a verb or "Development" as a noun means, with respect to the Licensed Products, all activities by or on behalf of a Person to discover, research, or otherwise develop the Licensed Product or any process therefor.

本許諾製品に関して，動詞としての「開発する」又は名詞としての「開発」とは，本許諾製品又はこのための方法を発見し，研究し，又はその他の態様によって開発するための人による又は人のための一切の活動を意味する。

"Manufacture" as a verb or noun or "Manufacturing" as a noun means, with respect to the Licensed Products, all activities by or on behalf of a Person related to the manufacturing of the Licensed Product, or any part thereof, including manufacturing for Development or Commercialization, processing, packaging, testing, storing of the Licensed Product or any part thereof, quality assurance and quality control activities related to manufacturing of the Licensed Product.

本許諾製品に関して，動詞としての「製造する」又は名詞としての「製

第2章　産業技術ライセンス契約

造」とは，本許諾製品又はその一部の開発又は商品化のための製造，加工，包装，試験，保管，本許諾製品の製造に関連する品質保証及び品質管理の活動を含む，本許諾製品又はその一部の製造に関連する，人による又は人のための一切の活動を意味する。

"Commercialize" as a verb or noun or "Commercialization" as a noun means, with respect to the Licensed Products, all activities by or on behalf of a Person to market, promote, distribute, offer for sale, sell, import, export or otherwise commercialize the Licensed Product.

本許諾製品に関して，動詞としての「商品化する」又は名詞としての「商品化」とは，本許諾製品を市場開拓し，宣伝し，流通させ，販売の申出をし，販売し，輸入し，輸出し，又はその他の態様によって商業化するための人による又は人のための一切の活動を意味する。

と定義すると，次に述べる第三者への実施委託を含め，製品の開発，製造及び販売に伴い実務的に要求される大半の実施行為が許諾行為に含まれることになるであろう。

　ケースによって，許諾されるライセンシーの実施行為はより限定的な範囲に制限される。例えば，ライセンシーに許諾されるのはライセンサーによって製造される原料や部品を用いて許諾製品を製造販売することに限定されるという場合もあろう。そのような場合には，ライセンス条項における許諾行為がその範囲に限定される形で特定されることになる。

2　第三者への実施委託について

　許諾行為の範囲として一つ問題となるのは，実施行為の第三者への委託の可否であり，典型的には，ライセンシーが許諾製品又はその部品の製造供給を第三者に委託することができるかということが問題となる。

　この点，最高裁は，鋳造金型に関する特許権の共有者が他の共有者（原

46

告・上告人）の同意を得て，自己が代表取締役を務める会社に対し当該特許権について通常実施権を許諾したところ，当該通常実施権者である会社が第三者（被告・被上告人）に鋳造金型を貸与してナットを鋳造させ，その全部の納入を受けていたという事案において，被告が当該鋳造金型を使用してナットを鋳造した行為は，専ら通常実施権者である会社の事業のためにされたものというべきであるから，仮に当該鋳造金型が当該特許発明の技術的範囲に属するとしても，特許権の通常実施権者の実施権の行使としてされたものであるとして，原告の特許侵害の主張を排斥した[40]。

　米国においては，一般に，このような第三者への製造委託の権利はハブメイド権（have-made rights）として知られ，ライセンス契約上，これを禁止する明示的な約定がない限り，当然に製造ライセンスに含まれるものと考えられているようである[41]。

　このような日米の裁判例に照らせば，少なくとも日本と米国の特許権のライセンスについては，第三者の製造供給行為はライセンシーの委託製造と認められる限り，ライセンシー自身の行為とみなされ，特にライセンス契約において委託製造の可否について定めがなくとも許されると解釈されよう。すなわち，このような場合，第三者の製造供給行為は許諾技術の独立した実施行為ではなく，ライセンシー自身の実施行為とみなされるため，特に製造委託権ないしハブメイド権が明示されていなくとも，当然に許諾範囲に含まれると解釈され得るのである。他方，第三者が製造した製品をライセンシー以外の第三者に供給している等の事情により，当該第三者の行為がライセンシーのための受託製造とみなされず，ライセンシーから独立した実施行為と認められれば，そのような製造を許容するサブライセンス権がライセンシーに許諾されていない限り，第三者の行為はライセンスの傘を外れ，ライセンサー（特許権者）の特許権を侵害することになる。

40　最高裁平成 9 年 10 月 28 日判決・集民 185 号 421 頁。

41　*Corebrace LLC v. Star Seismic LLC*, 566 F.3d 1069 (Fed. Cir. May 22, 2009). この裁判例の詳細については，西美友加「米国判例における下請製造権（have-made rights）の解釈」パテント 63 巻 7 号 92 頁を参照されたい。

第2章　産業技術ライセンス契約

　上記のとおり，少なくとも日本と米国の特許権のライセンスについては，ライセンス契約上の明示的な定めがなくとも，一般的にライセンシーには第三者への製造委託権が黙示的に認められることになると考えられるが，当事者の権利義務関係を明確化するためには委託製造の可否と範囲をライセンス契約上明示することが望ましい。この点，上記のとおり，本節冒頭の条項例（31頁）では，第三者への委託による製品の開発，製造及び商品化を包括的に明示的に許諾行為に含めている。

　ライセンサーが許諾製品の品質の担保等を目的として下請製造者の選定に関与することを望み，ライセンシーの第三者への製造委託権に一定の制限が設けられる場合もある。ライセンシーによる第三者への開発及び製造の委託に関し，例えば次のような約定を置いた上，「Authorized Subcontractors（認定下請業者）」の選定手続についてのライセンサーの関与を別途定めれば，ライセンシーは製品の開発，製造，販売について広く第三者のサービスを利用することができる一方，ライセンサーは，製品の開発及び製造に関して，当該第三者の選定に関与することにより，ライセンシーによる第三者への実施委託にコントロールを及ぼすことができることになる。

Notwithstanding Section 2.1 above, Licensee shall have no right to subcontract with any Third Party other than Authorized Subcontractors to Develop or Manufacture the Licensed Products.

上記第2.1条にかかわらず，ライセンシーは，認定下請業者以外の第三者に本許諾製品の開発又は製造を請け負わせる権利を有しない。

第5　実施分野

　複数の技術分野において実施（使用）することが可能な技術をライセンスする場合，ライセンス範囲を特定の技術分野に限定するために，実施（使

用）分野（field of use）という概念が用いられることも実務上少なくない。

　実施分野に関するライセンス範囲の限定は，典型的には，許諾技術の使用が一定の実施分野における使用に限られる旨をライセンス条項に定めた上（本節冒頭の条項例（31頁）参照），例えば次の例のように実施分野を定義するという形で行われる。

"Field of Use" means any and all human therapeutic applications.

「本実施分野」とは，一切のヒトの治療のための利用を意味する。

　ある医薬発明に関する特許とノウハウのライセンス契約においてこの実施分野の定義が用いられたとすると，仮に当該医薬発明が動物用医薬品に応用できるとしても，実施分野の限定により，ライセンシーは動物用医薬品のために当該医薬発明を用いることはできないことになる。

　実施分野は，これを定めることによって結果的に許諾製品の範囲を画する機能を有するのであり，次に述べる許諾製品の定めと同様，許諾行為の客体を特定し，ライセンスの範囲を限定する作用を営む。

第6　許諾製品

1　総　論

　ライセンス範囲の限定は，許諾技術を実施する対象の製品（許諾製品）を特定することによって行うこともできる。本節冒頭に記載したライセンス条項例（31頁）においてライセンスの範囲は「Licensed Products（本許諾製品）」の製造，使用，販売等に限定されている。ここで「Licensed Products（本許諾製品）」を例えば，

第2章　産業技術ライセンス契約

"Licensed Products" means any pharmaceutical products for human therapeutic applications.

「本許諾製品」とは，一切のヒトの治療のための医薬品を意味する。

と定義すれば，前述第5（48頁）に記載した「Field of Use（本実施分野）」の定義条項例を用いる場合と実質的に同一の範囲内にライセンスを限定することができるのである。

　このように許諾製品は，許諾行為の客体を特定することにより，ライセンスの範囲を限定する作用を営む。

　許諾製品について注意すべきことは，これとロイヤルティの発生対象となる製品とは必ずしも一致しないということである。すなわち，通常，ロイヤルティ算定の基礎となるのはあくまで許諾技術の技術的範囲内に含まれる許諾製品の売上である。例えば，上記のように，許諾製品を「ヒトの治療のための医薬品」と定義した場合，通常の当事者の意思としては，ロイヤルティが発生するのは，ライセンシーが製造販売する一切の「ヒトの治療のための医薬品」ではなく，あくまでそのうちライセンス契約で許諾される技術を使用したもののみのはずである。したがって，許諾製品の定義の仕方によっては，例えば次のように，許諾製品とは別個にロイヤルティの算定ベースとなる製品の範囲を定める必要がある。

"Licensed Products" means the Licensed Product in the Field of Use that is Covered, in whole or in part, by the Licensed Technology.

「本実施製品」とは，その全部又は一部が本許諾技術にカバーされる本実施分野の本許諾製品を意味する。

50

第2節　ライセンス条項

2　許諾製品の流通と消尽論

　典型的な産業技術ライセンスにおいて，ライセンシーは許諾製品を製造販売することによって収益を上げることを予定している。ライセンシーが製造した製品を購入したライセンシーの顧客が当該製品を使用した場合に特許権者から特許権の行使を受けるとすれば，ライセンシーの製品を購入する顧客はいなくなり，ライセンシーの商売は成り立たなくなってしまう。他方，特許権者（ライセンサー）はライセンシーへのライセンスの許諾において対価（ライセンス料）を得ているのであり，その許諾の下に製造された製品について下流の事業者に対する権利行使を認めるべき実質的理由はない。我が国の特許法に明文の規定はないが，一般に，特許権者又はそのライセンシーによって適法に拡布された製品について，もはや特許権はその目的を達して消尽すると解されており，このような考え方を消尽論という。

　では，ライセンシーが製造した製品を購入した第三者が当該製品を組み込んだ製品又はこれを利用した製品を製造した場合，当該第三者の製品について特許権の効力は及ぶのか，あるいは既に消尽しているのか。

　この点については，基本的に，当該特許の特許請求の範囲に照らし，第三者において新たな特許製品の製造（生産）が行われたと評価されるか否かを基準に考え，新たな特許製品が製造されたと評価されるのであれば特許権者の権利行使は認められ，そうでなければ特許権は既に消尽しているというのが判例・通説の考え方である[42]。

　いかなる場合に新たな特許製品が製造されたと評価されるのかについて，インクカートリッジ事件最高裁判決[43]は，「当該特許製品の属性，特許発明の内容，加工及び部材の交換の態様のほか，取引の実情等も総合考慮して判断するのが相当であり，当該特許製品の属性としては，製品の機能，構造及び材質，用途，耐用期間，使用態様が，加工及び部材の交換の態様としては，加工等がされた際の当該特許製品の状態，加工の内容及び程度，交換された

　42　中山信弘『特許法〔第4版〕』（弘文堂，2019）441〜445頁。

　43　最高裁平成19年11月8日判決・民集61巻8号2989頁。

第2章　産業技術ライセンス契約

部材の耐用期間，当該部材の特許製品中における技術的機能及び経済的価値
が考慮の対象となるというべきである。」と判示している。

　例えば，シリンダーの構造に関する特許発明について，特許権者がシリン
ダーメーカーに当該発明を使用したシリンダーの製造販売のライセンスを許
諾したという場合を考えてみる。この場合，当該シリンダーメーカーが製造
した当該発明に係るシリンダーを購入し，これを組み込んだエンジンを製造
販売するエンジンメーカーの行為が当該特許を侵害するか否かというのがこ
ここでの問題であるが，上記判例・通説の考え方に従えば，エンジンメーカー
が当該シリンダーに特に手を加えることなくこれをエンジンに搭載するので
あれば，特許権者の特許権は既に消尽しており，エンジンメーカーに対して
特許権を行使することはできない。

　これに対し，エンジンメーカーが自社のエンジンに組み込むに当たって当
該シリンダーに改変を加え，これが上記インクカートリッジ事件最高裁判決
が判示するような事実関係を考慮して，新たなシリンダーの製造行為と評価
するに足りるほどの有意な改変と評価される場合には，新たな侵害行為とし
て特許権者はエンジンメーカーに対して特許権を行使し得るということにな
ろう。もっとも，次に述べる間接侵害品の場合と同様，特許権者がそのよう
な改変を許容していると認められる場合には，黙示の許諾（黙示的ライセン
ス）という理屈により，特許権者の権利行使を否定する余地があるのではな
いかと思われる。

3　間接侵害品

　特許法101条は，「特許が物の発明についてされている場合において，業
として，その物の生産にのみ用いる物の生産，譲渡等若しくは輸入又は譲渡
等の申出をする行為」（1号），「特許が物の発明についてされている場合に
おいて，その物の生産に用いる物（日本国内において広く一般に流通してい
るものを除く。）であってその発明による課題の解決に不可欠なものにつき，
その発明が特許発明であること及びその物がその発明の実施に用いられるこ
とを知りながら，業として，その生産，譲渡等若しくは輸入又は譲渡等の申

52

第2節　ライセンス条項

出をする行為」（2号）といった行為を当該特許権の侵害行為とみなす。一般に，このような行為は間接侵害行為と呼ばれる。別段の定めがない限り，特許ライセンスは，直接侵害行為のみならず，かかる間接侵害行為も許諾範囲に含むものと認定されよう。

さて，前記第4の2（46頁）に述べたとおり，ライセンシーが許諾製品又はその部品を第三者に製造委託することは，明示又は黙示によるライセンシーの製造委託権（ハブメイド権）によってカバーされる。したがって，例えば，物の発明に係る特許の場合，ライセンシーが特許法101条1号にいう「その物の生産にのみ用いる物の生産……をする行為」（典型的には，当該特許製品の専用部品の製造供給）を第三者に委託した場合，当該第三者の行為はライセンシーの製造委託権の下に当該特許の侵害責任を免れると考えられる。

では，ある最終製品に関する特許発明がある場合，特許権者からその専用部品の製造販売のライセンスを得たライセンシーから当該専用部品を購入した者がこれを用いて最終製品を製造販売した場合，当該購入者の製造販売行為はライセンシーが有するライセンス権によってカバーされるであろうか。先に述べたシリンダーとエンジンの例に模して考えれば，シリンダーの構造に技術的特徴を有する自動車用エンジンに関する特許発明について，特許権者がシリンダーメーカーに当該発明の専用品であるシリンダーの製造販売のライセンスを許諾した場合に，当該シリンダーメーカーが製造した当該発明の専用品であるシリンダーを購入し，これを組み込んだエンジンを製造販売するエンジンメーカーの行為にライセンスは及ぶのか，というのがここでの問題である。

この点，知財高裁は，被告（控訴人）が保有するデータ送信装置に関する特許のライセンシーが製造した特許製品の専用部品である半導体製品（間接侵害品）を購入した原告（被控訴人）が，当該半導体製品を搭載して当該特許にカバーされるスマートフォン（直接侵害品）を製造販売する行為について当該特許権が消尽するか否かが争点となった事件において，傍論として，特許権者の許諾した間接侵害品がそのままの形態を維持する限りは消尽によ

53

第2章　産業技術ライセンス契約

りもはや特許権を行使することは許されないが，それを用いた直接侵害品が新たに製造された場合には特許権の行使が制限されるものではないとしつつ，ただし，特許権者が間接侵害品を用いて直接侵害品が製造されることを黙示的に承諾していると認められる場合には特許権の効力は直接侵害品の製造販売行為には及ばない，と判示した。[44]

4　考　察

前記2，3に述べたとおり，特許ライセンスのライセンシーがライセンスに基づき製造した製品を第三者に販売した場合，当該製品が当該特許の請求項の範囲に含まれる場合（直接侵害品である場合）と間接侵害規定によってこれに抵触する場合（間接侵害品である場合）のいずれについても，第三者がこれを部品として使用して自らの製品を製造する場合，その使用態様によってはライセンスによる消尽が及ばず，特許権侵害が生じるおそれがある。場合によってライセンサーの黙示の許諾（黙示的ライセンス）が認められる余地もあるが，いかなる場合にこれが認められるかは必ずしも明らかでない。

そこで，後日顧客が特許権者（ライセンサー）から特許権侵害のクレームを受けることを避け，顧客に安定的な製品供給をするために，ライセンシーとしては，明示的に，ライセンシーの製品のユーザーに対するライセンサー（特許権者）の権利行使を制限する約定をライセンス契約に盛り込んでおくべきであろう。その方法としては，例えば，許諾製品の範囲にライセンシーが製造する予定の製品のほか，当該製品を使用してライセンシーの顧客（又はさらに下流の事業者）が製造する可能性の製品（上記の例でいえば，シリンダーのみならずエンジン）を含めた上，ライセンシー製品の購入者に対してライセンサーに不提訴誓約（covenant not to sue）させる又は（無償の）ライセンスを設定するサブライセンス権をライセンシーに付与するという方

44　知財高裁大合議平成26年5月16日判決・判時2224号146頁（アップル対サムソン事件）。

第2節　ライセンス条項

法が考えられよう。

第7　許諾地域

1　許諾地域と許諾技術の関係

例えば，特許権者が製造販売拠点を有する一定の地域においては，自己の産業技術に係る製品を自ら製造販売するが，これを有しない他の地域については第三者に製品の製造販売を委ねるというような場合，ライセンスに地理的な制限を設けることになる。

一般に知的財産権は，属地主義の原則の適用を受け，一国における権利の成立，移転，効力等は当該国の法律によって定められ，権利の効力は当該国の領域内においてのみ認められる。ある日本特許のライセンスを受けた場合，当該特許は日本においてのみ効力を有するから，ライセンスの効力が認められる地理的範囲もおのずと日本に限られるのであり，ライセンシーは，当該特許発明を日本以外の国において実施する権利を当然には有しない。かくして，特許ライセンスの地理的範囲は，属地主義の原則によって必然的に許諾特許の範囲によって画されることになるが，許諾特許を包括的に定義した場合には，ライセンス範囲を特定するために別途，許諾地域である地理的範囲を定める必要が生じる。

"Licensed Patents" means: (i) the patents and patent applications listed on Exhibit A, (ii) continuations, divisionals, substitutions and continuations-in-part of any patent applications on Exhibit A, (iii) any patents issuing on any of the foregoing applications, and (iv) any foreign cognates of any of the foregoing.

「本許諾特許」とは，(i)別紙Aに列挙された特許及び特許出願，(ii)別紙Aに列挙された特許出願の継続出願，分割出願，差替出願，部分継続出願，(iii)上記特許出願について登録された特許，並びに，(iv)上記特許及

第2章　産業技術ライセンス契約

> び特許出願の対応外国特許及び特許出願を意味する。

　上記は，前記第1（35頁）に記載した許諾特許の定義条項例を転記した
ものであるが，このように許諾特許を特定の特許（又は特許出願）のみなら
ずその対応外国特許（又は外国特許出願）も含むとして包括的に定義する
と，具体的にいかなる国の特許又は特許出願が許諾対象に含まれるかが契約
文面上必ずしも明らかではない。そこで，この場合，一定の国における実施
のみを許諾する場合には，許諾特許を特定するのとは別個にライセンスの地
理的範囲を定める必要が生じるのである。

　なお，ノウハウライセンスの場合は特許ライセンスの場合とは異なり，許
諾ノウハウの特定によってライセンスの地理的範囲が定まるわけではないの
で[45]，当然，別途地理的範囲を特定する必要がある。

45　特許と異なり，ノウハウはそれ自体地理的な属性を有するものではない。もっとも，ノ
　　ウハウに関する権利（日本法でいえば，不正競争防止法や不法行為法によって保護される
　　地位）という点で捉えると，やはり属地主義の原則の適用を受けるといえる。

第2節　ライセンス条項

コラム3　グローバル・ライセンスとは何か？

　全世界を許諾地域とするライセンスを一般的に「グローバル・ライセンス」又は「ワールドワイド・ライセンス」という。「特許のグローバル・ライセンス」という表現が用いられることがあるが，世界全ての国（2015年の時点で日本政府が承認した世界の国家数は196か国）で特許を取得している発明は実際には存在しないであろうから，法的な意味でライセンスが許諾されるのは特許が発行された国のみである。特許が発行されていない国では当該発明はパブリックドメインになっているはずであるから，その実施のためにライセンスは必要ない。

　特許について「グローバル・ライセンス」を許諾した上，特許が存在しない国も含め，全世界における許諾製品の売上をロイヤルティの支払対象とするライセンス契約も実務上見られるが，上記のとおり，特許が発行されていない国では当該発明はパブリックドメインであり，本来誰しも自由にそれを実施できるはずである。にもかかわらず，そのような国における売上にもロイヤルティ支払義務を課すのは，特段の合理的理由が認められない限り背理であり，当該国の立法政策にもよるであろうが，そのような義務を課す条項は無効と判断される可能性が高いと思われる（第4節第3の3（93頁）参照）。特段の合理的理由が認められる場合としては，例えば，ライセンシーの所在地や許諾製品の性質からして，事実上，ライセンシーによる許諾製品の製造拠点が特許の発行されている特定の国に限られ，当該国で製造された製品が輸出されて世界各国に流通することが予定されているような場合が考えられる。そのような場合，世界で流通する製品の源泉は特許が発行された国に所在し，製品を製造する時点において特許に抵触することになるので，全世界における売上をロイヤルティのベースとしても不合理ではないであろう。

第2章　産業技術ライセンス契約

2　許諾地域と国際消尽

本節冒頭の条項例（31頁）では，

Subject to the terms and conditions of this Agreement, Licensor hereby grants to Licensee an exclusive, royalty-bearing, sublicensable, non-assignable license under the Licensed Technology in the Field of Use **in the Licensed Territory** to Exploit the Licensed Products; provided, however, that Licensee shall not, directly or through its Affiliate, Sublicensee or any Third Party, market, promote, distribute, offer for sale, sell, or export the Licensed Products from the Licensed Territory to any Person in the Excluded Territory.

本契約に含まれる条件に従い，ライセンサーは本契約をもってライセンシーに対し，**本許諾地域において**本実施分野で本許諾技術に基づいて本許諾製品を利活用する，独占的，有償，サブライセンス可能かつ譲渡不能なライセンスを許諾する。ただし，ライセンシーは，直接又はその関係会社，サブライセンシー若しくは第三者を通じて，本許諾製品を本許諾地域から本除外地域の人に対し，宣伝し，流通させ，販売の申出をし，販売し，又は輸出してはならない。

と規定し，原則的な許諾地域の範囲を「Licensed Territory（本許諾地域）」と定めているが，ここでこの「Licensed Territory（本許諾地域）」の範囲を，例えば，

"Licensed Territory" means all the countries in the world excluding the Excluded Territory.

「本許諾地域」とは，本除外地域を除く世界の全ての国を意味する。

と定義し，さらに，この定義に登場する「Excluded Territory（本除外地

58

第2節　ライセンス条項

域)」という言葉を，例えば，

"Excluded Territory" means the member states of the European Union as of the Effective Date.

「本除外地域」とは，本効力発生日現在の欧州連合加盟国を意味する。

と定義すると，許諾地域は，本効力発生日現在の EU 加盟国以外の世界の全ての国ということになる。したがって，ライセンシーは EU 以外の国では許諾技術を用いた許諾実施分野の許諾製品を「Exploit（利活用する）」ことができるわけであるが，本節第4の1（43頁）で見たように，この「Exploit（利活用する）」の中には「商品化する」こととして，許諾製品を販売し又は輸出する行為も含まれる。そうすると許諾製品を許諾地域から非許諾地域である「Excluded Territory（本除外地域）」に向けて輸出販売することは許されると解釈される余地が残ることになる。そこで，そのような輸出販売はできないことを明示するために，本節冒頭の条項例（31頁）には，

---

provided, however, that Licensee shall not, directly or through its Affiliate, Sublicensee or any Third Party, market, promote, distribute, offer for sale, sell, or export the Licensed Products from the Licensed Territory to any Person in the Excluded Territory.

ただし，ライセンシーは，直接又はその関係会社，サブライセンシー若しくは第三者を通じて，本許諾製品を本許諾地域から本除外地域の人に対し，宣伝し，流通させ，販売の申出をし，販売し，又は輸出してはならない。

というただし書が含まれているのであるが，このような定めを置く背景には消尽論に関係するやや深い問題がある。

第2章　産業技術ライセンス契約

　既に本節第6の2（51頁）に述べたとおり，特許権は，一般に，権利者が一度それを行使したならば，その範囲について重ねてこれを行使することはできなくなると考えられており，かかる理論を特許権の消尽論という。例えば，特許権者自身が当該特許発明の技術的範囲に属する製品を製造しこれを流通に置いた後，これを購入した第三者に対して当該特許権を行使することを認めるのは背理であるが，消尽論はこのような権利行使を否定する理由として用いられる。特許権者がライセンサーとして特許発明の実施をライセンシーに許諾した場合，そのライセンシーが当該特許発明を実施して製造した製品を第三者に販売した場合に，特許権者が当該第三者に対して特許権を行使し得ないことも消尽論によって説明される。

　このような消尽論（国内消尽）は，各国で一般的に認められている。日本においては，BBS事件最高裁判決[46]において，①特許法による発明の保護は社会公共の利益との調和の下において実現されなければならないものであること，②仮に，特許製品について譲渡等を行う都度特許権者の許諾を要するということになれば，市場における商品の自由な流通が阻害され，特許製品の円滑な流通が妨げられること，③特許権者又は実施権者から譲渡された特許製品について，特許権者が流通過程において二重に利得を得ることを認める必要性はないことを理由に，これを正面から認めた。BBS事件最高裁判決の約10年後に出されたインクカートリッジ事件最高裁判決[47]においてもこの理が確認されている。ただし，ここにいう消尽論とは，国内の同一特許に関するいわゆる国内消尽である。

　これに対し，特許権者がある国において特許の権利行使をした後に，その対応外国特許の権利行使をすることが認められるか，具体的には特許権者がある国において流通に置いた特許製品が外国に輸入された場合に，当該外国における当該特許製品の販売に対し当該外国における対応特許権を行使し得るのか，というのがいわゆる国際消尽の問題である。ある国の特許と別の国

46　最高裁平成9年7月1日判決・民集51巻6号2299頁。
47　最高裁平成19年11月8日判決・民集61巻8号2989頁。

60

の対応特許とは必ずしも権利範囲（クレーム）が同一であるとは限らない
し，仮に権利範囲が同一であるとしても，属地主義の下，それらはあくまで
別個の権利である。とすれば，ある国の特許が消尽したからといって，当然
に対応する外国特許が消尽するいわれはないように思われる。

　この点，上記BBS事件最高裁判決は，国際消尽を否定しつつ，黙示的ラ
イセンス類似の理論を用いて，「我が国の特許権者又はこれと同視し得る者
が国外において特許製品を譲渡した場合においては，特許権者は，譲受人に
対しては，当該製品について販売先ないし使用地域から我が国を除外する旨
を譲受人との間で合意した場合を除き，譲受人から特許製品を譲り受けた第
三者及びその後の転得者に対しては，譲受人との間で右の旨を合意した上特
許製品にこれを明確に表示した場合を除いて，当該製品について我が国にお
いて特許権を行使することは許されない」と判示した。つまり，①譲受人と
日本を販売地域から外す旨を合意し，かつ，②当該合意を特許製品に表示す
れば別論，かかる要件を満たさない限り，外国において特許権者が販売した
特許製品の日本における転得者に対して日本の特許権を行使することは許さ
れないとしたのである。結論的には，上記①と②の要件を条件に国際消尽を
限定的に認めたのと異ならないが，理屈としては特許の国際消尽ではなく，
黙示的許諾（ライセンス）類似の理論を用いている。これに対し，米国にお
いては，Lexmark事件[48]において，連邦最高裁が国際消尽を認める判断を下
している。

　さて，ライセンス条項の許諾地域の問題に戻るが，複数の国に対応特許を
有する特許について，その一部の国のみを許諾地域としてライセンスしたと
しても，非許諾地域における国際消尽の考え方によっては，当該国の対応特
許の権利行使が認められないため，ライセンシーがライセンス契約に違反し
て，許諾地域で製造した製品を非許諾地域に輸出して販売しても，ライセン
サーは特許権に基づいて裁判所にその差止めを求めることができない可能性
がある。そこで，ライセンサーとしては，そのような事態に備え，ライセン

48　*Impression Products, Inc. v. Lexmark International, Inc.*, 581 U.S. (2017).

第2章 産業技術ライセンス契約

ス契約において，許諾地域から非許諾地域への輸出販売をしてはならないという不作為債務をライセンシーに課すことが望ましい。裁判所における特定履行請求や予備的手続の利用可能性（第11節第5の3（213頁）参照）と共に，そのような不作為債務をライセンス契約上明示的に定めておけば，ライセンサーは特許権の行使としてではなく，当該不作為債務の不履行を請求原因として，ライセンシーの違反行為について（予備的又は終局的な）差止めを求めることができることになる。

第8　許諾期間

　許諾期間もライセンスの範囲を限定する事項となる。ライセンス契約においてはライセンス条項とは別個に契約期間を定める条項を設けるのが一般であり，その場合，許諾期間と契約期間が一致するのであれば，ライセンス条項において特に許諾期間を定める必要はない[49]。しかしながら，例えば一つのライセンス契約において許諾期間の異なる複数のライセンスを許諾するといった場合には，契約期間とは別個にライセンス条項で許諾期間を定める必要が生じる。ライセンス契約における時間的概念としては，許諾期間，契約期間とは別にロイヤルティが発生する期間であるロイヤルティ期間（第4節第3の3（93頁）参照）も観念できる。これら三つの時間的概念の関係については第9節第1（169頁）参照。

　特許ライセンスの場合は，許諾特許（複数の特許が許諾される場合には，そのうち最後に消滅する特許）の存続期間中ライセンスを許諾するという例が実務上では多いように思われ，その場合は，ライセンス契約の効力発生日から許諾特許の出願日の20年後までの期間が許諾期間ということになる[50]。もちろん，許諾期間をいかに定めるかは基本的に当事者の自由であるから，事情によっては，これを許諾特許が消滅する前の一定期間に限定してもよ

49　本節冒頭の条項例（31頁）はそのような場合を想定している。
50　WTO加盟国の特許は原則として出願日から20年間で消滅する（TRIPS協定33条）。

62

い。

　他方，許諾特許が存続期間の満了により消滅すれば，それ以降，当該発明はパブリックドメインとなるから，特許権行使の不作為請求権という意味でのライセンスはもはや観念することができないのであり，許諾特許の存続期間よりも長い期間を許諾期間とする特許ライセンスは背理である。

　これに対し，ノウハウは，陳腐化による技術的価値の滅失や減少は別論，特許のような存続期間はないから，理論的には無期限のライセンスを許諾することも可能である。したがって，許諾技術に特許発明のみならずノウハウも含まれる場合は，特許の存続期間を超えた期間を許諾期間とすることも認められるが，その場合，特許期間満了後にライセンスされるのはノウハウのみということになる。[51]

　許諾対象に特許とノウハウの双方を含む場合において，特許の消滅によって許諾期間が終了する建付けとする例も実務ではしばしば見られる。このような場合，ノウハウについては，特許消滅後もノウハウについてのライセンサーの権利は存続するので，特約がない限り，許諾期間終了後はライセンシーがこれを無断で使用することはできないということに注意を要する。この点については，ライセンス契約終了の効果として第9節第5（187頁）で後述する。

第9　サブライセンス権の有無

1　サブライセンス権とは何か

　サブライセンス権（再実施許諾権）の有無も，ライセンスの許諾範囲を画する事項と位置付けることが可能である。

　理論的に，サブライセンス権はライセンスとは別個の権利である。この点については，そもそもサブライセンスとは何かを理解する必要がある。模式的に考えれば，サブライセンスとは，ライセンシーがライセンサーに代理し

51　契約期間満了後のノウハウ実施の取扱いについては，第9節第5（187頁）参照。

て，対象の権利のライセンスを第三者に許諾すること又はこれによって許諾されたライセンスをいうものと理解される。日本の民法上の代理に即して考えれば，ライセンサーが本人，ライセンシー（サブライセンサー）が代理人に該当し，代理人であるライセンシー（サブライセンサー）が本人であるライセンサーに代わって，第三者（サブライセンシー）のために，ライセンサーの権利である知的財産権に利用権を設定するのがサブライセンスであると考えれば分かりやすい（【図表３】参照）。

要するに，サブライセンス権（再実施許諾権）とは，ライセンサーを代理して第三者に対象の知的財産権についてライセンスを許諾する権限をいい，代理に関する法律関係になぞらえれば，代理権に該当する。サブライセンス権を授権されたライセンシーによって第三者に許諾されたライセンスをサブライセンス（再実施権）といい，サブライセンスとの関係において，許諾者であるライセンシーをサブライセンサー，許諾を受けた第三者をサブライセンシーという。

日本の特許法上，ライセンシーは，専用実施権者であっても，当然にはサブライセンス権を有さず，特許権者であるライセンサーによる特別の授権があって初めてこれが認められる（特許法77条4項参照）。米国では，別段の合意がない限り，非独占的ライセンシーはサブライセンス権を有しない一方，独占的ライセンシーはこれを有すると解されているようである[52]。ただ，

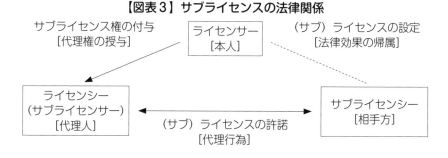

【図表３】サブライセンスの法律関係

---

52 *Moraine Products. v. ICI America, Inc.*, 538 F.2d 134 (7th Cir. 1976).

第2節　ライセンス条項

各国の法律がどうであれ，国際的なライセンス契約においてはサブライセンス権の有無を契約に明示的に定めるのが一般的である。

2　サブライセンスに関する権利義務

【条項例】

2.3 Sublicenses

(a) Licensee shall have the right to grant sublicenses within the scope of the license granted under Section 2.1 but with no further right to sublicense, so long as Licensee keeps Licensor fully informed of its sublicense plans. Licensee shall provide Licensor with copies of all sublicense agreements entered into under this Agreement within thirty (30) days of execution date.

(b) Licensee shall remain responsible to Licensor for the payment of all Royalties due under this Agreement, whether Net Sales are invoiced by Licensee, Sublicensee or an Affiliate of either of them.

(c) Licensee shall include in any sublicense agreement entered into under this Agreement, a provision requiring Sublicensee to abide by this Agreement. Licensee shall not grant to Sublicensee any rights inconsistent with the rights or obligations of Licensee hereunder. Any act or omission of Sublicensee, which would be a breach of this Agreement if performed by Licensee, shall be deemed to be a breach by Licensee.

■ 和　訳───────────────────────

第2.3条　サブライセンス

(a) ライセンシーは，そのサブライセンス計画をライセンサーに十分に知らせる限りにおいて，第2.1条で許諾された範囲内で，さらなるサブライセンス権なしに，サブライセンスを許諾する権利を有する。ライセンシーは，締結日から30日以内に，本契約に基づいて締結される全てのサブライセンス契約の写しをライセンサーに提供する。

65

第2章　産業技術ライセンス契約

> (b)　ライセンシーは，正味売上がライセンシー若しくはサブライセン
>   シー又はその関係会社のいずれによって請求されたかを問わず，本契
>   約上支払義務のある全ての本ロイヤルティの支払についてライセン
>   サーに責任を負う。
> (c)　ライセンシーは，本契約に基づいて締結されるサブライセンス契約
>   に，サブライセンシーに本契約を遵守することを要求する条項を含め
>   るものとする。ライセンシーは，本契約に基づくライセンシーの権利
>   又は義務と相容れない権利をサブライセンシーに与えてはならない。
>   ライセンシーが行えば本契約の違反となるようなサブライセンシーの
>   作為又は不作為は，ライセンシーの違反とみなされる。

　ライセンシーにサブライセンス権が与えられたライセンスをサブライセン
ス可能なライセンス（sublicensable license）というが，その場合でも，ラ
イセンシーからサブライセンシーへの直接的なサブライセンスのみが認めら
れるのか，あるいはサブライセンシーから別の第三者にさらなるサブライセ
ンスを許諾することが可能なのか[53]，ということが問題となる。また，サブ
ライセンシーにその売上に対するロイヤルティを原ライセンサーに直接支払う
のか，一旦ライセンシーに支払った上で，ライセンシーが自己の売上に対す
るロイヤルティと共に一括して原ライセンサーに支払うのかという問題もあ
る。そこで，ライセンシーにサブライセンス権が与えられる場合は，単にラ
イセンス条項に「サブライセンス可能」と記すにとどまらず，サブライセン
スに関する当事者の権利義務をライセンス契約上，明示的に定める必要があ
る。なお，サブライセンシーに対する監査については，第4節第4（100
頁）参照。

53　サブライセンシーから別の第三者に対するさらなるサブライセンスが認められる場合，
　　そのようなサブライセンスを多層的サブライセンス（multiple tier sublicense）などとい
　　う。

第2節　ライセンス条項

第10　ライセンスの譲渡可能性

　ライセンシーがライセンサーから許諾されたライセンスを第三者に譲渡することができるのか否かというのがここでの問題である。この点は，ライセンス契約そのもの（及び同契約上の権利義務）の譲渡可能性とも関連するので，ライセンス条項ではなく，ライセンス契約の譲渡可能性に関する条項において規定する例も多い。そこで，本書では，別途，第10節（191頁）において再度この問題に触れる。

　ラインセンスも一つの経済的権利であり，権利者であるライセンシーとしては自由に譲渡できることが望ましい。他方，ライセンサーとしては，実施能力やロイヤルティの支払能力の点からライセンシーが誰であるのかによってロイヤルティ収入が変わり得る上（特に独占ライセンスの場合は顕著な影響を受け得る。），競業関係等の理由から特定の第三者にはライセンスしたくないという場合もあるから，基本的にライセンスの譲渡可能性については消極的なはずである。この点も，ライセンス範囲を規定する他の事項と同様，当事者間の交渉によって決定されることになるが，ライセンシーの関係会社等，特定の第三者に対する譲渡が許される例は散見されるものの，任意の第三者に自由に譲渡可能なライセンスが許諾される例は実務上あまり多くないように思われる。

　では，ライセンスの譲渡可能性についてライセンス当事者間に合意がない場合はどのように扱われるのか。この点，日本の特許法では，専用実施権と通常実施権[54]のいずれについても，①実施の事業とともにする場合，②特許権者の承諾を得た場合，及び③相続その他の一般承継の場合に限り，移転することができるとされている（特許法77条3項，94条1項）[55]。特許権者（通常はライセンサー）の承諾がある場合（要するにライセンスの譲渡が合意さ

54　ただし，裁定による通常実施権を除く。

55　なお，専用実施権を特定承継に移転する場合（一般承継による移転でない場合），移転登録が移転の効力発生要件となる（特許法98条1項2号）。

67

第2章　産業技術ライセンス契約

れた場合）と一般承継の場合にライセンスが移転するのは当然であるとして，注目すべきは，ライセンシーがライセンスされた特許発明を実施する事業を第三者に移転する場合には，ライセンサーの承諾なくしてライセンスも譲渡し得ると定められていることである。かかる法律上の定めに反して，ライセンサーの承諾がない限りライセンシーはライセンスを譲渡できない旨ライセンス契約において約定することが有効か否か（換言すれば，特許法77条3項，94条1項は強行法規であるか否か）については今のところ判例がなく，学説上争いがあるようである[56]。そこで，ライセンサーとしては，そのような約定だけではなく，承諾なくしてライセンスが譲渡された場合にはライセンス契約を解約できる旨の解約条項（第9節第3の2（177頁）参照）を入れておくことが望ましいであろう。

第11　ライセンスの取消可能性・永続性

　本節第8（62頁）に述べたこととも関連するが，通常，ライセンス契約が終了し又は解約されれば，同契約によって許諾されたライセンスは消滅（失効）するから，ライセンスの終了については，ライセンス契約の終了事由（第9節（168頁）参照）として定められるのが一般的であるが，英文のライセンス契約では，契約の終了事由に関する規定とは別個に，ライセンス条項に「irrevocable license（取消不能のライセンス）」という文言が用いられることがある。

　では，ライセンスが「irrevocable（取消不能の）」と定められている場合，ライセンサーはいかなる理由においてもライセンスを失効させることはできないのであろうか。これは基本的に契約解釈の問題と考えられるが，米国には，「irrevocable license（取消不能のライセンス）」は相手方の契約不履行を理由に終了させることもできない旨の裁判例がある[57]。「irrevocable

---

[56]　中山信弘・小泉直樹編『新・注解特許法〔第2版〕中巻』（青林書院，2017）1566頁参照。

[57]　*Nano-Proprietary, Inc. v. Canon, Inc.*, 537 F.3d 394 (5th Cir. 2008).

license（取消不能のライセンス）」という用語と似た概念を持つものとして「perpetual license（永続的なライセンス）」という用語もある。そこで，契約準拠法にもよるが，ライセンサーとしては，ライセンスについて「irrevocable（取消不能の）」，「perpetual（永続的な）」という文言を用いることは避け，ライセンス契約の期間と解約に関する規定においてライセンスの期間とその終了可能性，終了事由を明確に定めるべきであろう。

第12　まとめ

　以上のとおり，ライセンスの許諾範囲は，一般に，対象となる権利（技術），独占性の有無，有償・無償の別，許諾行為，実施（使用）分野，許諾製品，地理的範囲，許諾期間，サブライセンス権の有無，譲渡可能性，取消可能性等によって特定される。産業技術ライセンス契約におけるライセンス条項は，当該産業技術の許諾とその範囲を定めるものであり，ライセンス契約の中核的な条項である。

　ライセンシーは，通常，対象の産業技術を実施して事業を行うことを目的としてライセンスを受けるのであり，予定する事業に必要な範囲でライセンスを受ける必要がある。他方，ライセンサーは，許諾範囲においてライセンシーに対して権利行使（差止請求権，損害賠償請求権，不当利得返還請求権等の行使）することができなくなり，また独占ライセンスの場合，ライセンサーは，許諾範囲において自ら当該技術を実施することができず，また第三者にライセンスを許諾することができなくなる。

　それ故，ライセンスの許諾範囲は，ライセンサーとライセンシーの双方にとって極めて重要であり，ライセンス契約に含まれる諸条項の中においても，とりわけ正確で緻密なワーディングによってドラフトし，後に疑義が生じないよう十分に特定することが要求される。

第2章　産業技術ライセンス契約

コラム4　covenant not to sue, non-assertion とは何か？

　日本ではあまりなじみがないが，ライセンスとは別に「covenant not to sue（不提訴誓約）」，「non-assertion（権利不主張）」という法概念を持つ国がある。

　技術的，経済的価値のある特許の場合，特許権者がライセンス料の支払を受けずにライセンスを第三者に許諾することは通常ないが，第三者の製品の侵害が微妙であったり，無効主張される可能性があるため，侵害の有無や特許の無効について第三者と争いたくないと考える場合など，特許権者が対価の支払を受けずに第三者に covenant not to sue を誓約するというようなことが行われる。米国の場合，これによって当該第三者は，非侵害や特許無効の確認訴訟（declaratory judgment action）を特許権者に対して提起するための訴訟要件を失うことになる。特許侵害訴訟を提起した原告が被告から特許無効の反訴の提起を受けた後に，単独行為として被告に対し covenant not to sue を誓約することにより，被告の同意を得ることなく，反訴部分も含めて事件全体の取下げを裁判所に申し立てるというようなことが行われる場合もある。また，上記のような特別な事情はなく，一般にはライセンスが許諾されるような状況において，license という文言の代わりに，covenant not to sue 又は non-assertion という文言が用いられる場合もある。

　特許権の covenant not to sue や non-assertion は，非独占ライセンスと同様に特許権を権利行使させないという不作為請求権を与えるものであるが，従来米国では，これらは対人的な権利にすぎず，license とは異なり，必ずしもこれによって特許権が消尽するわけではなく，また特許権の移転に伴って移転するものではないと一般的に考えられていた。つまり，ある特許について特許権者から covenant not to sue や non-assertion の約束を受けたとしても，これに基づいて当該特許の実施品を販売した場合，その譲受人や転得者は特許権者から権利行使される可能性があり，また，当該特許が譲渡されればその譲受人からの権利行使を妨げることはできないと考えられていたようである。しかるに，2009 年に米国の連邦巡回区控訴裁判所は，ライセンスの本質は訴権の放棄であって covenant not to sue とライセンスとの間に実質的な差異はないとし，covenant not to sue が付与された場合であって

70

第2節　ライセンス条項

も，実施品について特許権は消尽する旨判示し（*TransCore v. Electronic Transaction. Consultants Corp.*, 563 F.3d 1271 (Fed. Cir. 2009).），その後，2013 年には，covenant not to sue を特許の譲受人に対抗できる旨判示したカリフォルニア州北部地区連邦地裁の判決が出されており（*Innovus Prime, LLC v. Panasonic Corp.*, No.C-12-00660-RMW (N.D.Cal. 2013).），米国においてライセンスと covenant not to sue 又は non-assertion との間の境界は揺らいでいる。

　そもそも，ライセンス同様，covenant not to sue や non-assertion もあくまで契約上の権利にすぎず，不提訴や権利不主張の範囲，すなわち，どのような実施行為に対して，また誰に対して提訴や権利主張をしないというのかは契約上様々に定め得る。結局のところ，それらの権利の効力や範囲は，当該権利を設定した契約の解釈問題であり，covenant not to sue や non-assertion の効力がライセンスとどう異なるのかということを抽象的に議論してもあまり実益がないように思われる。

　なお，日本特許について covenant not to sue や non-assertion が約束された場合，特許法 99 条を根拠にそれを新たな特許権者に主張することができるか否か，換言すれば，特許法 99 条にいう「通常実施権」に covenant not to sue や non-assertion が含まれるか否かについては今のところ裁判例も見当たらず，定かではない。

71

第2章　産業技術ライセンス契約

第3節
ノウハウの提供・技術支援

　繰り返し述べるように，特許ライセンスの本質は，特許権を行使させないという不作為請求権をライセンシーに付与することにあるのであって，ライセンシーによる特許発明の実施をサポートする義務が当然にライセンサーに課されるものではない。そもそも，特許出願に当たっては，当業者が実施可能な程度に発明の詳細な説明が明確に明細書に記載されることが要求され，それが出願から1年6か月経過後に公開されるのであり，ライセンシーが許諾された特許発明を実施するに当たり，特にライセンサー（特許権者）から技術的支援を受ける必要がない場合もある。

　しかしながら，ライセンシーが当該技術分野に明るくない場合や，そうでなくとも，許諾技術に特許発明のみならずライセンサーのノウハウ（非公開の技術情報）が含まれる場合には，ライセンシーが許諾技術を実施するために，当該ノウハウの開示，さらには技術的なサポートをライセンサーから受ける必要が生じる。そこで，そのような場合，技術情報の開示や技術支援に関する当事者間の権利義務がライセンス契約に定められることになる。

第1　ノウハウの提供

【条項例】

3.1 Provision of Licensed Know-How

(a) Within a reasonable period after the Effective Date, Licensor shall provide Licensee with documentation of the Licensed Know-How, known and reasonably available to Licensor at the Effective Date, to the extent already reduced to documentation by Licensor; provided,

第3節　ノウハウの提供・技術支援

however, that any information or documents that Licensor is obligated to keep confidential under any agreement it entered into with any Third Party shall be excluded from the obligations under this Section.

(b)　Licensor represents and warrants that the Licensed Know-How disclosed to Licensee according to Section 3.1 (a) shall be reasonably sufficient for Licensee to effectively Develop, Manufacture and Commercialize the Licensed Product.

■ 和　訳

第3.1条　本許諾ノウハウの提供

(a)　本効力発生日後合理的な期間内に，ライセンサーは，ライセンシーに対し，ライセンサーによって既に文書化されている限りにおいて，本効力発生日時点でライセンサーによって了知され合理的に利用可能な本許諾ノウハウの文書を提供する。ただし，ライセンサーが第三者と締結した契約上秘密保持義務を負う情報又は文書は本条の義務から除外される。

(b)　ライセンサーは，第3.1条(a)に従ってライセンシーに開示される本許諾ノウハウはライセンシーが本許諾製品を効果的に開発，製造及び商品化するために合理的に十分であることを表明し，保証する。

　ライセンス条項において，ライセンサーのノウハウが許諾対象となっていても，ノウハウは特許発明と異なり公開されていないから，ライセンシーがそれを用いるためにはライセンサーからその技術情報の開示を受ける必要がある。そこで，許諾技術のうちノウハウについては，ライセンスとは別個に，その開示について規定する必要がある。

　特許発明と異なり，ノウハウには法定の請求項や明細書が存在しない。そのため，ノウハウの技術的範囲は必ずしも明確ではなく，またその実施を可能とする詳細な技術的説明が文書化されている保証はないのであり，一般に，許諾ノウハウについては，その許諾範囲を特定することのみならず，その提供範囲を特定することも容易ではない。ライセンシーに秘密保持義務が

73

第2章　産業技術ライセンス契約

課されるとはいえ（第8節（156頁）参照），特にライセンシーがライセンサーの競業者である場合，自社ノウハウの開示は最小限にとどめたいという企業心理が働くこともあり，ライセンサーとしては，提供範囲をできる限り限定することを望むであろうが，他方，ライセンシーとしては許諾ノウハウを実施するために必要十分な範囲の技術情報を取得する必要がある。そこで，許諾ノウハウの開示範囲は，かかる当事者の対立する利害を調整する形で定められることになる。この点，上記条項例においては，許諾ノウハウの開示範囲を，契約締結時点でライセンサーによって文書化され，合理的に利用可能なものに限定する一方，かかる開示範囲が許諾製品を効果的に開発，製造及び商品化するために合理的に十分であることをライセンサーが表明保証するという形で当事者間の利害を調整している。

第2　技術支援

【条項例】

3.2 Technical Assistance

During the Term, but in no event on or after the date of any notice of termination of this Agreement, Licensor shall, upon the written request of Licensee, furnish the services of qualified engineers or technicians of Licensor or its Affiliates to assist Licensee for reasonable periods of time in acquiring knowledge and training relating to the Licensed Technology. The final decision as to the availability of such Licensor's personnel shall be made exclusively by Licensor, and Licensor shall exercise every reasonable effort to furnish such personnel for the period requested by Licensee insofar as such request does not interfere with the business activities of Licensor or its Affiliates. The compensation payable by Licensee to Licensor for such services shall be jointly agreed upon by the Parties.

74

第3節　ノウハウの提供・技術支援

■ 和　訳

第3.2条　技術支援

本契約期間中（ただし，本契約の解約通知の日以降は除く。），ライセンサーは，ライセンシーの書面による要求があり次第，ライセンシーが合理的期間，本許諾技術に関する知識と訓練を受けることを支援するため，ライセンサー又はその関係会社の資格あるエンジニア又は技術者のサービスを提供する。かかるライセンサーの人員の利用可能性に関する最終的な決定はライセンサーのみによってなされるものとするが，ライセンサーは，ライセンシーの要求がライセンサー又はその関係会社の事業活動に支障を生じさせない限り，ライセンシーの要求する期間，当該人員を提供する一切の合理的努力をするものとする。かかるサービスに対してライセンシーがライセンサーに支払う対価については当事者間で合意されるものとする。

　許諾ノウハウの開示を受けるだけでライセンシーが許諾技術を利用した許諾製品の開発製造に成功すればよいが，技術内容やライセンシーの開発製造能力によってはそれだけでは実際上足りず，ライセンシーがライセンサーから技術の実演や口頭による説明等の技術支援を受ける必要が生じることも考えられる。そこで，そのような必要が生じることが想定される場合には，ライセンス契約上，ライセンサーからライセンシーへの技術者の派遣について定めを置いておくことが望ましい。

　ライセンサーからライセンシーへの技術者の派遣については，まず，その派遣に対する報酬の支払や必要な費用の負担について定める必要がある。さらに，ライセンサーが自社の技術者をライセンシーに派遣すれば，その間ライセンサーの研究開発活動に影響を及ぼす可能性がある。そこで，実務上は，上記条項例のような形でライセンシーの技術者派遣要請に対するライセンサーの応諾を努力義務としたり，あるいは，ライセンシーが技術者派遣を要請することのできる回数や期間を制限する例が多い。

第2章　産業技術ライセンス契約

コラム5　ライセンスにおける委員会制度とは何か？

　一般に，産業技術（特許，ノウハウ）のライセンスにおいて，当該技術の開発者であるライセンサーは，ライセンシーよりも当該技術に精通しており，ライセンシーとしては，当該技術を用いた製品を製造するに当たって，ライセンサーからその知見や支援を受けることによって製品開発を効率化できる可能性が高い。

　特に医薬品や農薬の場合，その有効成分である化合物は通常特定されているから，製品化に当たって追加的な技術開発をライセンシーにおいて行う必要性はさほど高くない一方，その製造等に行政処分（医薬品の承認，農薬の登録）が要求されるから，行政処分を取得するために必要な試験データの収集がライセンシーによる開発行為の中心となる。この場合，ライセンサーである新製品の開発者がその自国等において当該新製品の市販化を先行していれば，当該国における行政処分を取得するために行った試験データ等の技術情報や知見を保有しているはずである。したがって，ライセンシーはそのような技術情報や知見の提供をライセンサーから受けることによって，許諾国における行政処分を迅速かつ円滑に取得することを望む。他方，ロイヤルティ収入を見込むライセンサーとしては，ライセンシーによる製品の製造販売を早めるために，ライセンシーに技術情報や知見を提供することは惜しまない代わりに，ライセンシーの開発行為に口を挟むことを望む。そこで，医薬品や農薬に関するライセンスにおいては，ライセンサーとライセンシーが協力して許諾製品の開発を行うこと，より具体的には，ライセンサーとライセンシーの各役員や従業員で構成される委員会によって開発行為の方針決定がなされることが一般的な実務となっている。

　このような委員会制度を採用するに当たっては，委員会の権能（委員会によって決定される事項の範囲）のほか，委員会を構成する委員の選定方法（各当事者が選任する委員の人数），議長の選任権，委員会の開催頻度や招集手続，委員会の意思決定方法について定める必要がある。その中で特に重要なのは，委員会の意思決定方法であり，より具体的には，製品開発の方針についてライセンサーとライセンシーの間で意見の食い違いが生じた場合にこれをどのように解決するかをあらかじめ定めておくことが肝心である。

第4節 ライセンス料の支払

　一般的な産業技術ライセンス契約は，ライセンサーがライセンシーに対し，対象となる産業技術について一定範囲の実施を許諾することの対価として，ライセンシーがライセンサーに対し，約定の支払をすることを基本的合意事項とする双務有償契約であり，許諾の対価であるライセンス料の支払がライセンシーの主たる債務となる。

　ライセンス料は，その支払時期と支払金額の算定方法の違いによって，一時金（lump sum payment）とロイヤルティ（royalty）に大別され，一時金はさらに，契約締結によって無条件に支払われる契約一時金（upfront payment）と一定の事実の発生を条件として支払われるマイルストーン・ペイメント（milestone payment）に二分される。一般に，特許ライセンスのライセンス料は，一時金とロイヤルティの組合せとして定められることが多い。

　通常，特許ライセンスのライセンシーは，許諾技術を用いた事業により収益することを目的にライセンス契約を締結するが，契約締結時点では，許諾技術を用いた製品やサービスの開発が成功するか否か，また当該事業がどれほどの収益をもたらすかは明らかでない。したがって，一般に，ライセンシーの視点からすると，一時金による支払は，経済的価値の不確かな財への投資という投機的性格を帯びることになる。他方，ロイヤルティは許諾技術を用いた製品やサービスに対して従量課金するものであり，財の実際の経済的価値に応じた支払をするものであるから，投機的要素は小さい。そのため，一般に，ライセンシーは，ロイヤルティ部分を大きくして一時金部分を小さくしたいと望む傾向に傾くであろう。

　他方，ライセンサーにとって，特許ライセンスとは特許という財の使用収益をライセンシーに委ねるという投資であり，当然，その対価が確実に支払

第2章　産業技術ライセンス契約

われることを望むはずである。よって，ロイヤルティ部分よりも一時金部分
を大きくしたいと望む傾向に傾き，特に独占ライセンスの場合はその傾向が
強いはずである。

　このように，一時金とロイヤルティの配分についてはライセンサーとライ
センシーの利害が鋭く対立するのであり，両者の綱引きによって妥協点を探
ることになる。

第1　契約一時金

【 条 項 例 】

4.1 Upfront Payment

In partial consideration of the rights granted to Licensee hereunder,
Licensee will pay to Licensor a non-refundable, non-creditable one-
time fee of Three Million U.S. Dollars ($3,000,000) (the "Up-front Fee").
Concurrent with execution of this Agreement, Licensor shall submit
an original invoice for the Up-front Fee to Licensee, who shall pay
such invoice within thirty (30) days of the Effective Date.

■ 和　訳
第4.1条　契約一時金

本契約上ライセンシーに与えられる権利の対価の一部として，ライセン
シーは，ライセンサーに対し，払戻不能，控除不能，一回払いの料金
300万米ドル（$3,000,000）（「契約一時金」）を支払う。ライセンサー
は，本契約の締結と同時にライセンシーに契約一時金の請求書原本を提
出し，ライセンシーは，本効力発生日から30日以内に当該請求に対し
て支払うものとする。

　一般に，契約一時金（upfront payment）とは，契約締結後，一定の時期
までに支払われる定額のライセンス料であり，法律的にいえば確定期限付き

金銭支払債務に該当する。上述のとおり，契約一時金が支払われる段階において許諾技術を用いた事業の成否は不明であるから，ライセンシーとしては，この支払を免れるか，あるいは支払うにしてもそのポーションは小さくしたいと考えるであろうが，ライセンサーとしては逆にこの部分をできる限り大きくしたいと考えるであろう。

第2　マイルストーン・ペイメント

【条項例】

4.2 Milestone Payment

Licensee will notify Licensor as soon as practicable, and in any event within ten (10) days, upon the First Commercial Sale of the Covered Product in the Licensed Territory (the "Milestone Event"). In further consideration of the rights granted to Licensee hereunder, Licensee will pay to Licensor a non-refundable, non-creditable one-time milestone payment of One Million Five Hundred Thousand U.S. Dollars ($1,500,000) (the "Sales Milestone"), within thirty (30) days upon receipt of invoice issued by Licensor after the Milestone Event occurs.

■ 和　訳

第4.2条　マイルストーン・ペイメント

ライセンシーは，本許諾地域における，本実施製品の最初の商業的販売（「マイルストーン・イベント」）があり次第，可能な限り速やかに，いかに遅くともその10日以内に，ライセンサーに通知するものとする。本契約上ライセンシーに与えられる権利のさらなる対価として，ライセンシーは，マイルストーン・イベントが生じた後，ライセンサーが発行する請求書を受領後30日以内に，ライセンサーに対し，払戻不能，控除不能，一回払いの料金150万米ドル（$1,500,000）を支払うものとする。

第2章　産業技術ライセンス契約

　マイルストーン・ペイメント（milestone payment）とは，マイルストーン・イベント（milestone event）と呼ばれる一定の成否不確実な事実の発生を条件にライセンシーからライセンサーに支払われる一時金であり，法律的にいえば停止条件付き金銭支払債務に該当する。特許ライセンス契約における典型的なマイルストーン・イベントとしては，製品又はサービスの一定段階の開発完了，販売に必要な許認可の取得，実際の発売などがある。

　適切なマイルストーン・イベントが設定される限り，マイルストーン・ペイメントは，許諾技術を用いた製品やサービスの開発や販売が進行し，当該事業の見通しがある程度立った状況において支払われるから，契約一時金と比べて投機的要素が小さくなる上，開発のための初期費用を抑えることができる。また，マイルストーン・イベントを開発段階に分けて細分化すれば，開発不成功の場合の費用リスクを分散することができる。製品やサービスの開発が進めば一時金支払のための資金調達が容易になるというメリットもある。そのため，ライセンシーとしては，一般に，一時金を支払うにせよ，契約一時金部分は小さくし，マイルストーン・ペイメント部分を大きくすることを望むであろう。他方，マイルストーン・ペイメントの発生は将来の成否不確実な事実にかかっており支払がされる保証はないから，ライセンサーとしては，一般に，確実に支払われる契約一時金部分をマイルストーン・ペイメント部分よりも大きくすることを望むであろうと考えられる。

第3　ロイヤルティ

1　総　論

(1)　ロイヤルティとは

　一般に，ランニング・ロイヤルティ（running royalty）又は単にロイヤルティ（royalty）とは，許諾技術を利用した製品やサービスの売上又は販売数に応じて支払われる，従量払いのライセンス料をいう。

　ロイヤルティは，許諾技術を実施した製品又はサービスが実際に販売されることによって発生するものであり，法律的にいえば停止条件付き金銭支払

第4節　ライセンス料の支払

債務に該当する。許諾技術が実際に事業化された後，その売上を原資として支払うことができるから，通常その支払のために別途資金調達する必要がなく，ライセンシーとしては利用しやすいライセンス料である。他方，ロイヤルティは売上に連動するため，ライセンサーからすれば，支払額が不確定という問題がある。

(2)　ロイヤルティの発生対象製品

後記2記載のとおり，ロイヤルティの算定の代表的な方法としては，売上を基礎としてこれに一定の料率を乗じて算出する方法と，単位製品当たりのロイヤルティ額を設定してこれに販売数量を乗じて算出する方法があるが，そのいずれを採用するにしても，まずロイヤルティの発生対象となる製品（又はサービス）の範囲を特定することが出発点となる。注意すべきは，ロイヤルティの発生対象となる製品は必ずしも許諾製品と一致しないということである。

例えば，自動車用エンジンの機構に関する技術のライセンスにおいて，許諾製品の範囲を「自動車用エンジン」とすれば，ライセンシーはその製造する任意の自動車用エンジンに当該技術を採用することが可能であるが，特段の合意がない限り，自社の製造するいかなるエンジンに当該技術を採用するかはライセンシーの裁量に委ねられる。この場合，ロイヤルティが発生するのは当該技術を実際に用いたエンジンのみであり，これを採用しないエンジンについてライセンシーはロイヤルティの支払義務を負わないのが通常であろう。[58]　したがって，この場合は，

　　•許諾製品＝自動車用エンジン

58　この点，公正取引委員会の「知的財産の利用に関する独占禁止法上の指針」の第4，5
　(2)は，「ライセンサーがライセンス技術の利用と関係ない基準に基づいてライセンス料を
　設定する行為，例えば，ライセンス技術を用いない製品の製造数量又は販売数量に応じて
　ライセンス料の支払義務を課すことは，ライセンシーが競争品又は競争技術を利用するこ
　とを妨げる効果を有することがある。したがって，このような行為は，公正競争阻害性を
　有する場合には，不公正な取引方法に該当する（一般指定第11項，第12項）。」としてい
　る。

81

第2章　産業技術ライセンス契約

- ロイヤルティ対象製品＝自動車用エンジンのうち許諾技術を使用した
製品

であって，両者は異なるのであり，その旨ライセンス契約に明示すべきであ
る。

　問題は，許諾技術を用いた製品とそうでない製品との線引きである。許諾
技術が特許発明の場合であっても技術的範囲の確定や特定製品の該当性の判
断が困難である場合は少なくないが，請求項の記載や明細書のないノウハウ
が許諾技術である場合，その困難性は一層顕著となる。そこで，許諾技術の
使用の有無の判断が困難となることが予想される場合には，該当性判断がよ
り容易な代替的基準を別に設定し，当該基準を満たした製品は許諾技術を使
用したものとみなすといったみなし規定を設けることも考えられるであろ
う。

(3)　ロイヤルティ・ベース：EMVR と SSPPU[59]

　スマートフォンを例として考えれば明らかなように，現代の工業製品，特
に電気や機械の分野の製品は一般に，多数の部品から構成されている。そし
て，その部品（例えば，スマートフォンの液晶パネル）もまた多数の部品
（例えば，液晶パネルを構成するガラス基板，液晶，バックライト等）から
構成され，さらにそれらの部品もより下位の部品（ガラス基板を構成するガ
ラス，フィルター，素子，電極等）から構成されるというように，消費者に
販売される最終製品は多数の階層の部品の集積となっている。そこで，許諾
技術が最終製品を構成する一部の部品のみに関するものである場合，ロイヤ
ルティを算定するに当たってどの階層の製品の価格をベースにするのかが問
題となり，この点，米国では，特許侵害における合理的ロイヤルティに基づ
く損害賠償の算定に関し，大きく，Entire Market Value Rule（全体市場価

59　詳細については，David Kappos and (The Honorable) Paul R. Michel, *THE
SMALLEST SALABLE PATENT-PRACTICING UNIT: OBSERVATIONS ON ITS
ORIGINS, DEVELOPMENT, AND FUTURE*, 32 Berkeley Tech. L. J. 1433 (2018). を参
照。

値ルール。以下「EMVR」）という考え方とSmallest Salable Patent Practicing Unit（最小販売可能特許実施単位。以下「SSPPU」）をベースとすべきという考え方の対立がある。なお，ここで述べる問題は，下記2（84頁）で後述する売上ベースによってロイヤルティを算出する場合を前提としている。

EMVRは，特許発明が最終製品の需要の要因となっている場合には，最終製品の販売価格をロイヤルティ・ベースとすべきという原則であり，その萌芽は古く19世紀の米国連邦最高裁判決に見られる[60]。これは，特許発明が直接的には最終製品を構成する一部の部品に使用されているにすぎない場合であっても，それが最終製品の顧客誘引力の（主たる）要素となってその市場価値を増加させていると認められる場合には，当該部品の価格ではなく，最終製品の価格を基礎としてロイヤルティを算定するという考え方である。部品と最終製品のいずれをロイヤルティ・ベースにするにせよ，理論的には，適用されるロイヤルティ・レートが適切に調整される限り，最終的なロイヤルティ額に変わりはないはずであるが，実際上，適切な調整がなされる保証はない。そこで，一般的に，最終製品の販売価格をロイヤルティ・ベースとすれば，いきおいロイヤルティ額を引き上げる方向に働くのであり，EMVRの採用はライセンサーにとって有利と考えられる。EMVRに対しては，ロイヤルティ額を不当に高額化させる上，最終製品に用いられる多数の技術のうちごく一部の技術の特許権者にロイヤルティ収入を不当に集中させてしまうという批判がある。

そこで，近時は，EMVRに代わり，SSPPUをロイヤルティ・ベースとするというアプローチが有力になりつつある。SSPPU（最小販売可能特許実施単位）は，文字どおり，最終製品を構成する部品のうち，問題となる特許発明を実施している部品であって独立に取引されているもののうち最小単位のものを意味し，その価格をロイヤルティ・ベースとするという考え方であり，2009年のCornell University 対 Hewlett-Packard 事件におけるニュー

60　*Garretson v. Clark*, 111 U.S. 120, 121 (1884).

第2章　産業技術ライセンス契約

ヨーク州北部地区連邦地裁の判決における裁判官意見において述べられたの[61]が最初といわれる。一般的に，SSPPU をロイヤルティ・ベースとすれば，最終製品価格をロイヤルティ・ベースとする場合に比べてロイヤルティ額が引き下がるのであり，ライセンシーにとって有利と考えられる。SSPPU に対しては，特許技術の最終製品に対する貢献を適切に評価せず，ロイヤルティ額を不当に低額化させるという批判がある。

　先のスマートフォンの例において，問題となる特許発明がその液晶パネルのガラス基板のフィルターの技術に関するものである場合，EMVR では，当該技術が当該スマートフォンの顧客誘引力の主たる要素になっていると認定される限り，スマートフォンの価格がロイヤルティ・ベースとなり，他方，SSPPU の考え方によれば，最小販売可能特許実施単位と認定される部品（例えばフィルター又はガラス基板）がロイヤルティ・ベースとなる。EMVR と SSPPU のいずれの方法論を用いるにしても，理論的には，それぞれ適用するロイヤルティ・レートが適切に設定されれば合理的なロイヤルティ額を導けるはずであり，一概にいずれの方法論が優れているということはできないように思われる。

　EMVR と SSPPU は，あくまで特許侵害における合理的ロイヤルティに基づく損害賠償の算定方法に関する理論であるが，産業技術ライセンスにおけるロイヤルティ・ベースを定める際にも参考となる考え方である。ライセンス交渉の場面においては，許諾製品と許諾技術の性質等の事情に照らし，いずれの方法論を用いるのが適切なロイヤルティ・レートを導くのに妥当であるかという視点からロイヤルティ・ベースを決定するのが合理的ではないかと思われる。

2　ロイヤルティ算出方法

　ロイヤルティの算出方法には理論的に様々なものがあり得ようが，実務上は，対象となる許諾製品の売上額にロイヤルティ・レートを乗じて算出する

61　*Cornell Univ. v. Hewlett-Packard Co.*, 609 F. Supp. 2d 279, 283 (N.D.N.Y. 2009).

方法（売上ベース）と単位製品当たりの所定金額に販売数量を乗じて算出する方法（ユニット・ベース）のいずれかを用いることが多いようである。以下に述べるとおり，これらの方法にはそれぞれ長所と短所があり，いずれが適切であるかは，個々の案件における許諾技術や許諾製品の性質によって異なるであろう。

(1) 売上ベース

【 条 項 例 】

4.3 Royalties

(a) In further consideration of the rights granted to Licensee, Licensor will earn royalties in an amount equal to three percent (3%) of Net Sales (such payments collectively, the "Royalties") during the Royalty Term. Licensee will pay Licensor the Royalties on a calendar quarterly basis during the Royalty Term, based on Net Sales in the Licensed Territory for such calendar quarter.

(b) "Net Sales" means, over the applicable period, the gross amounts invoiced for sales of the Covered Products by Licensee, Sublicensee or an Affiliate of either of them (the "Selling Party") to Third Parties, less the following items to the extent allocated to such sales of such Covered Products to Third Parties in accordance with applicable generally accepted accounting principles:

　　(i) non-recoverable taxes (including sales taxes, consumption taxes, use taxes, VAT and tariffs and excluding taxes paid on income derived from sales) paid by the Selling Party in relation to the sale of the Covered Products to Third Parties;

　　(ii) invoiced freight, postage, shipping, insurance, handling and other transportation costs with respect to the transportation of the Covered Products to Third Parties;

　　(iii) fees paid to wholesalers, distributors, selling agents (excluding any sales representatives of a Selling Party), and other

第2章　産業技術ライセンス契約

contractees, in each case, with respect to the sale of theCovered Products to Third Parties;

(iv) credits or allowances (including trade, cash, prompt payment, or volume discounts) actually allowed and taken directly by Third Parties, and any mandated discounts;

(v) reasonable credits and allowances actually allowed or paid to Third Parties for defective or returned Covered Products;

(vi) bad debts; and

(vii) any other customary adjustments for recording revenue forsales of the Covered Products to Third Parties consistent with applicable generally accepted accounting principles, in each case, consistently applied; provided that any such deductions are consistent with Licensee's recording of revenue for other products in the Licensed Territory.

■ 和　訳

第4.3条　ロイヤルティ

(a) 本契約上ライセンシーに与えられる権利のさらなる対価として，ライセンサーは，本ロイヤルティ期間中，正味売上の3％に等しい金額のロイヤルティ（かかる支払を「本ロイヤルティ」と総称する。）を得るものとする。ライセンシーによるライセンサーへの本ロイヤルティの支払は，歴四半期の本許諾地域における正味売上に基づいて，本ロイヤルティ期間中，歴四半期ベースで行われるものとする。

(b) 「正味売上」とは，適用される期間において，ライセンシー若しくはサブライセンシー又はそのいずれかの関係会社（「販売当事者」）による第三者への本実施製品の販売について請求された粗額から，適用一般会計原則に従って当該本実施製品の第三者への販売に割り当てられる限りにおいて以下の科目を控除した金額を意味する。

　(i) 本実施製品の第三者への販売に関連して販売当事者によって支払われる還付不能の租税（売上税，消費税，使用税，付加価値税及び関税を含み，売上に由来する所得について支払われる租税を除く。）

86

第4節　ライセンス料の支払

> (ii)　本実施製品の第三者への輸送に関して請求される輸送，郵送，配送，保険，出荷及びその他の運送費用
>
> (iii)　本実施製品の第三者への販売に関して，卸売業者，販売店，販売代理店（販売当事者の販売員を除く。）及びその他の発注者に対してそれぞれ支払われる手数料
>
> (iv)　第三者に対して実際に与えられかつ直接適用された貸勘定又は割引（取引，現金，即時払又は数量割引を含む。）及び一切の必要的割引
>
> (v)　欠陥のある又は返品された本実施製品に関して第三者に対して実際に与えられ又は支払われた合理的な貸勘定及び割引
>
> (vi)　回収不能金，及び
>
> (vii)　本許諾地域におけるライセンシーの他の製品の収益の記録と一致する限りにおいて，本実施製品の第三者への販売の収益の記録に関して適用一般会計原則に従ってそれぞれ一貫して適用されるその他の慣習的な調整

　売上ベースによるロイヤルティとは，許諾対象製品（又はサービス）の売上金額を算定の基礎とし，これに一定のロイヤルティ・レート（実施料率）を乗じてロイヤルティを算出する方法である。

　（売上金額）×（実施料率）＝（ロイヤルティ）

　いずれにしても，通常，算定の基礎となるのは，全ての許諾製品（第2節第6の1（49頁）で「Licensed Products（本許諾製品）」として定義された概念）ではなく，あくまでそのうち許諾技術の技術的範囲内に含まれるものの売上である。この点，上記条項例では，許諾技術の技術的範囲に含まれる許諾製品として定義された「Covered Product（本実施製品）」という用語を用いてロイヤルティのベースを定めている。

　売上金額をロイヤルティの算定ベースとする場合，正味売上（net sales）という概念を具体的な算定の基礎として用いるのが実務上一般的である。上記条項例に示されるように，一般に，ロイヤルティ算定のベースとなる正味売上（純売上）は，製品の独立企業間価格による売上から，一定の科目の金

第2章　産業技術ライセンス契約

額を控除した残額として定められる。

　例えば，ライセンシーである製造業者から卸売業者，卸売業者から小売業者，小売業者から消費者という流れで製品が流通する場合，卸売業者（販売店）がライセンシーである製造業者の関係会社であるというケースもしばしばある。このようなケースにおいて，製造業者から卸売業者への製品の販売価格（卸売価格）は必ずしも市場価格を反映したものとはならず，これを大幅に下回る価格が設定される可能性もある。そこで，ライセンサーが適正なロイヤルティの支払を受けることを保障するため，正味売上は，製品の流通においてライセンシー又はその関係会社から最初に非関係会社に販売された際の独立企業間価格による売上を算定の基礎とするのが一般的である。

　かかる独立企業間価格による製品の売上から，ロイヤルティの算定ベースとするのが通常不適切と考えられる一定の科目の金額が控除される。上記条項例に示されるように，控除され得る典型的な科目としては次のようなものがある。

① 消費税等，許諾対象の製品の販売に関してライセンシーが支払った租税（当該売上による所得に課される租税は除く。）
② 製品引渡しのための運送料，運送保険費用
③ 販売店，代理店に対する手数料
④ 早期代金支払やボリューム・ディスカウント等に基づく売上割引
⑤ 欠陥を理由とする割引
⑥ 返品による払戻し
⑦ 回収不能金

控除額が増加すれば，ロイヤルティの算定ベースが小さくなり，ライセンサーのロイヤルティ収益減少に直結する。そこで，ライセンサーのロイヤルティ収入を安定化させるために，控除額に一定の上限が設けられる場合もある。

　売上ベースを用いれば，基本的にロイヤルティ額がライセンサーの収益額と連動する点において支払者であるライセンシーにとって経済合理性が認められる。すなわち，ライセンシーからみればロイヤルティはコストであるところ，それが売上に連動するので，製品の市場価格が低下すればコストも低

88

下することになり，利益を確保しやすい。他方，次に述べるユニットベースと比較すると算定が複雑であり，ライセンサーからすれば，ライセンシーによる不正会計の危険性が増し，監査に手間が掛かるというデメリットがある。

　なお，売上ベースを用いる場合，ロイヤルティ額は許諾製品の販売価格によって変動することになるので，ライセンサーとしては，安定したロイヤルティ収入を得るため，ライセンシーによる許諾製品の販売価格についてコントロールを及ぼしたいところである。しかしながら，製品の販売価格は事業者にとって最も基本的な競争手段であり，本来的に他人の支配に服すべきものではない。それ故，公正取引委員会の「知的財産の利用に関する独占禁止法上の指針」は，ライセンサーがライセンシーに対し，許諾製品の販売価格又は再販売価格を制限する行為は，競争を減殺することが明らかであり，原則として不公正な取引方法に該当するとしている（同指針第４，４(3)）。

　(2)　ユニットベース
　ユニットベース[62]によるロイヤルティとは，例えば，ライセンシーの製造販売するプリンターカートリッジ１個の販売につき１円のロイヤルティを課すという形で，製品の売上額とは無関係に，単位製品当たりのロイヤルティ額（ロイヤルティ単価）を設定し，これに販売数量を乗じることによってロイヤルティを算出する方法である。
　　（ロイヤルティ単価）×（販売数量）＝（ロイヤルティ）
　ユニットベースを用いれば，販売数量から直ちにロイヤルティ額が算出されるので，売上ベースに関して前述した独立企業間価格や控除科目，後述の適用為替レートなどは問題とならず，監査も容易というメリットがある。他面，製品の販売価格にかかわらずロイヤルティ額が一定なので，ライセンシーからすると，製品の市場価格が下がった場合に売上に占めるコストの割合が大きくなり，利益を圧縮してしまうというデメリットがある。

　62　「売上ベース」との対比でいえば，「販売数量ベース」と表現することもできる。

第2章　産業技術ライセンス契約

コラム6　クロスライセンス契約において ロイヤルティはどのように定められるか？

　クロスライセンス契約とは，契約当事者が相互に自己の知的財産権を相手方に許諾し合う形式のライセンス契約をいう。契約締結時点に存在する知的財産権を契約当事者が相互に許諾する点で，ライセンシーが改良技術をライセンサーにグラントバックする場合と異なる。半導体製造メーカー同士が互いの特定の特許ポートフォリオをライセンスし合うパッケージクロスライセンスがよく知られている。

　では，クロスライセンス契約においてロイヤルティはどのように定められることになるのか。

　契約当事者が特許ポートフォリオを相互にパッケージでライセンスし合う場合，当事者間で各特許ポートフォリオの財産的（技術的）価値の評価が行われる結果，通常は，一方当事者の特許ポートフォリオが他方当事者のそれよりも財産的価値が高いと評価される。そこで，その差分を一定の料率又はユニット単価に換算した上，特許ポートフォリオの財産的価値がより低いと評価された一方当事者が許諾製品の売上又は販売数量に当該料率又はユニット単価を乗じて得られるロイヤルティを他方当事者（特許ポートフォリオの財産的価値がより高いと評価された当事者）に支払うという形でロイヤルティの決済が行われることが多いようである。

　もっとも，当事者の売上又は販売数量に有意な差がある場合には，各当事者の特許ポートフォリオに応じてそれぞれ料率又はユニット単価を設定し，相手方当事者の売上又は販売数量に乗じて得られるロイヤルティを相互に算出し，それを相殺する形で決済することもあろう。

　また，当事者の特許ポートフォリオの財産的価値が等価と評価される場合には，両当事者が共通して用いる一定の料率又はユニット単価を設定した上，売上又は販売数量のより小さな当事者が両当事者の売上又は販売数量の差分に当該料率又はユニット単価を乗じて得られるロイヤルティを他方当事者（売上又は販売数量のより大きな当事者）に対して支払うことによって決済することができるであろう。

第4節　ライセンス料の支払

コラム7　パテントプールとは何か？

　パテントプールとは，複数の企業が共通の目的の下，一定の技術分野に関する特許を持ち寄って形成する共同事業体をいう。パテントプールの起源は19世紀に遡り，1850年代には既に，米国のミシンメーカーによるパテントプールが形成されていた模様である（Ryan L. Lampe & Petra Moser, *Do Patent Pools Encourage Innovation? Evidence from the 19th-Century Sewing Machine Industry*, NBER Working Papers 15061 (National Bureau of Economic Research, Inc. 2009).）。

　パテントプールは，その共同事業体の構成員がそこに集積された特許群について一括的なライセンスの設定を受け，一定の技術分野の特許発明を相互に共通して利用することを可能とするだけでなく，当該特許群を一括して第三者にライセンスすることを可能とするのであり，技術の活用を促進する仕組みとして有用である。近時，企業内の研究開発の成果の流動性を高め，これを積極的に企業外に導出することにより技術革新を促進しようというオープンイノベーションの思想に注目が集まっているが，パテントプールはこの思想にも親和的である。

　例えば通信規格など，技術分野によっては，複数の企業が共通の仕様を用いることが事業を実現するための前提となり，そのような共通の仕様を「標準規格」又は単に「標準」という。標準には，ISO（国際標準化機構）をはじめとする国際標準化機関によって定められた工業規格等のデジュリスタンダード（de jure standard）のほか，企業によって策定され，市場において事実上標準化した仕様であるデファクトスタンダード（de facto standard）があるが，標準の策定に当たっては一般にパテントプールが用いられる。

コラム8　標準必須特許（SEP）とFRANDライセンスとは何か？

　標準を構成する技術をカバーする特許，すなわち，標準を実施するに当たって不可避的に抵触することになる発明の特許を標準必須特許（standard-

91

essential patent：SEP）という。

　標準を策定する場合，一般に，標準化団体（標準化機関やパテントプール管理団体）は，参加者に対し，公平，合理的かつ非差別的な（Fair, Reasonable And Non-Discriminatory）（FRAND）条件で自社の関連特許を当該標準の他の参加者に対してライセンスすることを表明するよう，契約上要求する。かかる要求に基づき，標準化団体参加者が行うその旨の表明をFRAND宣言といい，そのような宣言に基づくライセンスをFRANDライセンスという（RAND（Reasonable And Non-Discriminatory）宣言，RANDライセンスともいう。）。

　一般的に，各国の裁判例は，特許権者がFRAND宣言された特許の権利行使を行うことを制限する傾向にあるようである。その理論として，例えば米国では，FRAND宣言によるFRANDライセンスの許諾合意は，標準化団体と当該特許のライセンサーとの間の契約であるが，第三者である当該標準の他の参加者のためにする契約であり，他の参加者は当該許諾合意を自ら援用できると判断されている（*Microsoft Corp. v. Motorola, Inc.*, 696 F.3d 872, 884 (9th Cir. 2012).）。

　我が国では，知財高裁がアップル対サムソン事件（知財高裁大合議平成26年5月16日判決・判時2224号146頁）において，特許権者によるFRAND宣言された特許の権利行使を権利濫用論に基づいて制限する判断を下している。すなわち，①侵害者がFRAND条件でライセンスを受ける意思を有しない等の特段の事情がない限り，FRAND条件でのライセンス料相当額を超える損害賠償を請求することは権利の濫用として許されない，②他方，FRAND条件でのライセンス料相当額の範囲内での損害賠償を請求することは認められるのが原則であるが，これを許すことが著しく不公正であると認められるなどの特段の事情が存する場合には権利の濫用として許されない，③FRAND条件でライセンスを受ける意思を有する者に対して，当該特許に基づく差止請求権を行使することは権利の濫用に該当し許されない，と判示している。

　標準必須特許に関するライセンス交渉の進め方及びロイヤルティの算定方法については，特許庁が公表している『標準必須特許のライセンス交渉に関する手引き』が詳しいので，参照されたい。

3　ロイヤルティ期間

> ### 【条項例】
>
> "Royalty Term" means, on a product-by-product basis, the period commencing on the First Commercial Sale of the Covered Product in the Licensed Territory and expiring upon expiration of the last Valid Claim of any Licensed Patent that Covers the Covered Product.
>
> ■ 和 訳
> 「本ロイヤルティ期間」とは，製品ごとに，本許諾地域における本実施製品の最初の商業的販売を始期とし，本実施製品をカバーする本許諾特許の最後の有効クレームの失効を終期とする期間を意味する。

　ロイヤルティの算定方法を定めたならば，次にその発生期間（ロイヤルティ期間）を画定する必要がある。後述のとおり，許諾対象が特許のみであれば，おのずとロイヤルティ期間の終期は許諾特許の消滅時と解されようが，許諾対象にノウハウが含まれる場合その終期が明らかではないため，ロイヤルティ期間を明示的に定めることが必要となる。また，ここにいうロイヤルティ期間はあくまでロイヤルティ支払義務が発生する期間であり，発生したロイヤルティ支払義務が弁済等によって消滅するまでの期間とは通常一致しない。このような事情から，ライセンス契約実務においては，契約期間（第9節第1（169頁）参照）とは別個に，ロイヤルティ期間を定める例が見られる。

　産業技術ライセンス契約におけるロイヤルティ期間はどのように定められるべきであろうか。その始期はロイヤルティの発生対象となる許諾製品の発売からということで通常特に問題ないであろうが，その終期については考慮を要する。

　特許が消滅すれば，当該発明はパブリックドメインに帰すから，特許と共にノウハウがライセンスされている場合，ライセンサーが技術支援を継続す

るような場合など特段の事情がない限り，許諾特許の存続期間を超える期間
をロイヤルティ期間として定め，許諾特許の消滅後もライセンシーにロイヤ
ルティの支払を義務付けることは一般に合理性がないと考えられる。

　この点，米国では，1964 年の Brulotte 事件連邦最高裁判決[63]，2015 年の
Kimble 事件連邦最高裁判決[64]を通じ，特許期間満了後にライセンシーにロイ
ヤルティの支払義務を課す約定は，特許期間中のロイヤルティの延べ払いを
する場合や別途ノウハウがライセンスされており，特許消滅後実施料率を下
げる場合といった特段の事情があれば格別，そうでない限り，特許期間満了
後は発明をパブリックドメインとする特許法の趣旨に反し，権利行使不能
（無効）とされている。

　我が国では，公正取引委員会の「知的財産の利用に関する独占禁止法上の
指針」において，ライセンサーがライセンシーに対して，技術に係る権利が
消滅した後にライセンス料の支払義務を課す行為は，ライセンス料の分割払
い又は延べ払いと認められる場合は格別，そうでない限り一般に技術の自由
な利用を阻害するものであり，公正競争阻害性を有する場合には，不公正な
取引方法に該当するとされている（同指針第 4，5(3)）。

　欧州においても，我が国と同様，特許期間満了後のロイヤルティ支払の是
非は競争法上の枠組みで判断されており[65]，現行法上，ライセンシーに特許期
間満了後のロイヤルティ支払義務を課すことは，それが欧州連合の機能に関
する条約（Treaty on the Functioning of European Union）において禁止さ
れる競争制限的協定に該当し[66]，かつ適用免除を受けない場合[67]に初めて違法と
され，無効となる[68]。

　すなわち，米国特許についてその消滅後にライセンシーにライセンス料の

　63　*Brulotte v. Thys Co.*, 379 U.S. 29 (1964).

　64　*Kimble v. Marvel Entertainment, LLC*, 576 U.S. ___ (2015).

　65　Case 320/87 *Ottung*, ECLI: EU: C: 1989: 195; Case C-567/14 *Genentech*, ECLI: EU: C:
　　　2016: 526.

　66　同条約 101 条 1 項。

　67　同条約 101 条 3 項。

　68　同条約 101 条 2 項。

第4節　ライセンス料の支払

支払を義務付けるライセンス契約上の約定は，上記のような特段の事情がない限り当然に無効となる。これに対し，日本特許に関する同様の約定は公正競争阻害性を有する限りにおいて無効となる可能性がある。欧州特許に関する同様の約定は違法な競争制限と認められる限りで無効とされる。このように，対象となる特許の発行国の政策によって温度差はあるものの，特許期間を超えるロイヤルティ期間を設定するとその超過部分が無効と判断される可能性があることに留意する必要がある。

> ## コラム9　特許期間満了後のロイヤルティ支払義務を有効にするにはどのような約定にすべきか？
>
> 　上記のとおり，特に米国特許をライセンスする場合，特許期間経過後のロイヤルティ支払の合意は無効と判断される可能性がある。では，この無効化リスクを避け又は最小化するためにはどのような約定にすべきであろうか。
>
> 　この点，上記 Kimble 事件連邦最高裁判決は，①特許期間中のロイヤルティの延べ払いの約定をする場合，及び②特許とノウハウのハイブリッドライセンスの場合を特許期間経過後のロイヤルティ支払合意を無効とする法理の射程外と位置付けており（他の方法として，発明商業化のリスクと利益をシェアするジョイントベンチャーの仕組みを用いることも挙げられている。），特に米国特許のライセンスの場合はそのような枠組みを用いるのが安全であろう。
>
> 　まず，①のロイヤルティの延べ払いという方法については，あくまで，特許期間中のロイヤルティの延べ払いという形にすることが肝心である。米国連邦最高裁は，特許期間満了後，当該発明はパブリックドメインに帰すからその実施に対してロイヤルティの支払義務を課すことは当然に違法としている。したがって，特許消滅後の売上に対してロイヤルティを発生させることは避け，ロイヤルティベースを特許期間中の売上に限定した上，算定されるロイヤルティ総額の一部を特許消滅後に支払うという約定にすべきである。

69　独占禁止法に違反する契約は，同法が強行法規であるとの理由から直ちに無効となるものではなく，公序良俗（民法90条）に反すると認められれば無効となる（最高裁昭和52年6月20日判決・民集31巻4号449頁）。

95

第2章　産業技術ライセンス契約

　例えば，特許の存続期間が10年の場合，料率4％，10年間の特許ロイヤル
ティ支払を定めることは問題ない。しかしながら，ライセンシーのロイヤル
ティ支払の負担を長期間に平準化する方法として，料率2％，20年間のロ
イヤルティ支払という形で約定すれば，特許消滅後の10年分の特許ロイヤル
ティ支払の約定は無効と判断される可能性がある。そこで，料率4％，10
年間のロイヤルティ支払であることを明示的に定めつつ，その支払方法とし
て，特許が存続する10年間は各年2％支払い，各年の残りの2％を特許消
滅後の10年間に分割して支払うというような形で約定すべきである。

　次に，②の特許とノウハウのハイブリッドライセンスの場合については，
特許ライセンスのロイヤルティ部分が特許期間の満了とともに消滅すること
を示すために，特許期間満了時を境に実施料率が引き下がる仕組み（ステッ
プダウン）を採用することが肝要である。例えば，特許とノウハウのライセ
ンスの対価として，特許期間満了の前後を通じて4％のロイヤルティが発生
するという仕組みにすると，特許消滅後のロイヤルティ支払の約定は無効と
判断される可能性がある。そこで，例えば，特許期間中は6％，特許期間満
了後は2％のロイヤルティを支払うというように，特許期間満了によって実
施料率が引き下がる形の約定とすべきであろう。

　なお，特許期間満了後のロイヤルティ支払の合意が原則無効であれば，複
数の特許を一括してライセンスするパッケージライセンスにおいて，最終の
特許の消滅まで実施料率を一定率に固定する合意は無効ではないかという疑
問が生じる。しかしながら，そのような合意は，時の経過によって許諾特許
数が減少することを勘案した上で全許諾期間を通じて平準化した料率を設定
したものと解釈し得るのであり，特許期間満了後のロイヤルティ支払の合意
が原則無効であるとのルールに抵触するものではなく，その有効性に問題は
ないであろう。

第4節 ライセンス料の支払

4　ロイヤルティの報告及び支払

【条項例】

4.3 Royalties

(c)　Commencing with the First Commercial Sale of a Covered Product in the Licensed Territory, Licensee will, within thirty (30) days after the end of each calendar quarter, provide to Licensor a detailed, itemized report, in such form as the Parties may agree from time-to-time, of (i) total monthly sales volumes and Net Sales in the Licensed Territory for such quarter, and (ii) all Royalties payable to Licensor for such quarter (including any foreign exchange rates used) (the "Royalty Report"). Concurrently with the Royalty Report, Licensee will pay to Licensor all the Royalties due for such calendar quarter. If no Royalties are due to Licensor for a given calendar quarter, then the applicable Royalty Report will so state. All Royalty Reports will be subject to Licensor's audit rights as set forth in Section 4.4 (b).

■ 和　訳

第 4.3 条　ロイヤルティ

(c)　本許諾地域における本実施製品の最初の商業的販売以降，ライセンシーは，各歴四半期の末日から30日以内に，ライセンサーに対し，両当事者が時々において合意する形式において，(i) 当該四半期の本許諾地域における月次販売総数量及び正味売上，及び(ii) 当該四半期においてライセンサーに支払われるべき全ての本ロイヤルティ（使用された外国為替レートを含む。）について，詳細かつ項目別の報告書（「ロイヤルティ・レポート」）を提出する。ライセンシーは，ロイヤルティ・レポートと同時に，ライセンサーに対し，当該歴四半期について支払うべき一切の本ロイヤルティを支払うものとする。特定の歴四半期についてライセンサーに支払うべき本ロイヤルティが存在しない場合，該当のロイヤルティ・レポートはその旨を記載するものとする。全てのロイヤルティ・レポートは第4.4条(b)に規定するライセン

97

第2章　産業技術ライセンス契約

> サーの監査権に服する。

　ロイヤルティ算定と支払の時期，つまり，ライセンシーがいつの時点でロイヤルティを算定し，それをいつライセンサーに支払うのかを特定する必要がある。

　毎月又は毎週，ロイヤルティを支払う旨当事者間で合意するのは自由であり，実際そのような例もあるのであろうが，頻繁にロイヤルティの算定と支払をするというのはライセンシーにとって煩雑であり，実務上は半期又は四半期ごとに支払をする例が比較的多いように思われる。

　例えば，四半期ごとに支払をするという場合，上記条項例のような形で，ライセンシーにおいて四半期の末日をもって一旦ロイヤルティに関する会計を締め，同四半期における売上のうち対象となるものを確定してロイヤルティを算定の上，一定の期限までに，ロイヤルティの計算書（ロイヤルティ・レポート）を提出すると共に同算定額をライセンサーに支払うという約定にするのが一般的である。

　ロイヤルティ・レポートの記載内容もライセンス契約において特定することが望ましい。上記条項例では，月別の対象製品の売上と正味売上及び適用為替レートと共に四半期におけるロイヤルティ合計額がロイヤルティ・レポートに記載されることを要求している。他方，ロイヤルティ・レポートに，販売先の会社名，許諾製品が複数ある場合の製品ごとの売上の内訳などの詳細な情報を記載すると，場合によってライセンシーの事業戦略が明らかになる可能性もある。そこで，ライセンシーとしては，特にライセンサーが競合企業である場合，ロイヤルティ・レポートにどこまで詳細な情報を記載するかについては注意が必要である。

第4節　ライセンス料の支払

5　適用為替レート

【 条 項 例 】

4.3 Royalties

⒟ With respect to Net Sales invoiced in U.S. Dollars, the Net Sales and Royalties under Section 4.3 will each be expressed in U.S. Dollars. With respect to Net Sales invoiced in a currency other than U.S. Dollars, the Royalties will be calculated based on amounts converted to U.S. Dollars using currency exchange rates for the calendar quarter for which remittance is made for such Royalties. The calculation of the amount of currency equivalent in U.S. Dollars of Net Sales invoiced in other currencies will be made using the exchange rate (TTM) in the Tokyo Foreign Exchange Market to be reported by the X Bank at 11 am on the last day of the relevant reporting period (or if such last day is not a banking business day in Tokyo, then a banking business day in Tokyo immediately preceding such last day of the relevant reporting period).

■ 和　訳────────────────────
第4.3条　ロイヤルティ

⒟　米ドルで請求される正味売上については，第4.3条に基づく正味売上及び本ロイヤルティは，それぞれ米ドルにて示される。米ドル以外の通貨で請求される正味売上について，本ロイヤルティは，当該ロイヤルティの送金対象となる暦四半期の通貨為替レートを用いて米ドルに換算された金額に基づいて計算される。他の通貨で請求される正味売上の米ドルにおける等価の貨幣額の計算は，当該報告期間の末日（この日が東京における銀行営業日でない場合には，その直前の東京における銀行営業日）の東京外国為替市場における午前11時にX銀行が公表する対顧客電信外国為替レートの仲値（TTM）によってなされるものとする。

売上ベースのロイヤルティを特定の通貨で支払うことにした場合，それと

99

異なる通貨による売上がある場合には，ロイヤルティ額を算定するに当たり為替の問題が生じる。すなわち，売上ベースの場合は許諾製品の売上に料率を乗じてロイヤルティを算出するところ，異なる通貨による売上がある場合には，ここにさらに一定の為替レートを乗じて初めて支払うべきロイヤルティ額が定まることになる。為替レートは毎日変動する上，銀行によって異なり得るので，上記条項例のような形で，いつの時点におけるいかなる銀行の為替レートを用いるかについてライセンス契約で明確に定めておく必要がある。

なお，ロイヤルティをユニット・ベースで算定する場合は，売上通貨とは無関係に一定のロイヤルティ額が定まるので，適用為替レートの問題を避けることができる。

第4 記録・監査

【 条 項 例 】

4.4 Records Retention; Audits

(a) Licensee shall, and shall cause its Affiliates and Sublicensees to, keep complete and accurate books or records of account in accordance with applicable generally accepted accounting principles, in each case, consistently applied, showing the information that is necessary for the accurate calculation of Net Sales with respect to the sale of the Licensed Products. Such books and records shall be retained by Licensee, its Affiliates and Sublicensee until the expiration of the applicable tax statute of limitations (or any extensions thereof), or for such longer period as may be required by Applicable Law.

(b) Uponthe written request of Licensor, Licensee shall, and shall cause its Affiliates and Sublicensees to, permit a certified public accountant or an individual possessing similar professional status and associated with an independent accounting firm acceptable to the Parties to inspect during regular business hours and no more than once a calendar year and going back no more than three (3) years preceding the current calendar year, all or any part of the books and records of Licensee, its Affiliates and/or Sublicensees that are necessary to check the accuracy of the Net Sales calculations and the Royalties paid. The accounting firm shall enter into appropriate obligations with Licensee, its Affiliates and/or Sublicensees, as the case may be, to treat all information it receives during its inspection in confidence. The accounting firm shall disclose to Licensor whether the Royalty Reports are correct and details concerning any discrepancies. Licensor will also have the right to receive the report of any such audit; provided that such report will not disclose the Confidential Information of Licensee, its Affiliates or Sublicensees to Licensor. The cost of such audit, including the charges of the accounting firm, shall be paid by Licensor, except that if the Net Sales or Royalties reported have been understated by more than ten percent (10%), then Licensee shall pay all fees and expenses of that audit within thirty (30) days after receipt of invoice from Licensor for same. Prompt adjustments shall be made by the Parties to reflect the results of such audit. Any amounts shown to be owed but unpaid, or overpaid and in need of reimbursement, will be paid or refunded (as the case may be) within thirty (30) days after the audit report, plus interest hereunder from the original due date.

■ 和 訳

第4.4条　記録保管，監査

(a) ライセンシーは，自ら並びにその関係会社及びサブライセンシーをして，ライセンス製品の販売に関する正味売上の正確な算定に必要な情報を示す，適用一般会計原則に従ってそれぞれ一貫して適用される完全かつ正確な会計帳簿又は記録を作成するものとする。当該帳簿及

第2章　産業技術ライセンス契約

び記録は，適用される租税時効（若しくはその延長）の期間満了時まで又は適用法によって要求されるより長期の期間，ライセンシー，その関係会社及びサブライセンシーによって保管されなければならない。

(b)　ライセンサーの書面による要求があった場合，ライセンシーは，自ら並びにその関係会社及びサブライセンシーをして，公認会計士又は同様の職業的地位を有する個人で両当事者にとって受容可能な独立した会計事務所に属する者が正味売上の計算と支払われた本ロイヤルティの正確性をチェックするために必要なライセンシー，その関係会社及び／又はサブライセンシーの当該帳簿及び記録の全部又は一部を，通常の営業時間において，暦年1回を上限とし，かつ当暦年から3年を超えて遡ることなく，検査させることを許さなければならない。当該会計事務所は，場合に応じ，ライセンシー，その関係会社及び／又はサブライセンシーに対し，検査の期間受領する一切の情報を秘密として取り扱う適切な義務を負わなければならない。当該会計事務所は，ロイヤルティ・レポートが正確であるか否か及び何らかの齟齬がある場合にはその詳細をライセンサーに開示するものとする。ライセンサーは，また，当該監査の報告書を受領する権利を有するが，当該報告書はライセンシー，その関係会社又はサブライセンシーの秘密情報を開示するものであってはならない。当該会計事務所の手数料を含む当該監査の費用はライセンサーによって支払われるものとする。ただし，報告された正味売上又は本ロイヤルティが10％を超えて過少申告されていた場合，ライセンシーは，ライセンサーから請求書を受領後30日以内に，当該監査の一切の費用及び支出を支払うものとする。両当事者は，当該監査の結果を反映する金額調整を速やかに行うものとする。支払義務があるにもかかわらず支払われておらず又は過払いのため償還が必要であることが示された金額は，所定の利息を付した上，監査報告から30日以内に，（場合に応じて）支払われ又は払戻しされなければならない。

ロイヤルティはライセンシーによって算定された額がライセンサーに支払われるが，その算定に不作為的又は作為的な過誤が含まれる可能性がある。

第4節　ライセンス料の支払

そこで，ロイヤルティ算定の正確性を担保するため，ライセンス契約上，ライセンシーによるロイヤルティ会計についてライセンサーに一定の監査権が与えられるとともに，かかる監査権を実効化するため，ロイヤルティ会計に関する記録についてライセンシーに一定の保存義務が課されるのが一般的である。

　ライセンシーによる不正な会計や関連記録の隠蔽を可及的に防止し，有効な監査とするためには，ライセンシーに記録の提出を義務付けるだけでは足りず，ライセンシーの事業所への立入権を伴うオンサイトでの監査権をライセンサーに与える必要があるが，他方で，無制限な事業所への立入りはライセンシーの業務に支障を生じさせ得る上，ライセンサー自身による立入りはライセンシーの営業秘密保護の観点から問題である。そこで，オンサイトでの監査権は，実施日時と頻度に制限が設けられた上，中立公平性を担保する手続によって選任され，職務上守秘義務を負う公認会計士又は会計事務所によって実施される旨定められるのが実務上一般的である。

　会計士又は会計事務所等への報酬の支払を含め，一般にこのような監査権の実施には相当の費用が掛かるが，監査の結果ライセンシーのロイヤルティ・レポートに有意な過少支払が発見された場合，ライセンサーは，ロイヤルティの不足額，遅延損害金と共に，約定の違約金や当該監査の費用額をライセンサーに支払わなければならない旨定められる例が多い。ロイヤルティ監査権は，空振りに終わればライセンサーにとって無益な支出となりかねないのであり，容易に実施できる手段ではないものの，このようなペナルティ制度による後ろ盾と相まって，公正なロイヤルティ会計を担保するための「伝家の宝刀」として，ライセンサーにとって極めて有用な権利となる。

　なお，原ライセンスのライセンシー（原ライセンシー）にサブライセンス権が与えられる場合，サブライセンシーの支払うべきロイヤルティは原ライセンスのライセンサー（原ライセンサー）に直接支払われるという仕組みにすることも可能であるし，又は，これを原ライセンシー（サブライセンサー）がサブライセンシーから一旦支払を受けた後，原ライセンサーに支払うという仕組みにすることも可能である。いずれの場合においても，サブラ

第2章　産業技術ライセンス契約

イセンシーに対する監査権は，そのロイヤルティ支払の正確性について最も利害関係を有する原ライセンサーに与えられるべきであるが，通常，原ライセンサーとサブライセンシーとの間に直接的な契約関係はなく，原ライセンサーがサブライセンシーに対して直接，監査権を設定することはできない。そこで，このような場合，まず原ライセンス契約において，サブライセンスを許諾する場合の条件として，原ライセンサーによる監査権をサブライセンシーに課すことを原ライセンシー（サブライセンサー）に課し，この義務に基づいて原ライセンシー（サブライセンサー）がサブライセンス契約において，第三者のためにする契約として，原ライセンサーのための監査権をサブライセンシーに設定することになろう。

第5　最低ロイヤルティの定め

【条項例】

4.5 Minimum Annual Royalty

During the Royalty Term, commencing in the third (3rd) calendar year after the First Commercial Sale of the Covered Product in the Licensed Territory and ending in the calendar year in which the exclusive license granted to Licensee under Section 2.1 is converted into a non-exclusive license pursuant to Section 5.2, Licensee shall pay to Licensor a minimum annual royalty of One Million U.S. Dollars ($1,000,000) (the "Minimum Annual Royalty"). Any Royalties payment based on Net Sales in the Licensed Territory shall be credited against the Minimum Annual Royalty. Within thirty (30) days of the end of any calendar year to which this Section 5.1 applies, Licensee shall pay Licensor any remaining amount of the Minimum Annual Royalty for that calendar year.

第4節　ライセンス料の支払

■ 和　訳

第4.5条　最低年間ロイヤルティ

本ロイヤルティ期間中，本許諾地域における本実施製品の最初の商業的
販売後3年目の暦年から，第2.1条によってライセンシーに許諾された
独占ライセンスが第5.2条によって非独占ライセンスに転換された暦年
まで，ライセンシーは，ライセンサーに対し，100万米ドル
（$1,000,000）の最低年間ロイヤルティ（「本最低年間ロイヤルティ」）を
支払うものとする。本許諾地域における正味売上に基づく本ロイヤル
ティの支払は，本最低年間ロイヤルティから控除される。ライセンシー
は，本第4.5条が適用される暦年の末日から30日以内に，当該暦年の
本最低年間ロイヤルティの残額をライセンサーに支払うものとする。

　ライセンスされた技術に基づいてライセンシーが実際にどれほどの売上を
上げることができるかは事前には分からず，したがって，その売上に連動し
てライセンサーに支払われるロイヤルティの額も契約締結時点では不明であ
る。そこで，特に独占ライセンスの場合，ライセンスという投資をするライ
センサーとしては確実に一定額の投下資本を回収をするための仕組みを設け
ておきたい。そのような仕組みの一つとして実務上しばしば用いられるもの
に，最低ロイヤルティ（minimum royalty）の支払義務の定めがある。これ
は，許諾技術を用いた事業売上の多寡を問わず，最低保証として，ライセン
シーが一定のロイヤルティ額の支払をライセンサーに約するものである。

　ライセンサーとしては，このような約定があれば最低限のロイヤルティ収
入を確保することができるのであり，収益の予測可能性を高めることができ
る。

　他方，ライセンシーとしては売上いかんを問わず一定額の支払を義務付け
られることになるのであり，そのような義務負担が継続することは大きなリ
スクとなる。そこで，ライセンシーとしては，最低ロイヤルティの支払義務
を負う場合であっても，その義務を免れるための安全弁として，一定の条件
を満たした場合にはライセンシーの側から契約を解約し又は最低ロイヤル
ティの定めのない非独占ライセンスに転換することのできる権利を確保して

105

第2章　産業技術ライセンス契約

おきたいと考えるであろう。

第6　支払に関する定め

【 条 項 例 】

4.6 Payments

(a) All payments to Licensor under this Agreement shall be made by wire transfer of immediately available funds in U.S. Dollars to the bank account specified in writing by Licensor. All costs associated with making payments to Licensor, including the cost of wire transfers, shall be borne by Licensee and shall not be deducted from the payments to Licensor.

(b) Any amounts not paid by Licensee when due shall be subject to interest from and including the date payment is due, through and including the actual date of payment by Licensee, at the rate of eight percent (8%) per year.

■ 和　訳────────────────────────

第4.6条　支払

(a) 本契約に基づく全てのライセンサーに対する支払は，ライセンサーが書面によって特定した銀行口座に米ドル建ての即時利用可能資金を電信送金することによってなされるものとする。電信送金費用を含む，ライセンサーへの支払に伴う全ての費用はライセンシーが負担し，ライセンサーへの支払から控除されないものとする。

(b) 支払期限到来時にライセンシーによる支払のなかった金額は，支払期限からライセンシーによる実際の支払日までの期間において年8％の利率による利息に服するものとする。

　一時金とロイヤルティの双方のいずれについても支払方法を定める必要があることはいうまでもない。企業間取引では電信送金（振込送金）によって

決済するのが通常であり，振込先であるライセンサーの銀行口座を契約上又は契約外で特定することになる。送金に伴う費用の負担者も定めておくべきであろう。

支払が遅滞した場合の遅延利息は，支払義務の範囲について当事者間に紛争が生じた場合には少なからぬ金額に上る可能性がある。ライセンシーによるタイムリーな支払を確保するためにも，ライセンサーとしては相当の利率による遅延損害金を定めておきたいところである。契約上，遅延利息を定めない場合には，契約準拠法上の遅延利息の定めが適用されることになると考えられる。

第7　租税の取扱い

1　ライセンス料に関する課税関係

産業技術のライセンシーがライセンサーに支払うライセンス料（一時金及びランニング・ロイヤルティ）は所得税，法人税及び消費税の課税対象となり得る。ライセンス料に対する租税の取扱いに関するライセンス契約上の定めについて述べるに先立ち，まずライセンス料に関する日本の課税関係を概説する[70]。なお，ここでは，産業技術（特許及びノウハウ）のライセンスの対価に関する課税関係を述べるにとどめ，役務提供に該当する，ライセンスに伴う技術支援（技術指導）の対価に関する課税関係については触れていない。また，契約当事者はいずれも法人であることを前提としている。

以下においては，説明の便宜上，ライセンスを内国法人同士のライセンス（国内ライセンス），国際的ライセンスのうち，外国法人から内国法人へのライセンス（インバウンド・ライセンス）及び内国法人から外国法人へのライセンス（アウトバウンド・ライセンス）の三つに場合を分けてライセンス料

---

[70]　詳細については，仲谷栄一郎・井上康一・梅辻雅春・藍原滋『国際取引と海外進出の税務』（税務研究会出版局，2019）235頁以下「第2部第1編第7章　知的財産に関する課税」参照。

第2章　産業技術ライセンス契約

に関する課税関係を俯瞰する。原則として日本における課税関係が生じない
外国法人から外国法人へのライセンスについては説明を割愛する。

(1)　国内ライセンス

　ア　法人税

　内国法人であるライセンサーが内国法人であるライセンシーに日本若しく
は外国の特許又はノウハウ[71]をライセンスする場合，ライセンシーの支払うラ
イセンス料はライセンサーの益金を構成するので，ライセンサーにとって法
人税の課税対象となる。この場合，ライセンシーは源泉徴収義務を負わな
い。

　イ　消費税

　内国法人であるライセンサーが内国法人であるライセンシーに特許をライ
センスする場合，当該許諾特許が他の国に対応特許を有しない外国特許であ
る場合は別論（この場合は国外取引として消費税は課税されない。），そうで
ない限りは，登録国又はライセンサーの住所地を基準に国内取引に該当する
ことになるため[72]，ライセンス料には消費税が課される。許諾対象がノウハウ
の場合も，ライセンサーの住所地を基準に国内取引に該当するため[73]，ライセ
ンス料には消費税が課される。

(2)　インバウンド・ライセンス

　ア　所得税

　外国法人であるライセンサーが内国法人であるライセンシーに特許又はノ
ウハウをライセンスする場合，原則として，外国法人であるライセンサー
は，日本国内の源泉から生じる一定の所得（国内源泉所得）について所得税

　71　秘匿された非公知の技術情報を意味する。第1節第1（25頁）参照。
　72　消費税法4条3項1号，消費税法施行令6条1項5号。
　73　消費税法4条3項1号，消費税法施行令6条1項7号。

108

の納税義務を負う。[74] 一般に，許諾特許が外国特許である場合のライセンス料は国内源泉所得に該当しない一方，日本特許のライセンス料は国内源泉所得に該当する。ノウハウについては，それを使用するのが日本であれば，そのライセンス料は国内源泉所得に該当する。

　国内源泉所得に該当するライセンス料については，ライセンサーが恒久的施設（PE）[75] を有するか否かによって課税関係が異なり，理論的には，外国法人であるライセンサーが日本国内に PE を有し，かつ，当該ライセンス料が当該 PE に帰属する場合は，原則として，所得税を源泉徴収された上，法人税の課税対象とされることになる。しかしながら，実際上，そのようなケースは極めてまれであり，通常，外国法人であるライセンサーは，日本国内に PE を有しないか，又は PE を有していても当該特許ライセンスが当該PE に関連することはない。この場合は，源泉分離課税方式が適用されて，源泉徴収のみで課税関係が完結し，ライセンシーがライセンス料に課税される所得税について源泉徴収義務を負う。

　ただし，当該ライセンサーの所在地国と日本との間に租税条約が締結されている場合は，当該租税条約が所得税法の定めに優先するので，上記のルールが修正される可能性がある。例えば，日米租税条約は，ライセンサー側のPE と実質的に関連しない特許等のライセンス料（使用料）について，源泉地国の課税権を排除している。外国法人が租税条約の減免規定の適用を受けるには，内国法人を通じて所轄税務署長に租税条約に関する届出書を提出[76]することを要する。

　　イ　消費税
　外国法人であるライセンサーが内国法人であるライセンシーに日本特許をライセンスする場合であり，かつ，当該日本特許の発明について対応外国特

74　所得税法5条4項。
75　法人税法2条12号の19。
76　日米租税条約など特典制限条項のある租税条約の適用を受けるには，さらに，特典条項に関する付表と居住者証明書を提出することを要する。

109

第2章 産業技術ライセンス契約

許が存在しない場合，当該ライセンスは国内取引としての「資産の譲渡等」[77]に該当するため，ライセンサーが消費税法上の免税事業者に該当しない限り，ライセンス料には消費税が課される。[78]

これに対し，外国特許をライセンスする場合，又は日本特許をライセンスする場合であっても，当該日本特許の発明について対応外国特許が存在する場合は，ライセンサーの住所地における取引と判定されるため，国内取引に該当せず，消費税は課税されない。[79]

外国法人であるライセンサーが内国法人であるライセンシーにノウハウをライセンスする場合についても，当該ライセンスはライセンサーの住所地における取引と判定され，[80]国内取引に該当しないため，ライセンス料に消費税は課税されない。

(3) アウトバウンド・ライセンス

ア 法人税

内国法人であるライセンサーが外国法人であるライセンシーに日本若しくは外国の特許又はノウハウをライセンスする場合，ライセンシーの支払うライセンス料はライセンサーの益金を構成するので，ライセンサーにとって法人税の課税対象となる。

ただし，外国法人であるライセンシーがライセンス料を支払うに当たり，当該外国の税法の適用による源泉税が控除される場合，その源泉税額は控除限度額の範囲内で内国法人が日本で支払うべき法人税額から控除される（外国税額控除）。

---

77 消費税法2条1項8号・2項。

78 消費税法9条。課税期間の基準期間（法人の場合は原則として前々事業年度）における課税売上高が1,000万円以下の事業者は，原則として，納税の義務が免除される。

79 消費税法4条3項1号，消費税法施行令6条1項5号。

80 消費税法4条3項1号，消費税法施行令6条1項7号。

イ　消費税

　内国法人であるライセンサーが外国法人であるライセンシーに特許をライセンスする場合，当該許諾特許が他の国に対応特許を有しない外国特許である場合は別論（この場合は国外取引として消費税は課税されない。），そうでない限りは，登録国又はライセンサーの住所地を基準に国内取引に該当することになる[81]。許諾対象がノウハウの場合も，ライセンサーの住所地を基準に国内取引に該当する[82]。もっとも，これらの場合，ライセンシーが外国法人であるため，輸出免税の適用を受ける[83]。したがって，いずれの場合についても，ライセンス料に日本の消費税は課されない。なお，ライセンシーが所在する当該外国における消費税の課税対象となり得ることは別論である。

2　租税の取扱いに関する約定

【条項例】

4.7 Taxes

(a) All payments shall be made without deduction in respect of any taxes imposed or levied, including any withholding taxes, except to the extent that any such withholding is required by Applicable Law. If any taxes are required to be withheld by Licensee, then Licensee shall: (i) promptly notify Licensor so that Licensor may take lawful actions to avoid and minimize such withholding; (ii) deduct such taxes from the payment made to Licensor; (iii) timely pay the taxes to the proper taxing authority; (iv) send proof of payment to Licensor to certify receipt of such payment by the applicable tax authority within sixty (60) days following such payment; and (v) reasonably promptly furnish Licensor with copies

---

81　消費税法4条3項1号，消費税法施行令6条1項5号。
82　消費税法4条3項1号，消費税法施行令6条1項7号。
83　消費税法7条1項5号，消費税法施行令17条2項6号。

of any tax certificate or other documentation evidencing such withholding as necessary to satisfy the requirements of the relevant Governmental Authority related to any application by Licensor for foreign tax credit for such payment. Licensee agrees to cooperate with Licensor in claiming exemptions from such deductions or withholdings under any agreement or treaty from time to time in effect.

(b) Any payment due under this Agreement is exclusive of any Value Added Tax or similar indirect taxes ("VAT"). In the event that any VAT are due under any Applicable Law, this shall be charged to the paying Party in addition to the relevant payment.

■ 和　訳

第4.7条　租税

(a) 適用法によって源泉徴収が要求されない限り，全ての支払は，源泉税を含め一切の賦課租税を控除せずになされなければならない。ライセンシーによる租税の源泉徴収が要求される場合，ライセンシーは，(i)ライセンサーが当該源泉徴収を回避又は最小化するために適法な措置を執ることができるよう速やかに通知し，(ii)ライセンサーに対する支払から当該租税を控除し，(iii)当該租税を適時に所轄税務当局に支払い，(iv)当該支払から60日以内に所轄税務当局による当該支払の受領を証明するため支払証憑をライセンサーに送付し，かつ(v)ライセンサーによる当該支払についての外国税額控除の申請に関連する主務官庁の要求を満たすために必要な納税証明書の写しその他の当該源泉徴収を証明する書類を合理的な迅速さをもってライセンサーに提供するものとする。ライセンシーは，時宜に有効な協定又は条約による当該控除又は源泉徴収の免除の申立てについてライセンサーに協力することを合意する。

(b) 本契約上支払義務のある支払金には，一切の付加価値税又はその他類似の間接税（「VAT」）が含まれないものとする。適用法において何らかのVATの支払義務がある場合，それは当該支払金に加えて支払当事者に賦課されるものとする。

第4節　ライセンス料の支払

　前記1（107頁）で見たように，内国法人（日本法人）を当事者とするライセンスは，これを当事者の住所地を基準に，内国法人同士のライセンス（国内ライセンス），外国法人から内国法人へのライセンス（インバウンド・ライセンス）及び内国法人から外国法人へのライセンス（アウトバウンド・ライセンス）の三つに分類することができる。

　インバウンド・ライセンスについて見ると，前記のとおり，内国法人であるライセンシーが日本国内にPEを有しない外国法人であるライセンサーから，日本特許のライセンスを受ける場合，当該内国法人が外国法人に対価として支払うライセンス料（一時金及びランニング・ロイヤルティ）は，別段の定めを有する租税条約の適用を受けない限り，所得税の課税対象となり，当該内国法人は当該外国法人にライセンス料を支払う際に源泉徴収義務を負う。

　また，外国法人が内国法人に対して対応外国特許が存在しない日本特許のライセンスをすることは，国内において事業者が行う「資産に係る権利の設定」に該当し，当該外国法人が消費税法上の免税事業者に該当しない限り，消費税の課税対象となる。

　このように内国法人が外国法人から特許ライセンスを受ける場合，当該取引に所得税や消費税が課される場合があるが，その場合に，ライセンサーである外国法人とライセンシーである内国法人のいずれがその税を実質的に負担するかについて当事者間で特約をすることは自由である。

　すなわち，所得税が課される場合は，ライセンサーである外国法人が税負担を負い，ライセンシーである内国法人は外国法人に所定のライセンス料を支払う際，適用される税率の所得税を源泉徴収し，ライセンサーには源泉徴収後の残額が支払われることになるのが原則であるが，ライセンサーとライセンシーの間で，ライセンサーに支払われる源泉徴収後の残額が所定のライセンス料と一致するよう名目上のライセンス料を増額し，所得税の実質的負担者をライセンシーとする旨約定することは自由であり，一般に，そのような約定の規定をグロスアップ条項という。

113

また，消費税が課される場合，本来，ライセンシーである内国法人は，ライセンサーである外国法人に所定のライセンス料を支払う際，適用される税率の消費税額を上乗せして（外税扱いにして）支払うことになるのが原則であるが，ライセンサーとライセンシーの間で，所定のライセンス料は適用される消費税額を含む旨，すなわち内税扱いとして消費税の実質的負担者をライセンサーとする旨約定することは自由である。

以上は，内国法人が外国法人からライセンスを受けるインバウンド・ライセンスの場合であるが，逆に，内国法人が外国法人にライセンスを与えるアウトバウンド・ライセンスの場合には，ライセンシーである当該外国法人の本国法上の所得税や消費税等が課税され，その取扱いについての約定が問題となる。このような場面における問題は内国法人が外国法人からライセンスを受ける場面における問題の裏返しであり，基本的には，内国法人が外国法人からライセンスを受ける場合と同様に考えることができるであろう。国内ライセンスについては，所得税の源泉徴収が問題とならないので，通常，消費税の取扱いを定めるのみで足りるはずである。

上記条項例では，ライセンシーが所得税の源泉徴収義務を負う可能性があることを前提に，源泉徴収する場合にはライセンサーがその自国で外国税額控除を受けるために必要な協力義務をライセンシーに課し，また消費税についてはライセンシーにこれを負担させる約定となっている。

当該ライセンサーの所在地国と日本との間の租税条約により源泉税が控除される場合には，例えば次のような規定とすることも考えられる。

Licensor hereby represents and warrants that Licensor shall be entitled to benefits under the Japan-Germany income tax convention. Any and all payments made by Licensee to Licensor pursuant to Article 4 of this Agreement shall be exempt from any withholding tax. Licensor shall prepare and submit to Licensee the applicable application form for the above income tax convention and any other attachment thereto so that Licensee for the benefit of Licensor may file them with the relevant taxation office in Japan prior to the payment from Licensee to Licensor pursuant to this Agreement.

ライセンサーは，ライセンサーが日・ドイツ租税協定の特典を享受する資格を有することを表明し，保証する。本契約第4条に基づきライセンシーがライセンサーに支払う一切の支払金は源泉徴収税を免除されるものとする。ライセンサーは，上記租税条約上の適用申請書フォーム及びその添付文書を作成してライセンシーに提出し，もって，ライセンシーがライセンサーに本契約に基づく支払をする前に，ライセンサーの利益のために日本の所轄税務署にこれらの文書を提出することを可能ならしめるものとする。

他方，上述した所得税についてのグロスアップを定める場合には，例えば次のような条項とすることができる。

All payments shall be made without deduction in respect of any taxes imposed or levied, including any withholding taxes. It is the parties' intention that all payments due shall be increased to the extent necessary to provide Licensor with the same net amount it would have received had no such taxes been applicable to such payments. If Licensee is required by any Applicable Law to make any deduction or withholding on account of any tax charged against any payments, Licensee will pay any such tax before the date on which a penalty for nonpayment or late payment attaches. Payment of such tax is to be made for Licensee's own account (in case that the liability to pay is imposed on Licensee) or on behalf of and in the name of Licensor (in case that the liability to pay is imposed on Licensor). Licensee will immediately furnish to Licensor certified receipts of the payment of any deduction or withholding, on its account or Licensor's account.

全ての支払は，源泉税を含め一切の賦課租税を控除せずになされなけれ

第2章　産業技術ライセンス契約

ばならない。全ての支払金は，当該支払について当該租税の課税がなければ受領したであろう場合と同一の正味金額をライセンサーに提供するために必要な限度において増額されるというのが当事者の意図である。ライセンシーが適用法により支払金に課される租税を理由に控除又は源泉徴収しなければならない場合，ライセンシーは，不払い又は支払遅延による不利益が課される日に先立ち，当該租税を支払うものとする。当該租税の支払は，ライセンシー自身のために（支払義務がライセンシーに課される場合）又はライセンサーのためにその名義により（支払義務がライセンサーに課される場合）なされるものとする。ライセンシーは，ライセンシー又はライセンサーのために控除又は源泉徴収の支払の受領証を直ちにライセンサーに提供するものとする。

第8　ライセンス対象の権利が失効した場合の取扱い

【 条 項 例 】

4.8 No Refunds; Offsets

All payments under this Agreement will be irrevocable, non-refundable, and non-creditable. Licensee will have no right to offset, set off, or deduct any amounts from or against the amounts due to Licensor under this Agreement, unless otherwise agreed to by the Parties or as determined by Section 4.4 (b). For the avoidance of doubt, Licensee shall not be entitled to receive any refund or credit for any payment, should any claim of the Licensed Patents be held invalid or reduced in scope or all of part of the Licensed Know-How becomes publicly known for any reason whatsoever after the Effective Date.

第4節 ライセンス料の支払

■ 和 訳────────────────────
第4.8条 払戻不能，相殺

本契約に基づく全ての支払は，取消不能，払戻不能かつ控除不能である。当事者間で別段の合意がなされ，又は第4.4条(b)によって確定されるのでない限り，ライセンシーは，本契約上ライセンサーに支払義務を負う金額に対し又は同金額から一切の金額を相殺し，差引き又は控除する権利を有しない。念のため明記すると，ライセンシーは，理由のいかんを問わず，本効力発生日の後に本許諾特許のいずれかのクレームが無効となり若しくは減縮され又は本許諾ノウハウの全部若しくは一部が公知になったとしても，払戻しを受け又は支払額の控除を受ける権利を有しない。

1 許諾特許が無効となった場合のライセンス料支払義務

ライセンシーからライセンサーにライセンス料（一時金又はロイヤルティ）が支払われた後，例えば第三者の請求した無効審判において特許庁が日本特許を無効とした場合など，許諾特許が存続期間満了前に無効となり又は取り消されるということが場合によって起こり得る。

このような場合，許諾特許が無効となり，当該発明はパブリックドメインとなるから，特段の理由がない限り，そのような発明の実施についてライセンシーはもはやライセンス料を支払う義務を負わないものと考えられる。米国においては，1969年のLear事件連邦最高裁判決が，この旨判示している。[84] もしパブリックドメインとなって以降も当該発明の実施についてライセンシーにライセンス料を支払う義務を負わせる約定がライセンス契約に含まれていたとすれば，そのような約定は特段の理由がない限り，無効であろう[85]（前記第3の3（93頁）参照）。例えば，日本特許を含めた複数の国の対応

---

84 *Lear, Inc. v. Adkins*, 395 U.S. 653 (1969).

85 例えば，ライセンシーの責めに帰すべき事由によって許諾ノウハウが公知になった場合が考えられよう。

117

第2章　産業技術ライセンス契約

特許が一括してライセンスされた場合に，日本特許が無効となり，他国の特許は無効とならなかったという場合，特許が有効な国において生産された許諾製品が日本に輸入されて流通しているのであれば別論（第2節第7コラム3（57頁）参照），日本で生産されたものが日本で販売されているのであれば，特段の理由がない限り，日本での売上についてライセンシーがロイヤルティの支払義務を負う理由はないものと考えられる。

2　許諾技術がパブリックドメインとなる前に支払われたライセンス料の取扱い

　では，許諾特許が無効となった場合，ライセンシーはライセンサーに対し，以前に支払ったライセンス料を不当利得として返還請求できるであろうか。

　許諾された権利が無効となってもライセンサーは既に支払を受けたライセンス料を返還する義務を負わない旨の特約（不返還特約）の有効性を認めた裁判例はあるものの，[86]そのような特約がない場合における不当利得返還請求の可否について正面から取り扱った日本の裁判例は見当たらない。特許無効審決に遡及効が認められる[87]とはいえ，ライセンシーは，許諾特許が無効となるまでの間，応訴の負担なしに当該発明を実施することができ，その限りで実際上の利益を得ていたのであるから，ライセンス契約がライセンサーの詐欺を理由に取り消され又はライセンシーの錯誤によって無効と判断されるような例外的な場合は別論，[88]原則として，その間支払われたライセンス料が不当利得となるというのは不合理と思われる。さもなくば，ライセンシーは有効性に疑義のある特許について，差止めのリスクを避けるために，とりあえずライセンスの許諾を受け，特許期間が満了した後に特許の有効性を争って過去に支払ったロイヤルティが不当利得であるとしてその返還を請求するこ

86　東京地裁昭和57年11月29日判決・判時1070号94頁，東京地裁平成20年8月28日判決・判時2044号134頁。

87　特許法125条。

88　注86の東京地裁平成20年8月28日判決・判時2044号134頁は，許諾製品が許諾特許発明の技術的範囲に属しないのにこれに属するとライセンシーが信じたことについて要素

とができるという不当な結論を導くことになる。

　前記第3の3（93頁）に述べたように，米国においては，1964年の
Brulotte事件連邦最高裁判決[89]，2015年のKimble事件連邦最高裁判決[90]を通
じ，特許期間満了後にライセンシーにロイヤルティの支払義務を課す約定
は，特許期間中のロイヤルティの延べ払いをする場合等の特段の事情がない
限り，特許期間満了後は発明をパブリックドメインとする特許法の趣旨に反
し，権利行使不能（無効）とされている。また，前記1969年のLear事件
連邦最高裁判決は，ライセンシーは許諾特許が無効とされればロイヤルティ
の支払義務を免れる旨判示している。これらの判決は，パブリックドメイン
に帰した発明の実施に対して対価を得ることを否定するものである。これに
対し，特許が無効となる前に，すなわち当該発明がパブリックドメインに帰
すことが明らかになっていない状況において支払われたロイヤルティについ
て，特許が無効となった後にライセンシーが返還請求することができるか否
かという問題は，パブリックドメインに帰した後の発明の実施に対する対価
請求を認めるか否かという問題とは利益状況が異なり，これら二つの問題は
切り離して考えることができる。米国においては，ライセンス契約において
許諾特許が無効となった場合の取扱いについて明示的に定めていない場合で
あっても，ライセンシーは許諾特許が無効とされた後，既に支払ったロイヤ
ルティの返還を請求することができないというルールが裁判例によって確立
している[91]。

　の錯誤があると認定し，ライセンシーの錯誤無効の主張を認めた。もっとも，その控訴審
　である知財高裁平成21年1月28日判決・判時2044号130頁は，要素の錯誤があること
　を否定し，さらにライセンシーに重過失があるとして，ライセンシーの錯誤無効の主張を
　退けている。少なくとも事業者間のライセンス契約においては，許諾特許発明の技術的範
　囲や許諾特許の有効性に関する事実誤認を理由とする錯誤無効の主張がライセンシーに認
　められる可能性は一般に低いのではないかと思われる。

89　*Brulotte v. Thys Co.*, 379 U.S. 29 (1964).

90　*Kimble v. Marvel Entertainment, LLC*, 576 U.S. ＿ (2015).

91　*Troxel Manufacturing Co. v. Schwinn Bicycle Co.*, 465 F.2d 1253 (6th Cir. 1972);
　　Bristol Locknut Co. v. SPS Technologies, Inc., 677 F.2d 1277 (9th Cir. 1982).

このように米国では，一般に，許諾特許が無効になった後にライセンシーがライセンサーに対して既払いのロイヤルティの返還を請求することはできないと解されているが，上記のとおり，日本にはこの点について判示した裁判例が見当たらない。したがって，ライセンサーとしては，安全のため，この旨ライセンス契約上明示的に定めておくのが賢明である。

3　ライセンス料の構成に関するライセンサーとライセンシーの利害対立

以上より，ライセンス契約の締結後，許諾特許が無効となった場合，ライセンシーは以降のライセンス料の支払義務を免れるが，少なくともライセンス料の払戻不能がライセンス契約上明示的に定められている限り，一旦支払ったライセンス料の返還をライセンサーに請求することはできない。したがって，ライセンシーの立場からすれば，許諾特許が後日無効となる可能性を視野に入れ，できる限りライセンス対価のうち継続的に支払うロイヤルティ部分を大きくし，契約当初に支払う一時金部分を小さくしたいところである。他方，ライセンサーの立場からすれば，この逆となる。

4　不争義務について

関連する問題として，ライセンシーが許諾特許の有効性を争うことをライセンス契約上禁止することができるかという問題がある。そのような禁止義務を一般に不争義務というが，公正取引委員会の「知的財産の利用に関する独占禁止法上の指針」は，ライセンサーがライセンシーに対して不争義務を課す行為は，円滑な技術取引を通じて競争の促進に資する面が認められる上，直接的に競争を減殺するおそれは小さいものの，他方で，無効とされるべき権利が存続し，当該権利に係る技術の利用が制限されることから，公正競争阻害性を有するものとして不公正な取引方法に該当する場合もあるとしている（同指針第4，4(7)）。したがって，少なくとも日本においては，ライセンシーに不争義務を課すライセンス契約上の定めは無効と判断される可

能性がある。なお，同指針上，ライセンシーが許諾特許の有効性を争った場合にライセンサーがライセンス契約を解除できる旨の約定は，原則として不公正な取引方法に該当しないとされている。この点は第9節第3の1（176頁）において後述する。

5　ノウハウがパブリックドメインに帰した場合の取扱い

　以上は特許が無効となった場合の取扱いであるが，ではライセンス契約において許諾されたノウハウが後日何らかの理由によって公知となった場合についてはどうか。

　この場合，許諾ノウハウはパブリックドメインに帰するから，ライセンシーの責めに帰すべき事由によって公知になったというような特段の理由がない限り，許諾特許が無効となった場合と同様，当該ノウハウの実施について，ライセンシーはもはやライセンス料を支払う義務を負わないものと考えられる。

　ノウハウが公知となったとしても，公知化の効力が遡及するわけではない。公知となる以前，当該ノウハウはパブリックドメインではなく，ライセンシーはそれをライセンサーの許諾を受けて利用していたわけであるから，その時に支払っていたライセンス料を不当利得として取り扱うべき理由がないことは明らかである。

　92　なお，米国においては，確認訴訟提起の要件である「現実の争訟性」との関係において，そもそも特許ライセンシーがライセンス契約を維持したまま許諾特許の無効等について確認訴訟を提起することができるのかという問題が従来論点となっていたが，2007年のMedImmune事件連邦最高裁判決（*MedImmune, Inc. v. Genentech, Inc.*, 127 S. Ct. 764 (2007).）は，特許ライセンシーは，ライセンス契約を解約又は破棄することなく，許諾特許の無効，権利行使不能又は非侵害についての確認訴訟を提起することができると判示した。同判決において，連邦最高裁は，不争条項が有効である可能性を示唆している。

第2章　産業技術ライセンス契約

コラム **10**　特許侵害訴訟において被告が損害金を支払った後，当該特許が無効
となった場合，被告が原告に支払った損害金はどう扱われるのか？

　許諾特許が無効となった場合に既払いのライセンス料がどう扱われるかという問題と類似の問題として，特許侵害訴訟において被告が敗訴判決を受け，特許権者である原告にライセンス料相当額の損害金を支払った後，当該特許を無効とする特許庁の審決が確定した場合に被告が原告に支払った損害金はどうなるのか，という問題がある。

　この点，平成23年特許法改正以前であれば，被告は再審によって特許侵害訴訟の確定判決を覆した上，支払った損害金を不当利得として原告に返還請求することが可能であった。ところが，特許侵害訴訟の紛争解決機能の強化等を目的として，平成23年特許法改正により特許法104条の4が新設され，特許侵害訴訟の判決が確定した後に当該特許を無効とする審決が確定した場合であっても，被告は無効審決の確定という事実を再審事由として主張することができなくなった。これにより，確定判決による特許侵害を理由とする損害賠償金は，後に特許の無効が確定したとしても返還を要しないこととなった。

第5節 ライセンシーによる許諾技術の実施

通常，産業技術のライセンシーは，当該技術を用いて事業収益を上げるためにライセンスを受けるのであり，当然，自らの利益のために必要な営業努力を行うこととなる。

他方，ライセンス対価の全部又は一部がランニング・ロイヤルティ（従量払い）である場合，ライセンシーによる対象技術を用いた事業売上がライセンスの対価額に直結するから，ライセンサーにとってもライセンシーによる許諾技術の活用は重大な関心事となる。特に独占ライセンスの場合は，専ら当該ライセンシーのみが対象技術の事業化を行うことになるからなおさらである。

そこで，特に独占ライセンスの場合，ライセンサーの収益を確保するための一定のメカニズムを契約上設けるのが通例である。その一般的な方法としては，ライセンシーに一定の実施努力義務を課す，実際の売上いかんにかかわらず最低限支払われるべきロイヤルティ（最低ロイヤルティ）を定める，ライセンシーが所期の売上を達成できない場合にライセンスを独占ライセンスから非独占ライセンスに転換する権利や契約自体の解約権をライセンサーに付与する，といった方法がある。最低ロイヤルティについては第4節第5（104頁）で既に述べ，また，ライセンサーの解約権については第9節第3（176頁）において後述する。本節ではこれら以外のライセンサーの収益を確保するための定めについて述べる。

123

第2章　産業技術ライセンス契約

第1　ライセンシーの実施努力義務

【条項例】

5.1 Commercially Reasonable Efforts

Licensee shall use commercially reasonable efforts to achieve the target of Net Sales equal to or more than Fifty Million U.S. Dollars ($50,000,000) in the Licensed Territory per year (such target is referred to as the "Sales Target") in the fifth (5th) and subsequent calendar years after the First Commercial Sale of the Licensed Product in the Licensed Territory.

■ 和　訳────────────────────────

第5.1条　商業上の合理的努力

ライセンシーは，本許諾地域における本実施製品の最初の商業的販売後，5年目以降の暦年において，本許諾地域において年間5000万米ドル（$50,000,000）以上の正味売上の目標（かかる目標を「本販売目標」という。）を達成するよう商業上の合理的努力を尽くさなければならない。

　特に独占ライセンスの場合，ライセンサーのロイヤルティ収入確保の手段として，最低ロイヤルティの定めのほか，ライセンサーによる非独占ライセンスへの転換権や解約権を定めるといった方法が考えられるが，実務上は，そのような直截的な手段の前提又はバックアップとして，例えば上記条項例のような形で，許諾技術を実施する努力義務をライセンシーに課すのが一般的である。

　かかる義務は努力義務であるため，本来的に義務の範囲・内容が不明確となりがちであり，いかなる行為（不作為）が義務違反を構成するのか明らかでないことも多い。ライセンサーからすれば，これを単なる精神的規定に終わらせず，執行の余地を残すため，できる限り具体的な努力目標を定めるこ

124

第5節　ライセンシーによる許諾技術の実施

とが望ましい。ライセンシーによるこの義務違反の救済方法として，ライセンサーの解約権を定めることも考えられる（第9節第3の5（181頁）参照）。

　他方，このような定めがあれば，ライセンシーは，任意解約権を有しない限り，許諾技術の事業化に向けた合理的努力義務を契約が満了するまでの期間負い続け，自らの判断により途中で任意に事業化を断念することができなくなる。したがって，努力義務とはいえ，このような条項も実際上大きな負担となり得ることをライセンシーは留意すべきである。

第2　非独占ライセンスへの転換権

【条項例】

5.2 Conversion to Non-Exclusive License

Notwithstanding anything to the contrary contained herein, in the event that Licensee fails to achieve the Sales Target in the fifth (5th) or a subsequent calendar year after the First Commercial Sale of the Covered Product in the Licensed Territory, Licensor shall have the option in its sole discretion to convert the exclusive license granted to Licensee under Section 2.1 into a non-exclusive license within the entire Licensed Territory or any portion of thereof effective upon written notice to Licensee.

■ 和　訳

第5.2条　非独占ライセンスへの転換

本契約における別段の定めにかかわらず，ライセンシーが本許諾地域における本実施製品の最初の商業的販売後，5年後以降の暦年において本販売目標を達成しなかった場合，ライセンサーは，その単独の裁量により，ライセンシーに対する書面による通知をもって，第2.1条に基づきライセンシーに許諾された独占ライセンスを本許諾地域の全部又は一部における非独占ライセンスに転換する権利を取得するものとする。

125

最低ロイヤルティの定めは，ライセンサーのロイヤルティ収入確保の手段として簡便であるが，当事者の交渉力やロイヤルティとは別個に定められる固定額の一時金の金額いかんによっては，その定めを入れることが困難な場合もあるし，その定めがあっても，その金額がライセンサーの利益保護に十分でない場合もあろう。そこで，ライセンサーのロイヤルティ収入確保の利益を保護するための次善策又はバックアップ策として，ライセンサーが独占ライセンスの拘束から免れる手段を契約上定めるという方法が考えられる。

その一つの方法は，ライセンシーの売上目標の未達等をライセンサーによるライセンス契約の解約事由として定めることであるが，これについては第9節第3の4（180頁）において別途触れる。

いま一つの方法は，上記条項例のような形で，ライセンシーの売上目標の未達等，一定の条件を満たした場合に，一方的意思によって独占ライセンスを非独占ライセンスに転換することのできる権利をライセンサーに付与することである。ライセンサーは，かかる転換権を行使することにより，独占ライセンスの拘束を免れ，許諾技術のライセンスをライセンシー以外の第三者に許諾し又は自ら許諾技術を実施してその事業化を行うことが可能となる。

第3　ライセンシーによる競争品取扱禁止義務

【 条 項 例 】

5.3 Non-Compete

Licensee will not, by itself or with any Affiliate or Third Party, commercialize any Competing Product anywhere in the Licensed Territory, unless Licensee's exclusive license under Section 2.1 is converted to a non-exclusive license pursuant to Section 5.2.

第5節　ライセンシーによる許諾技術の実施

■和　訳

第5.3条　競業避止

ライセンシーは，第2.1条に基づくライセンシーの独占ライセンスが第5.2条に従って非独占ライセンスに転換されない限り，自ら又は関係会社若しくは第三者をして，本許諾地域において競合製品を商品化してはならない。

　許諾製品と市場で競合し得る製品をライセンシーが別途製造販売すれば，許諾製品の売上が伸び悩む可能性が高い。そこで，独占ライセンスの場合，ライセンサーのロイヤルティ収入確保を目的として，そのような競合製品をライセンシーが取り扱うことを禁ずる競争品取扱禁止義務をライセンシーに課す例も多く見られる。

　かかる競争品取扱禁止義務は，ライセンサーのロイヤルティ収入確保という点において，前記第1（124頁）で述べた合理的実施（努力）義務と共通の趣旨を有するが，より具体的かつ制限的な義務であり，実施努力義務から当然に導かれる義務ではない。そのため，ライセンシーが競合製品の取扱いをすることを禁止したいのであれば，ライセンサーとしては，実施努力義務とは別個に競争品取扱禁止義務を規定する必要がある。

　ただし，かかる義務は，ライセンシーによる技術の効率的な利用や円滑な技術取引を妨げ，競争者の取引の機会を排除する効果を持つという側面があるので，公正競争阻害性を有する場合には，独占禁止法上の不公正な取引方法（一般指定第2項，第11項，第12項）に該当すること（公正取引委員会「知的財産の利用に関する独占禁止法上の指針」の第4，4(4)）に留意する必要がある。

第2章　産業技術ライセンス契約

第6節
知的財産権の取扱い

　本節では，ライセンスに関連する知的財産権の取扱いについて定める典型的な条項，具体的には，①ライセンス対象の知的財産権の管理，②ライセンス対象の知的財産権を侵害する第三者に対する対応，③第三者の知的財産権の侵害に関する取扱い，並びに④ライセンス契約の有効期間中に開発された改良技術の帰属及び許諾を定める条項について概説する。

第1　ライセンス対象の権利の維持管理

1　許諾特許の維持管理

【条項例】

6.1 Prosecution and Maintenance of Licensed Technology

(a)　As between the Parties, Licensor shall be solely responsible for the filing, prosecution and maintenance of all Licensed Patents; provided, however, that if Licensor determines to abandon any Licensed Patent, Licensor shall, at least sixty (60) days in advance of any relevant deadline, notify Licensee of its determination in writing. Upon receipt of such notice, Licensee may, or may allow a Third Party to, file, prosecute and maintain such Licensed Patent.

(b)　Licensor shall have the obligation to control, at its own expense, the defense of Challenge against any Licensed Patent. Licensee shall, at Licensor's expense, take such actions as shall be reasonably necessary for Licensor to defend such Challenge against any Licensed Patent.

128

第6節　知的財産権の取扱い

■ 和　訳

第6.1条　許諾技術の取得及び維持

(a)　当事者間においては，ライセンサーが全ての本許諾特許の出願，審査手続及び維持について単独で責任を負う。ただし，ライセンサーが本許諾特許の放棄を決定した場合，ライセンサーは，少なくとも関連する期限の60日以上前に，書面をもってその決定をライセンシーに通知しなければならない。ライセンシーは，そのような通知を受領した場合，自ら又は第三者により，当該許諾特許を出願し，審査手続を進め又は維持することができる。

(b)　ライセンサーは，自らの費用により，本許諾特許に対する無効主張に対する防御を管理する義務を負う。ライセンシーは，ライセンサーの費用により，ライセンサーがそのような本許諾特許に対する無効主張に対する防御を行うために合理的に必要な措置を講ずるものとする。

　特許を取得するには，まず権利化のための出願をしなければならず，また特許の設定及び維持には特許料（いわゆる年金）の支払が必要となる。さらに，設定登録を受けた特許について第三者から無効審判の請求や異議の申立てがなされれば，権利維持のためにその防衛をしなければならない。そこで，特許ライセンス契約においては，ライセンス対象の特許について，以上のような権利の設定と維持のための手続及び費用の負担を誰が負うのかを定めることが通例である。

　許諾特許の有効な存在は特許ライセンス契約の基本的な前提条件であり，ライセンサーはこの前提条件の下にライセンス料の支払を受けるわけであるから，許諾特許の設定登録と維持のための手続と費用は，上記条項例のように，ライセンサーが負担するのが一般的である。

　この場合，例えばライセンサーが年金の支払を怠ったために特許権が消滅すれば，ライセンシーは理論上，特許維持義務の違反を理由にライセンサーに損害賠償を請求する余地がある[93]。特許権が消滅し，対象の発明がパブリッ

93　東京地裁平成22年3月31日判決・裁判所ウェブサイトは，特許権の通常実施権契約の

129

第2章　産業技術ライセンス契約

クドメインになれば，ライセンシーは以後，その発明の実施のためにロイヤルティを支払う必要はなくなるであろうが，他方で，特許障壁が取り払われることによって競業者が関連市場に参入し，価格競争によって事業収益が減少する等の損害を受ける可能性があるからである。もっとも，実際上，裁判で実際の損害を填補するに足りる損害賠償が認められる保証はなく，また弁護士費用等，裁判のための費用を考慮すると必ずしも損害賠償請求権は十分な被害救済とはならない。そこで，ライセンシー保護のために，上記条項例のような形で，ライセンサーが許諾対象の特許や特許出願を放棄する場合には事前にライセンシーに通知しなければならず，この場合，ライセンシーがライセンサーに代わってこれらを維持するための手続を行うことができる旨定める例が実務上多く見られる。

　もっとも，特許料の納付については，特許法110条1項が「利害関係人その他の特許料を納付すべき者以外の者は，納付すべき者の意に反しても，特許料を納付することができる。」と定めているから，ライセンシーが特許料を代位弁済することができる旨ライセンス契約に規定されていなくても，ライセンシーはライセンサーが特許料の支払を怠っていることを知れば，ライセンサーに代わって特許料を支払うことにより，特許権を維持することが可能である。

　許諾特許の維持には，許諾特許に対する第三者による無効審判請求や異議の申立てに対する防御も含まれるが，ライセンサーがその防御をするためにライセンシーが協力を要する場合も考えられる。例えば，我が国の特許法127条[94]は，特許権者が特許の訂正審判請求に当たりライセンシーの承諾を要求している。そこで，ライセンサーとしては，許諾特許の有効性の争いにつ

　ライセンサーが特許料の納付を怠ったことにより許諾対象の特許権が消滅したという事案において，本件特許権を有効に存続，維持すべき義務をライセンサーが違反したことを理由に，当該特許を表示した商品の廃棄や回収等の費用，逸失利益等の損害についてライセンシーのライセンサーに対する賠償請求を認容している。

94　特許法120条の5第9項，134条の2第9項により，特許異議申立て及び特許無効審判における訂正請求の場合についても準用されている。

130

第6節　知的財産権の取扱い

いてライセンシーの協力義務を定めておく実益がある。

2　許諾ノウハウの秘密性の維持管理

【 条 項 例 】

6.1 Prosecution and Maintenance of Licensed Technology

(c) Licensor shall use a reasonable degree of care to prevent the
Licensed Know-How from becoming publicly known, and shall not
disclose the Licensed Know-How to any Third Party without the
prior written consent of Licensee.

■ 和　訳
第 6.1 条　許諾技術の取得及び維持
(c) ライセンサーは，本許諾ノウハウが公知となることを防止するため
に合理的な注意義務を尽くし，ライセンシーの書面による事前の同意
なく，第三者に本許諾ノウハウを開示しないものとする。

　許諾技術にノウハウが含まれる場合，それが公知となって営業秘密性を喪
失すればパブリックドメインに帰すのであり，もはやライセンシーは対価を
支払ってそのライセンスを維持する経済合理性を失う。そこで，このような
場合，許諾ノウハウの秘密性を保持する義務又はその注意義務をライセン
サーに課すことが考えられる。

　ただ，そのような義務を課しただけでは，ライセンサーが第三者に当該ノ
ウハウの使用を許諾し，又は秘密保持契約に基づいて第三者に許諾ノウハウ
を開示することが当然に禁止されるものではない。また，ノウハウについて
独占ライセンスが許諾される場合であっても，許諾範囲が地域や実施分野等
において制限されていれば，ライセンサーがその範囲外において第三者に当
該ノウハウを開示することは当然には禁止されない。他方，情報の性質上，
ノウハウは一旦どこかで漏洩すれば法域を問わずその非公知性は失われよ
う。そこで，特にノウハウについて独占ライセンスが許諾される場合には，

131

第2章　産業技術ライセンス契約

その独占ライセンスが地域や実施分野等において制限的なものであっても，上記条項例のように，ライセンシーの許諾なく第三者に許諾ノウハウを開示してはならないとの非開示義務をライセンサーに課すことも考えられる。

第2　ライセンス対象の権利を侵害する第三者に対する対応

【 条 項 例 】

6.2 Enforcement of Rights

(a) Each Party shall promptly notify the other Party in writing of any alleged or threatened infringement or misappropriation of any Licensed Technology with respect to any Licensed Products in the Licensed Territory, of which it becomes aware. The notifying Party will supply documentation of the infringing activities that are in its possession to the other Party.

(b) Licensor shall have the sole right, but not the obligation, to bring and control any action or proceeding with respect to any infringement or misappropriation of the Licensed Technology, at its own expense and by counsel of its own choice. Licensee shall, at Licensor's expense, execute all necessary and proper documents, take such actions as shall be appropriate to allow Licensor to institute, prosecute, and control such infringement or misappropriation actions, and otherwise cooperate in the institution and prosecution of such actions (including, without limitation, consenting to being named as a nominal party thereto). Any damages or other monetary awards recovered (whether by way of settlement or otherwise) shall be retained by Licensor.

(c) If Licensor does not bring any action within six (6) months of becoming aware of an infringement, then, Licensee may bring action at its own expense and retain any monetary awards recovered.

第6節　知的財産権の取扱い

■ 和　訳────────────────────────────

第6.2条　権利の行使

(a)　各当事者は，本許諾地域において何らかの本許諾製品について本許諾技術が侵害され又はこれが不正使用されている疑い又はおそれを認識したならば，速やかに書面をもって他方当事者に通知しなければならない。通知当事者は，その保有する当該侵害行為に関する文書を他方当事者に提供する。

(b)　ライセンサーは，自己の費用により，自身で選択する弁護士をもって，本許諾技術の侵害又は不正使用に関する訴訟又は手続を提起し，管理する単独の権利を有するが，その義務は負わない。ライセンシーは，ライセンサーの費用により，ライセンサーがそのような侵害又は不正使用の訴訟を開始し，追行し，管理することが可能となるために必要かつ適当な一切の文書を作成しかつ適切な措置を講じ，またそのような訴訟の開始と維持についてその他の協力（名目上の当事者として手続上表記されることについての同意を含むがこれに限られない。）を行うものとする。一切の損害金その他の認容賠償金は（和解又はその他によるものか否かを問わず）ライセンサーが保持するものとする。

(c)　ライセンサーが侵害を認識してから6か月以内に何らの訴訟も提起しない場合，ライセンシーは，自己の費用において訴訟を提起し，認容賠償金を保持することができる。

　　第三者がライセンス対象の特許を侵害している場合，これについてどう対処するかということもライセンス契約において定める典型的事項の一つであるが，この点は，ライセンスが独占的なものか否かによって大きく建付けが異なることになる。

1　非独占ライセンスの場合

　　特許の非独占ライセンスは，当該特許の権利行使をさせないという不作為請求権たる性質を有する。つまり，ライセンシーはライセンサーから特許侵

133

第2章　産業技術ライセンス契約

害クレームを受けることのない地位を取得したにすぎないのであり，第三者が当該特許を侵害するか否かについてライセンシーは直接の利害関係を有しない。そこで，許諾特許を侵害する第三者への権利行使についてはライセンサーが権限と裁量を有するのが原則である。

2　独占ライセンスの場合

　これに対し，独占ライセンスの場合，ライセンサーは，ライセンシーに対し，当該特許の権利行使をしないという不作為義務だけではなく，所定の範囲において，当該特許発明を自ら実施せず，またライセンシー以外の第三者に対し同一特許をライセンスしないという不作為義務を負う。ライセンスの独占性の趣旨をさらに推し進めれば，当該特許発明をライセンシーが独占的に実施するために必要な措置を講ずる作為義務を特許権者であるライセンサーに課すことが考えられる。第2節第2の2（40頁）に述べたとおり，特に日本特許の場合，独占的通常実施権者には，侵害者に対する損害賠償請求権は認められるものの，固有の差止請求権は認められておらず，許諾特許の侵害製品を自ら排除する権利が保障されていない。そこで，ライセンシーとしては，ライセンス契約上，第三者の侵害行為を排除する義務（侵害排除義務）をライセンサーに課すことが望ましい[95]。ライセンサーの侵害排除義務を契約上明示的に定めれば，ライセンサーがこの義務を履行しない場合，ライセンシーがライセンサーに代位して侵害者に対して差止請求することも認められよう[96]。

　別の方法として，ライセンサーが一定期間内に第三者に対する訴えの提起をしなければライセンシーが当該第三者に対する訴権を取得する旨定め，又

95　日本のように独占ライセンシー（独占的通常実施権者）に侵害者に対する差止請求権が認められない特許の独占ライセンスの場合，事情によっては，契約上明示的な定めがなくとも，当該特許発明をライセンシーが独占的に実施するために必要な措置として，第三者の侵害行為に対する差止請求義務をライセンサーが負うと解釈する余地もあろうが，この点契約上明示するに越したことはない。

96　中山信弘『特許法〔第4版〕』（弘文堂，2019）550～551頁。

134

第6節　知的財産権の取扱い

は，第三者による侵害については当初よりライセンシーがこれに対する訴権を有する旨定めることも考えられるが，上記のとおり，日本では，特許の独占的通常実施権者は，専用実施権者と異なり，侵害者に対する固有の差止請求権が認められない。そこで，日本特許のライセンスの場合は，ライセンシーが第三者に対する訴権を取得する旨定めるだけでは足りず，ライセンサーがライセンシーに対して専用実施権の登録義務を負う旨定める必要があろう。

　次に，第三者の侵害行為を排除した結果，当該第三者から損害賠償金が支払われた場合に誰がそれを保持するかという問題がある。そのような損害賠償は，第一次的には，第三者が特許を侵害したことによって生じるものであるから特許権者であるライセンサーがそれを保持すべきようにも思えるが，他方で，当該特許がライセンシーに独占的にライセンスされているのであれば，第三者の特許侵害によって実質的な損害を被ったのはライセンシーということになる。そこで，許諾特許の侵害に関して第三者から得られた損害金の帰属については，それが後日争いとならないようにライセンス契約上あらかじめ定めておくべきであろう。損害金の合理的な分配方法としては，訴訟費用を投じて侵害者に対して実際に法的措置を採った当事者がそれによって得られた損害賠償金を保持するという定めや，当事者双方の費用負担によって侵害を排除する場合には，得られた損害金から訴訟費用を控除した残額（利得分）を約定の実施料率に応じてライセンサーとライセンシーで分配するという定めなどが考えられよう。上記条項例では前者の定めが採用されている。

コラム11　ハッチ・ワックスマン訴訟（ANDA訴訟）とはいかなる訴訟か？

　医薬品分野においては，ハッチ・ワックスマン訴訟（ANDA訴訟）という米国における訴訟類型がある。これは，先行品であるオリジナルブランドの医薬品と同一の化合物・効能を有する後発品（ジェネリック医薬品）をジェネリックメーカーが簡略新薬承認申請（「Abbreviated New Drug

第2章　産業技術ライセンス契約

Application」。その頭文字を取って一般に「ANDA」と呼ばれる。）を行う
に際して，当該後発品が先行品に係る特許を侵害しない又は当該特許は無効
である旨申告した場合に，特許権者又はそのライセンシーである先行品メー
カーが後発品メーカーであるジェネリックメーカーに対して提起する訴訟で
ある。

　米国特許法上，ハッチ・ワックスマン訴訟は侵害訴訟に位置付けられる。
したがって，上述のライセンス対象の権利を第三者が侵害する場合に該当
し，その訴権と費用負担は，通常，ライセンス契約中の許諾特許を第三者が
侵害する場合の定めに従って取り扱われることになる。

　他方，ハッチ・ワックスマン訴訟が提起されると後発品メーカーはその防
御のために米国特許商標庁に Inter Partes Review（IPR）（当事者系レ
ビュー）の申立てを行い，当該特許の有効性を争うのが通例である。この場
合は，特段の定めがない限り，上述の許諾特許の維持管理の規定に従って取
り扱われる。

　そのため，特段の定めがなければ，ハッチ・ワックスマン訴訟はライセン
シーの費用負担によって追行される一方，IPR やその上訴手続の対応につい
てはライセンサーの費用負担によって行われるという事態となることに留意
すべきである。

第3　第三者知的財産権の侵害についての取扱い

【条項例】

6.3 Third Party Infringement Claims

Each Party shall promptly notify the other Party in writing of any
allegation by a Third Party that the Exploitation of the Licensed
Products in the Field of Use in the Licensed Territory pursuant to
this Agreement infringes, misappropriates or may infringe or
misappropriate such Third Party's Patents or other Intellectual
Property Rights.　Each Party shall, at its own responsibility and

136

第6節　知的財産権の取扱い

expense, defend any suits, actions or claims brought against it by a Third Party alleging infringement or misappropriation of such Third Party's Patents or other Intellectual Property Rights by the Exploitation of any Licensed Product in the Field of Use in the Licensed Territory pursuant to this Agreement. Each Party shall, at the other Party's expense, take such actions as shall be reasonably necessary for the other Party to defend such Third Party's infringement or misappropriation suits, actions or claims.

■ 和　訳
第6.3条　第三者の侵害主張
各当事者は，第三者から，本契約に従った本許諾地域における本実施分野での本許諾製品の利活用が当該第三者の特許又はその他の知的財産権を侵害若しくは不正使用し又はその可能性があると主張された場合，他方当事者に対し速やかに書面をもって通知するものとする。各当事者は，本契約に従った本許諾地域における本実施分野での本許諾製品の利活用が第三者の特許又はその他の知的財産権を侵害し又は不正使用するとの主張に基づき第三者によって各当事者に対して提起される訴訟，手続又は請求に対して，各自の責任と費用をもって防御を行うものとする。各当事者は，他方当事者の費用により，他方当事者がそのような第三者による侵害又は不正使用の訴訟，手続又は請求に対する防御を行うために合理的に必要な措置を講ずるものとする。

　ライセンシーがライセンスされた技術（特許発明）に基づいて製品を開発し，それを製造販売する場合に，第三者が当該製品は同人の有する特許を侵害すると主張して，ライセンシーに訴えを提起してきた場合の取扱いなど，特許ライセンス契約において第三者の知的財産権の侵害に関する取扱いを定めることもしばしば見られる。

　この点，第7節（146頁）において後述するとおり，特許ライセンスにおけるライセンサーの本質的な義務は許諾特許について権利行使しないという不作為義務にすぎず，対象の特許発明を適法に実施させるという作為義務で

第2章　産業技術ライセンス契約

はないから，通常，ライセンサーがライセンシーに対して許諾技術の実施が
第三者の知的財産権を侵害しないことを保証することはない。したがって，
ライセンシーが製造又は販売する製品について第三者から特許侵害のクレー
ムがあった場合，ライセンシーが自己の責任と費用をもってこれに対応する
のが原則であり，ライセンサーはせいぜい第三者からのクレームに関する情
報提供や，ライセンシーの応訴のためのサポートをする義務を負うにとどま
るのが通例である。

第4　改良技術の帰属及び許諾

【 条 項 例 】

6.4 Improved Inventions by Licensee

(a) As between the Parties, Licensee shall solely own all rights and
interests in and to any inventions conceived or reduced to practice
by or on behalf of Licensee (or its Affiliates or Subcontractors, or its
or their respective directors, officers, employees, or agents) in
connection with the rights granted or activities being conducted
pursuant to this Agreement alone or together with Third Parties
("Licensee Improvement Inventions").

(b) Licensee hereby grants to Licensor a worldwide, perpetual,
irrevocable, royalty-free, non-exclusive, sublicensable (including
through multiple tiers) right and license to practice the Licensee
Improved Inventions and any Intellectual Property Rights Covering
such inventions for any and all purposes in the Field of Use.

(c) Licensee shall, promptly upon creation, disclose in writing and
make available to Licensor all Licensee Improvement Inventions,
whether patentable or not.

138

第6節　知的財産権の取扱い

■ 和　訳

第6.4条　ライセンシーによる改良発明

(a) 当事者間においては，本契約に従って与えられた権利又は行われた活動に関連して，単独で又は第三者と共に，ライセンシー（又はその関係会社若しくは下請人若しくはそれらの各取締役，役員，従業員若しくは代理人）によって又はこれを代理して想到され又は実施化された発明（「ライセンシー改良発明」）の全ての権利及び利益は，ライセンシーがこれを専有するものとする。

(b) ライセンシーは，本契約により，ライセンサーに対し，ライセンシー改良発明及び当該発明をカバーする知的財産権を本実施分野における一切の目的において実施する全世界における，永久，取消不能，無償，非独占，サブライセンス可能（多層的再実施を含む。）な権利及びライセンスを許諾する。

(c) ライセンシーは，特許性を有するか否かを問わず，全てのライセンシー改良発明をその創作から直ちに書面をもってライセンサーに開示し，利用可能とさせる。

　特許ライセンスの典型例の一つは，ライセンシーがライセンスされた特許発明（技術）に基づいて製品を開発し，それを製造販売するというビジネスモデルであるが，そのような場合，ライセンシーがその製品開発行為の中で，ライセンスされた技術の改良技術を開発するということがしばしば見られる。そこで，ライセンシーによる改良技術の開発があらかじめ想定される取引類型においては，ライセンス契約において，ライセンシーによる改良技術に関するライセンサーとライセンシーとの権利義務関係を規定する例が多い。ここでは，そのようなライセンシーによる改良技術の権利関係に関する条項について概説する。

　なお，ライセンサーによって開発される改良技術の取扱いも問題となるが，これは基本的にライセンスの許諾範囲の問題であり，ライセンス条項で定められるのが一般的である。

139

第2章　産業技術ライセンス契約

1　改良技術に関する権利関係の定め方

　実務上，ライセンシーに対し，ライセンシーが開発した改良技術に係る権利をライセンサーに譲渡する義務を課す条項を「assign-back clause（アサインバック条項）」，改良技術に関する権利のライセンスを許諾する義務を課す条項を「grant-back clause（グラントバック条項）」という。

　一般に，ライセンサーとしては，ライセンシーによって開発された改良技術についてできるだけ広い範囲で権利を取得することを望むはずである。特に，非独占ライセンスの場合や，独占ライセンスであってもライセンスの地理的範囲が限定され，ライセンサー自身も当該技術に基づく製品やサービスを提供する事業を営んでいる場合には，そのような要求が強く働く。他方，ライセンシーとしては当然これをできるだけ狭い範囲に絞りたいと望むであろう。そのため，改良技術の権利関係を定める条項は，ライセンス条項と同様に，ライセンサーとライセンシーの利害が鋭く対立し，その範囲や内容について緻密な定めをする例が少なくない。

　改良技術の権利関係については，まず，アサインバックやグラントバックの対象となる改良技術の範囲をどのように特定するのかが問題となる。これをできる限り広げたいと考えるライセンサーの立場からすれば，例えば，ライセンシーにライセンスされる技術に関連する技術又はこれを利用して開発される技術は全て改良技術に含まれるとしたいところであろう。他方，これをできる限り狭めたいと考えるライセンシーの立場からすれば，例えば，ライセンシーにライセンスされる技術に基づいて開発される技術のうち，特定の分野に実施されるものに限定したり，あるいはライセンシーに独占ライセンスが許諾されている地理的範囲外の国の権利のみを対象としたいと考えるであろう。次の例は，ライセンサーに有利な形で，ライセンシーにライセンスされる特許発明と利用関係に立つ発明を広く改良発明に含めた場合の例である。

　"Improvement Invention" means an invention conceived or reduced to

第6節　知的財産権の取扱い

practice by Licensee alone or together with Licensor or Third Parties
the practice of which, at the time the invention is made, is Covered by
any claim of the Licensed Patents.

「改良発明」とは，ライセンシーが単独で又はライセンサー若しくは第
三者と共同で着想又は実施化した発明のうち，当該発明がなされた時点
においてその実施が本許諾特許のいずれかのクレームにカバーされるも
のを意味する。

　ライセンシーの元で対象となる改良技術が開発されたとして，ライセン
サーの立場からすれば，それが約定どおり全てアサインバック又はグラント
バックされることを確認するためには，ライセンシーから改良技術の開発に
ついて適切な報告を受ける必要がある。そこで，ライセンシーによる改良技
術の取扱いを定める条項では，ライセンシーがその開発した改良技術をライ
センサーに報告することが義務付けられるのが通例である。その上で，対象
となるライセンシーの改良技術についての権利関係を定めることになるが，
その取扱いについては次に述べる特許制度，競争政策上の観点からの制約が
ある。

2　特許制度，競争政策上の観点からの制約

　改良技術の権利関係に関する条項については，特許制度の本質や競争政策
上の観点から有効性が問題となる。

　特許制度は，技術開発を促進するために，発明の公開の代償として，特許
権者に一定の期間，特許発明の実施を独占させるというシステムであるか
ら，本来，公開された発明に基づいて第三者が改良技術を開発することは自
由であり，開発された改良技術の権利は当然その開発者に帰属する。開発さ
れた改良技術がそのベースとなった基本的技術の特許権者に譲渡され，又は
当該特許権者のために独占ライセンスが設定されるというような約定は，第
三者による改良技術開発のインセンティブを阻害するものであり，特許制度

141

第2章　産業技術ライセンス契約

の趣旨に反するおそれがある。

この点について，公正取引委員会の「知的財産の利用に関する独占禁止法上の指針」は，次のようなガイドラインを定めている（同指針第4，5(8)～(10)）。

① 改良技術の譲渡，独占ライセンス

　ライセンサーがライセンシーに対し，ライセンシーが開発した改良技術について，ライセンサーやライセンサーの指定する事業者にその権利を帰属させる義務又はライセンサーに独占ライセンスをする義務を課す行為は，技術市場又は製品市場におけるライセンサーの地位を強化し，ライセンシーに改良技術を利用させないことによりライセンシーの研究開発意欲を損なうものであり，通常このような制限を課す合理的理由はないので，原則として不公正な取引方法に該当する。ただし，ライセンシーが開発した改良技術が，許諾技術なしには利用できないものである場合に，当該改良技術に係る権利を相応の対価でライセンサーに譲渡する義務を課す行為については，円滑な技術取引を促進する上で必要と認められる場合があり，ライセンシーの研究開発意欲を損なうとまでは認められないので，一般に公正競争阻害性を有するものではない。

② 改良技術の共有化

　ライセンシーが開発した改良技術に係る権利をライセンサーとの共有とする義務については，ライセンシーの研究開発意欲を損なう程度が相対的に低いことから，公正競争阻害性を有する場合に限り，不公正な取引方法に該当する。

③ 改良技術の非独占ライセンス

　ライセンサーがライセンシーに対し，ライセンシーによる改良技術をライセンサーに非独占的にライセンスをする義務を課す行為は，ライセンシーが自ら開発した改良技術を自由に利用できる場合は，ライセンシーの事業活動を拘束する程度は小さく，ライセンシーの研究開発意欲を損なうおそれがあるとは認められないので，原則として不公正な取引方法に該当しない。もっとも，これに伴い，当該改良技術のライセンス

第6節　知的財産権の取扱い

先を制限する場合（例えば，ライセンサーの競争者や他のライセンシーにはライセンスをしない義務を課すなど）は，ライセンシーの研究開発意欲を損なうことにつながり，また，技術市場又は製品市場におけるライセンサーの地位を強化するものとなり得るので，公正競争阻害性を有する場合には，不公正な取引方法に該当する（ただし，ライセンシーが開発した改良技術がライセンサーの技術なくしては利用できない場合において，他の事業者にライセンスをする際にはライセンサーの同意を得ることを義務付ける行為は，原則として不公正な取引方法に該当しない。）。

④ 取得知識，経験の報告

　ライセンサーがライセンシーに対し，許諾技術についてライセンシーが利用する過程で取得した知識又は経験をライセンサーに報告する義務を課す行為は，ライセンサーがライセンスをする意欲を高めることになる一方，ライセンシーの研究開発意欲を損なうものではないので，原則として不公正な取引方法に該当しない。ただし，ライセンシーが有する知識又は経験をライセンサーに報告することを義務付けることが，実質的には，ライセンシーが取得したノウハウをライセンサーにライセンスをすることを義務付けるものと認められる場合は，公正競争阻害性を有するときには，不公正な取引方法に該当する。

以上をごく簡単にまとめれば，アサインバック条項や独占ライセンス義務を課すグラントバック条項は原則として違法，非独占ライセンス義務を課すグラントバック条項は原則として適法，改良技術の報告義務を課すことは原則として適法，ということになる。日本の独占禁止法が適用されるライセンス取引[97]においては，かかる考え方に沿って改良技術の権利関係を定める必要がある。

97　最高裁平成29年12月12日判決・裁時1690号1頁によれば，ライセンス契約の準拠法いかんにかかわらず，日本の自由競争経済秩序を侵害するものと認められる限り，日本の独占禁止法が適用されるものと考えられる。

第2章　産業技術ライセンス契約

　なお，以上はあくまで日本の独占禁止法上の考え方であり，他国の競争法
においては考え方が異なり得る。したがって，改良技術の権利関係を定める
ライセンス契約においては，いずれの国の競争法が適用されるのかを確認
し，適用法に応じた対応を採る必要がある。

コラム*12* NAP 条項とは何か？

　ライセンシーが保有する知的財産権をライセンサー又はライセンサーの指
定する事業者に対して行使しない旨の約定を一般に NAP 条項（非係争条
項）といい，かかるライセンシーの権利不行使義務を非係争義務という。上
に説明した改良技術のグラントバック条項が，許諾技術の改良技術に係る権
利の不行使をライセンサーに約束するものであるのに対し，NAP 条項は許
諾技術との関連性を問わず，一定の範囲のライセンシーの知的財産権の権利
不行使をライセンサーに約束するものであり，改良技術のグラントバック条
項以上に不合理性が問題となり得る。

　公正取引委員会の「知的財産の利用に関する独占禁止法上の指針」では，
ライセンサーがライセンシーに非係争義務を課す行為は，ライセンサーの技
術市場若しくは製品市場における有力な地位を強化することにつながるこ
と，又はライセンシーの権利行使が制限されることによってライセンシーの
研究開発意欲を損ない，新たな技術の開発を阻害することにより，公正競争
阻害性を有する場合には，不公正な取引方法に該当するが，実質的に見て，
ライセンシーが開発した改良技術についてライセンサーに非独占的にライセ
ンスをする義務が課されているにすぎない場合は，改良技術の非独占ライセ
ンス義務と同様，原則として不公正な取引方法に該当しないとされている
（同指針第4，5⑹）。

マイクロソフト事件

　NAP 条項の違法性が問題となった著名な事件として，マイクロソフト事
件（公取委平成 20 年 9 月 16 日審決（平成 16 年（判）第 13 号）・審決集 55
巻 380 頁）がある。これは，米国マイクロソフト社が日本の PC メーカーに
ウィンドウズ PC の OEM 販売を許諾する条件の中に，オペレーティングシ
ステムであるウィンドウズに関する特許権侵害をマイクロソフトや他のライ

センシーに対して主張しないことを被許諾者に求める NAP 条項を含めていたところ，その違法性が問題となった事件である。

この事件について，公正取引委員会は，米国マイクロソフト社のかかる行為がパソコン AV 技術取引市場における公正な競争秩序に悪影響を及ぼすおそれを有するものであり，公正競争阻害性を有し，不当な拘束条件付取引に該当するものとして独占禁止法 19 条に違反すると判断した。

クアルコム事件

近時では，クアルコム事件（公取委平成 31 年 3 月 13 日審決（平成 22 年（判）第 1 号）・公取委審決等データベース）において，公正取引委員会が先に出した排除措置命令を取り消す審決を行ったことが注目される。これは，米国クアルコム社が，日本の端末等製造販売業者との間の CDMA 携帯無線通信に係る知的財産に係るライセンス契約において，当該端末等製造販売業者に対し，その保有し及び保有することになる知的財産権について，クアルコム，その顧客又はライセンシーに対し，無償許諾又は権利不行使を義務付けていたこと（当該義務付けに係るライセンス契約における条項を以下「無償許諾条項」という。）について，これが不当な拘束条件付取引に該当するか否かが争われた事件である。

公正取引委員会は，当初，無償許諾条項を含むライセンス契約の締結が不当な拘束条件付取引に該当すると判断し，平成 21 年 9 月 28 日付で排除措置命令（平成 21 年（措）第 22 号）を出したが，クアルコムはこれを不服として審判請求を行った。公正取引委員会は，この審判事件において，当該ライセンス契約はクロスライセンス契約としての性質を有するものであり，国内端末等製造販売業者の研究開発意欲を阻害するおそれがあると推認できる程度に不合理であるとは認められないとして，公正競争阻害性を否定し，先に出した排除措置命令を取り消した。

法的に考えると，クアルコム事件の無償許諾項も NAP 条項にほかならないのであり，同事件は，NAP 条項を含むライセンス契約の締結が不当な拘束条件付取引に該当するか否か，すなわち NAP 条項が公正競争阻害性を有するか否かが具体的事実関係によって大きく左右されることを示している。

第2章　産業技術ライセンス契約

第7節

表明保証

　一般に，表明（representation）とは，過去又は現在の事実や状況についての陳述をいい，保証（warranty）とは，現在及び将来の条件に関する陳述又は約束をいう。このように表明と保証は本来意味するところが異なるが，少なくとも日本の実務では，これらをまとめて「表明保証」と呼び，二つの概念の差異を特に意識せず，契約書上も二つを並列して用いることが多い。同一の事項について「represent and warrant（表明しかつ保証する）」と並記すれば，特に二つの概念を区別する必要もないので，本書においても，二つの概念の違いを特に区別せず，これらを並記することとする。

　以下，ライセンサーとライセンシーの双方に共通する表明保証事項とライセンサーの表明保証事項とを区別して，一般にライセンス契約に含めることが多いと考えられる典型的な表明保証事項を概観する。

第1　当事者双方に共通する表明保証事項

【条項例】

7.1 Representations and Warranties by Both Parties
Each Party represents and warrants to the other Party as of the Effective Date as follows:

■ 和　訳
第7.1条　当事者双方による表明保証
各当事者は，本効力発生日時点において，他方当事者に対し，以下のとおり表明し，保証する。

第7節　表明保証

　ライセンサーとライセンシーの双方が共通して相手方に対して表明保証すべき事項としては以下のようなものがある。

1　当事者である法人の存在と契約締結の権能

【 条 項 例 】

7.1 Representations and Warranties by Both Parties

(a) It is duly organized and validly existing under the laws of its state, province or country of incorporation, and has full corporate power and authority to enter into this Agreement and to carry out the provisions hereof.

■ 和　訳

(a) 同人は，その設立の州，省又は国の法に基づき適式に組織されかつ有効に存在しており，本契約を締結してその規定を履行する完全な権能及び権限を有する。

　これは，当事者である各法人が適法に設立され，有効に存在し，かつ当該ライセンス契約を締結し，そこに定められた規定を履行する権能を有する旨の表明保証であり，同契約の有効性を担保するためのものである。

2　矛盾する別の契約の不存在

【 条 項 例 】

7.1 Representations and Warranties by Both Parties

(b) The execution and performance of this Agreement by it does not conflict with any agreement or instrument, oral or written, to which it is a party or by which it may be bound.

第2章　産業技術ライセンス契約

■ 和　訳───────────────────────────
(b)　同人による本契約の締結及び履行は，それが当事者となり又は拘束
　　を受け得る口頭又は書面による一切の合意又は文書と抵触しない。

　これは，当事者が当該ライセンス契約の締結及び履行と相容れない別の契約を第三者と締結していないことを表明保証するものである。独占ライセンス契約の場合は，かかる表明保証により，ライセンサーがライセンス対象の特許をライセンスする契約を第三者と締結していないことを表明保証する結果となる。

第2　ライセンサーの表明保証事項

【 条 項 例 】

7.2 Representations and Warranties by Licensor

Licensor represents and warrants to Licensee as of the Effective Date as follows:

■ 和　訳───────────────────────────
第7.2条　ライセンサーによる表明保証

ライセンサーは，本効力発生日時点において，ライセンシーに対し，以下のとおり表明し，保証する。

　ライセンシーにとって，ライセンサーに表明保証することを求めるべき事項としては以下のようなものがある。

148

第7節　表明保証

1　許諾特許をライセンスする権限の保有

【 条 項 例 】

7.2 Representations and Warranties by Licensor

(a)　Licensor has Control over the Licensed Technology and the authority to grant the license hereunder with no encumbrances.

■ 和　訳

(a)　ライセンサーは，本許諾技術に対するコントロール及び本契約上のライセンスを許諾する権限を何らの妨げもなく保有している。

　これは，ライセンサーがライセンス対象の特許について処分権を有しており，これを有効にライセンスする権限を有することを表明保証するものである。ライセンサーが対象の特許を保有し又はこれについてライセンスする権限を有することはライセンス契約の大前提であり，ライセンシーとしては，必ず入れるべき表明保証事項であろう。

2　ライセンサーが権限を保有する全ての特許がライセンスされること

【 条 項 例 】

7.2 Representations and Warranties by Licensor

(b)　The Licensed Technology constitutes all the Intellectual Property Rights Covering the Licensed Products that are Controlled by Licensor.

■ 和　訳

(b)　本許諾技術は，本許諾製品をカバーする知的財産権のうちライセンサーによってコントロールされるもの全てを構成する。

149

第2章　産業技術ライセンス契約

　これは，契約締結時点において許諾製品を権利範囲に含みライセンサーが保有し又はライセンス権限を有する全ての知的財産権がライセンスされることを表明保証する定めである。対象技術に関してライセンサーがライセンス権限を保有する知的財産権が他にあれば，ライセンシーは，許諾製品を事業化するために，別途対価を支払ってライセンサーから追加的なライセンスを取得しなければならない可能性がある。そこで，ライセンシーとしては，許諾技術の網羅性について上記のような表明保証をライセンサーから取得することが必要となる。

3　許諾製品が第三者の知的財産権を侵害しないこと

【 条 項 例 】

7.2 Representations and Warranties by Licensor

(c)　To the knowledge of Licensor, the Exploitation of the Covered Products in the Field of Use in the Licensed Territory does not infringe any Third Party's Intellectual Property Rights.

■ 和　訳

(c)　ライセンサーの知る限りにおいて，本許諾地域における本実施分野での本実施製品の利活用は第三者の知的財産権を侵害しない。

　これは，許諾製品，すなわち，技術ライセンスの実施対象である特定の製品が第三者の知的財産権を侵害しないことを表明保証するものであり，ライセンシーにとっては有利なものであるが，技術ライセンスに含まれる特許ライセンスの本質とも関連し，ライセンサーからすれば極めて危険な表明保証である。すなわち，特許ライセンスにおけるライセンサーの本質的な義務は許諾特許について権利行使しないという不作為義務にすぎず，対象の特許発明を適法に実施させるという作為義務ではない。通常，ライセンス対象の特許発明は既に公開されており，これに基づいて第三者が改良発明を開発し，

150

第7節　表明保証

特許を取得している可能性がある。よって，一般に，許諾製品がそのような
第三者の特許を侵害していないことを保証することはライセンサーにとって
極めてハードルが高いはずである。特に許諾製品が様々な技術の集積である
電子機器若しくは電子部品又はそれらを組み込んだ製品である場合には，第
三者特許の非侵害を保証することなどおよそあり得ないといってよい。他
方，医薬等の化学分野においては特定の技術が少数の企業によって寡占され
る場合もあり，そのような場合にはライセンサーが第三者特許の非侵害を表
明保証することも考えられなくもないが，その場合であっても，通常は，上
記条項例のように，「To the knowledge of Licensor（ライセンサーが知る
限りにおいて）」という文言を付加して主観的な内容の表明保証とするか，
又は，例えば，

(d)　Licensor has not received any written notice from any Third
　　Party claiming that the Exploitation of the Covered Products
　　infringes or misappropriates any Intellectual Property Rights of any
　　Third Party.

(d)　ライセンサーは，本実施製品の利活用が第三者の知的財産権を侵害
　　し又は不正使用すると主張する第三者からの通知書を受領したことは
　　ない。

というような形で，第三者の特許を侵害しないという陳述ではなく，第三者
特許を侵害するという主張やそれに基づく請求を受けていないという陳述の
表明保証にとどめざるを得ないであろう。

151

第2章　産業技術ライセンス契約

4　許諾技術に第三者の営業秘密等が含まれないこと

【条項例】

7.2 Representations and Warranties by Licensor

(e)　The Licensed Technology includes no trade secret or proprietary information belonging to any Third Party.

■ 和　訳────────────────────────

(e)　本許諾技術は第三者に帰属する営業秘密又は独占的情報を含まない。

　これは，許諾技術の中に第三者が保有する営業秘密に属する情報，その他第三者が独占的な権利を保有する情報が含まれないことを表明保証するものであり，典型的には，許諾技術の使用が第三者の営業秘密侵害を構成しないことを確認するための規定であるが，さらにライセンサーがその従業員発明者から発明に関する権利を有効に取得していることを確認する機能も有する。

　許諾技術の中に第三者が権利を有する情報が含まれれば，その使用は広い意味で当該第三者の知的財産権の侵害と評価され得るのであり，それについては前記3の表明保証でカバーされる余地があり，また許諾技術の権利の帰属については別途前記1の表明保証でカバーされる。しかしながら，特に許諾技術にノウハウが含まれる場合，ライセンシーとしては，上記条項例のような形で，許諾技術に第三者の営業秘密が含まれないことをより直截的にライセンサーに表明保証させることが望ましいであろう。

152

第7節　表明保証

5　許諾ノウハウが非公知であること

> ### 【 条 項 例 】
> **7.2 Representations and Warranties by Licensor**
> (f)　To the knowledge of Licensor, the Licensed Know-How is not publicly known.
>
> ■ 和　訳────────────────────────
> (f)　ライセンサーの知る限りにおいて，本許諾ノウハウは公知ではない。

　許諾技術にノウハウが含まれる場合，それが公知となっていればそれはパブリックドメインに帰すのであって，ライセンシーとしてはその使用のためにライセンサーにライセンス料を支払う理由はない。そこで，ライセンシーとしては，許諾ノウハウが非公知であることをライセンサーの表明保証事項として含めたいところであるが，他方，ライセンサーとすれば，許諾ノウハウの非公知性を無条件で表明保証することは通常ハードルが高く，上記条項例のような形で，「To the knowledge of Licensor（ライセンサーが知る限りにおいて）」という文言を付加して主観的な内容の表明保証とすることが考えられる。

6　許諾技術に関する紛争が存在しないこと

> ### 【 条 項 例 】
> **7.2 Representations and Warranties by Licensor**
> (g)　Licensor is not a party to any suit or other legal action or proceedings relating to the Licensed Technology and Licensor has not received any written or oral communication from any Third Party threatening such suit, action or proceeding.

第2章　産業技術ライセンス契約

■ 和　訳────────────────────────────
(g) ライセンサーは本許諾技術に関する訴訟その他の法的申立て又は手続の当事者ではなく，ライセンサーはそのような訴訟，申立て又は手続の可能性を告知する書面又は口頭による連絡を第三者から受けたことはない。

　これは，前記３の表明保証事項と関連するが，許諾技術について第三者との間で訴訟その他の法的手続が係属しておらず，またそのような手続係属の可能性を認識していない旨の表明保証である。前記３の表明保証の対象は第三者の知的財産権であり，要するに第三者の知的財産権侵害の可能性の存否について表明保証するものであるが，本項の表明保証の対象には第三者の知的財産権侵害に関するもののみならず，許諾技術の有効性や第三者による許諾技術の侵害に関する法的手続も含まれる。

第3　ライセンシーの表明保証事項

【 条 項 例 】
7.3 Representations and Warranties by Licensee
Licensee represents and warrants to Licensor as of the Effective Date
as follows:
(a) All of its activities contemplated hereunder related to its use of
the Licensed Technology complies with Applicable Law.

■ 和　訳────────────────────────────
第7.3条　ライセンシーによる表明保証
ライセンシーは，本効力発生日時点において，ライセンサーに対し，以下のとおり表明し，保証する。

154

第7節　表明保証

> (a)　本契約において予定される本許諾技術の使用に関する同人の一切の
> 　　行為は適用法に適合する。

　典型的なライセンス契約においては，当事者双方に共通する表明保証事項
（前記第1（146頁）参照）以外に，ライセンシーがライセンサーに対して
表明保証すべき事項はそれほど多くないように思われるが，例えば，業法に
よる規制を受ける事業分野のライセンスの場合，上記のような形で，ライセ
ンシーによる許諾技術の使用が合法であることをライセンシーに表明保証さ
せることも考えられる。

第2章　産業技術ライセンス契約

第8節

秘密保持

　技術支援の一環としてライセンサーからライセンシーに開示されるライセンサーのノウハウなど，ライセンス契約に基づき当事者間で授受される情報の中には，当事者の営業秘密に該当する情報[98]やこれに該当しないまでも非公知の技術上又は営業上の情報が含まれ得る。そこで，そのような情報の秘密管理性や非公知性を維持するために，一般にライセンス契約には秘密保持条項が含まれる。

　第1節第1（25頁）に述べたとおり，ノウハウライセンスは，秘密保持義務（目的外使用禁止義務を含む。）を設定した上での技術情報の開示にその本質があると考えられるのであり，特にライセンサーにとっては秘密保持条項がその権利保護の生命線となる。

　なお，ライセンス契約締結に先立つ交渉段階において当事者間で授受された情報の中にも当事者の非公知の技術上又は営業上の情報が含まれ得る。実務上，ライセンス契約を交渉する当事者は交渉に先立って秘密保持契約を締結するのが一般的であるが，その場合であっても，ライセンス契約において，同契約上の秘密保持義務を契約交渉時に授受された情報に及ぼす旨定める場合には，第11節第11（222頁）において後述する完全合意条項により，先に締結した秘密保持契約が失効し，ライセンス契約上の秘密保持条項のみが当事者間の秘密保持義務を定める唯一の条項となり得ることに留意する必要がある。

98　不正競争防止法2条6項に定義される「営業秘密」を念頭に置いている。

156

第8節　秘密保持

第1　秘密保持義務の対象

【 条 項 例 】

8.1 Confidential Information

(a) "Confidential Information" means, with respect to a Party or any of its Affiliates, any trade secret or other technical or business information of or in the possession of such Party or its Affiliate that it treats as confidential or proprietary that is disclosed to or observed by the other Party or any of its Affiliates with respect to the subject matter hereof whether prior to or during the Term that is marked as "confidential," "proprietary" or the like or that should be reasonably understood to be confidential or proprietary, which may include specifications, know-how, models, inventions, discoveries, methods, procedures, formulae, protocols, techniques, data, and unpublished patent applications, whether disclosed or observed in oral, written, graphic, or electronic form; provided, however, that the following information does not constitute the Confidential Information:

　(i) Information that has already been lawfully possessed by the receiving Party before disclosure by the disclosing Party;

　(ii) Information that is already publicly known or used at the time of disclosure by the disclosing Party;

　(iii) Information that becomes public through no fault of the receiving Party after disclosure by the disclosing Party;

　(iv) Information that is lawfully obtained by the receiving Party from a Third Party without any confidentiality obligation; and

　(v) Information that is developed by the receiving Party on its own independent of the information disclosed by the disclosing Party.

(b) Notwithstanding the provisions of Section 8.1 (a) above, as betweenthe Parties, the Licensed Know-How shall always be

157

第2章　産業技術ライセンス契約

deemed to be Licensor's Confidential Information.

(c) The Parties agree that the existence and terms of this Agreement are the Confidential Information of both Parties and will be treated by each Party as the Confidential Information of the other Party, subject to Section 8.1 (a).

■ 和　訳

第8.1条　秘密情報

(a) 「秘密情報」とは，一方当事者又はその関係会社について，当該当事者又はその関係会社が保有又は所持し，秘密又は独占的なものとして取り扱う何らかの営業秘密又はその他の技術上若しくは営業上の情報であって，本契約期間中であるかその前であるかを問わず，本契約の主題に関して他方当事者又はその関係会社に開示され又は知得されたもののうち，「秘密」，「独占」若しくは類似の文言が記載され又は秘密又は独占的なものであると合理的に理解されるべきものを意味し，口頭，書面，図形又は電子的な方法によって開示又は知得されたか否かを問わず，仕様書，ノウハウ，模型，発明，発見，方法，手続，公式，手順，技術，データ及び公開されていない特許出願を含み得る。ただし，以下の情報は秘密情報を構成しない。

　　(i)　開示当事者による開示以前から受領当事者が適法に保有している情報

　　(ii)　開示当事者による開示時に既に公知又は公用となっていた情報

　　(iii)　開示当事者による開示後，受領当事者の責めに帰すべからざる事由によって公知又は公用となった情報

　　(iv)　受領当事者が第三者から秘密保持義務を負うことなく適法に取得した情報

　　(v)　受領当事者が開示当事者から開示された情報によらずに独自に開発した情報

(b) 上記第8.1条(a)の定めにかかわらず，当事者間においては，本許諾ノウハウは，常にライセンサーの秘密情報であるとみなされる。

(c) 当事者は，第8.1条(a)の制約の下，本契約の存在及び条項は両当事者の秘密情報であり，各当事者によって他方当事者の秘密情報として

第8節　秘密保持

> 取り扱われることに合意する。

　秘密保持条項はライセンス契約に限らず，様々な種類の企業間の取引契約にあまねく含まれる一般的な条項である。ライセンス契約における秘密保持条項の基本的内容は他の種類の契約におけるそれと大きく変わるところはない。

　秘密保持義務の定めは，まず当該義務の対象となる情報を特定することが出発点となる。ライセンス契約において秘密保持義務の対象とすべき主たる情報は同契約に基づいて当事者間で授受される情報であるが，上述のとおり，契約締結前の交渉段階において当事者間で授受された情報も秘密保持義務の対象となり得る。もっとも，そのように当事者間で授受される情報の中には，授受の時点において既に公知であった情報や開示を受ける当事者において既に保有していた情報，授受の後に適法に公知となり又は開示を受けた当事者において別のルートから取得される情報等，秘密保持義務を課すのが不適当な情報も含まれ得るので，そのような情報は秘密保持義務の対象から除外されるのが通常である。

　許諾ノウハウの内容はライセンサーからライセンシーに開示される秘密情報のうち特に重要な技術情報であるが，一般的な秘密情報とは取扱いを異にすべき点があることに留意する必要がある。すなわち，ノウハウがライセンスされる場合，ライセンシーはそれを用いて許諾製品を開発，製造，販売することが想定されるが，これによってその一部が公知となる可能性がある。例えば，ライセンサーのノウハウである製品の製造方法が発売された許諾製品の仕様や形状から第三者によって感得されたり，又は医薬品や農薬に関するライセンスの場合，ライセンサーのノウハウである試験データがライセンシーによる承認や登録の申請に当たって使用され，その後一般に公開されるなどして，その非公知性が失われるといった事態が生じ得る。しかし，そのような事由によって許諾ノウハウの営業秘密性が失われたとしても，これによって当然に契約上の「秘密情報」性も失われ，もはやライセンシーはこれ

について秘密保持義務を負わない（さらにはロイヤルティの支払義務を負わない）ことになるというのは背理である。そこで，ライセンサーとしては，許諾ノウハウについては，後日その営業秘密性が失われたとしても，当事者間においては「秘密情報」としての適格性を喪失しないという取扱いを望むであろう。

　ライセンス契約の内容自体も当事者にとっては秘密性を保持したい情報であることが一般的であるから，これも秘密保持義務の対象として定めることが多い。ライセンス契約を締結したという事実やその概要の公表については，第4（166頁）において後述する。

第2　秘密保持義務の内容

【 条 項 例 】

8.2 Confidentiality Obligation

Except as otherwise expressly provided hereunder, during the Term and for a period of five (5) years thereafter, each Party shall retain in confidence, and shall not, without the prior written consent of the other Party, disclose to its Affiliates or Third Parties or use for any purpose other than the purposes contemplated hereunder, any Confidential Information of the other Party; provided, however, that each Party may disclose the Confidential Information of the other Party to the extent such disclosure is reasonably necessary in the following situations:

  (i)　regulatory filings and other filings with the relevant Governmental Authorities;

  (ii)　responding to a valid order of a court of competent jurisdiction or other competent authority; provided that the receiving Party will first have given to the disclosing Party advance notice of such disclosure requirement and, if allowable,

第8節　秘密保持

a reasonable opportunity to quash the order or obtain a protective order requiring that the Confidential Information be held in confidence or used only for the purpose for which the order was issued; and provided, further, that if such order is not quashed or a protective order is not obtained, the Confidential Information disclosed will be limited to the information that is legally required to be disclosed;

(iii) complying with Applicable Law, including regulations promulgated by securities exchanges; provided that the receiving Party will, except where impracticable, give reasonable advance notice to the disclosing Party of such disclosure and use reasonable efforts to secure confidential treatment of such information; and

(iv) disclosure to its Affiliates, Sublicensees or Third Parties only on a need-to-know basis and solely in order for its Affiliate, Sublicensees or Third Parties to assist with the performance by the disclosing Party of its obligations or the exercise of its rights under this Agreement; provided that each disclosee, prior to any such disclosure, must be bound by obligations of confidentiality at least as restrictive as those set forth in this Section 8.2.

■ 和　訳

第8.2条　秘密保持義務

本契約に明示的な別段の定めがない限り，本契約期間及びその後の5年間，各当事者は，他方当事者の秘密情報を秘密として保持しなければならず，他方当事者の書面による事前の同意がない限り，関係会社若しくは第三者にこれを開示し又は本契約上予定される目的以外の目的でこれを使用してはならない。ただし，各当事者は，以下の状況において合理的に必要な限りにおいて他方当事者の秘密情報を開示することができる。

（ i ） 規制上の届出及びその他の主務官庁への届出

第 2 章　産業技術ライセンス契約

(ii)　管轄裁判所又は他の管轄当局の有効な命令に対する回答。ただし，受領当事者は，開示当事者に対し，まずそのような開示要求を事前に通知した上，許容される限り，当該命令を取り消し又は当該秘密情報が秘密として保持され若しくは当該命令が発令された目的のためにのみ使用できることを要求する秘密保持命令を取得する合理的な機会を与えねばならず，そのような命令が取り消されず又は秘密保持命令が取得できなかった場合，開示される秘密情報は，開示が法律上要求される情報に限定されなければならない。

(iii)　証券取引所が定める規則を含む適用法の遵守。ただし，受領当事者は，実行不能でない限り，開示当事者に対し当該開示について合理的な事前通知をし，当該情報の秘密の取扱いを確保する合理的な努力をしなければならない。

(iv)　知る必要に基づく関係会社，サブライセンシー又は第三者に対する開示であって，関係会社，サブライセンシー又は第三者が開示当事者による本契約上の義務の履行又は権利の行使を支援することのみを目的としたもの。ただし，各被開示者は当該開示に先立ち，少なくともこの第8.2条に定めるのと同等に制限的な秘密保持義務を負わなければならない。

　対象情報を第三者に開示せず（第三者への非開示），開示の目的以外の目的で使用しない（目的外使用の禁止）という不作為義務，及び，対象情報を秘密として管理して漏洩事故を防止する注意義務（秘密管理）が秘密保持義務の中核的内容となるが，例えば，次のような事由がある場合には例外としてかかる義務が解除される旨定められるのが一般的である。

① 法律上の要求に基づく国や地方公共団体への開示

② 裁判所の命令に基づく裁判手続のための開示

③ 当該情報を知る必要のある自社や関係会社の役員や従業員への開示

④ 弁護士，会計士，税理士等の外部の専門家への開示

　これら以外にも，例えば，ライセンシーに第三者への製造委託（have made）が認められる場合の委託先への開示，サブライセンス権付ライセン

162

第8節　秘密保持

スの場合におけるサブライセンシーへの開示，サブライセンス契約における
原ライセンサーへの開示等，具体的な取引内容に応じて一定の秘密保持義務
の例外が適宜定められることになる。

第3　研究発表

【 条 項 例 】

8.3 Publications

(a) Licensee acknowledges that Licensor is free to publish the results of its research activities, even though such publications may involve the Licensed Technology. Licensor personnel may publish in scientific journals or present at scientific conferences scientific data derived from the Development of the Covered Product. Nothing herein will limit Licensor's ability to disclose any study results or other information developed by or on behalf of Licensor.

(b) Licensee shall not make any publication or presentation, whether written or oral, to one or more Third Parties relating to the Covered Product without the prior consent of Licensor and a mutual agreement on the determination of attribution, and any such publication or presentation shall, in any case, be in accordance with Applicable Law. Licensee shall provide Licensor for review and approval any proposed manuscript, abstract, poster, or presentation relating to the Covered Product at least ninety (90) days prior to submission for publication or presentation. Within such ninety (90) day period, Licensor shall advise Licensee of, and Licensee shall take, appropriate action to protect the Confidential Information of Licensor and the patentability of any Licensee Improvement Inventions, including the modification of the proposed publication to delete Confidential Information of Licensor or the delay of the publication or presentation of such proposed publication to permit

163

第2章　産業技術ライセンス契約

patent filings. Until this review and approval process is completed or, if applicable, confidentiality is specifically waived, the Confidential Information of Licensor and any Licensee Improvement Inventions shall be kept confidential and not disclosed by Licensee to any Third Party.

(c)　The non-publishing Party and the publishing Party will each comply with standard academic practice regarding authorship of scientific publications and recognition of contribution of other parties in any publication. The publishing Party will not be required to seek the permission of the non-publishing Party to republish any information or data that has already been publicly disclosed by the publishing Party in accordance with this Section 8.3, so long as such information or data remains accurate. The provisions of this Section 8.3 will not relieve a Party of its obligations of confidentiality.

■ 和　訳

第8.3条　公表

(a)　ライセンシーは，ライセンサーが本許諾技術に関連するものであるとしてもその研究活動の結果を自由に公表することができることを認める。ライセンサーの人員は，本実施製品の開発に由来する科学的データを科学雑誌に公開し又は科学学会で発表することができる。ライセンサーによって又はそのために開発された研究結果又はその他の情報を開示するライセンサーの権能が本契約によって制限されることはない。

(b)　ライセンシーは，ライセンサーの事前の同意及び帰属の決定についての双方の合意がない限り，一人又は複数の第三者に対し，書面によるか口頭によるかを問わず，本実施製品について公開又は発表してはならず，そのような公開又は発表はいかなる場合においても，適用法に従わなければならない。ライセンシーは，少なくとも公開又は発表のための提出の90日前までに，確認と承認のために本実施製品に関する原稿，要約，ポスター又は発表内容の案をライセンサーに提出し

なければならない。当該90日の期間内において，ライセンサーはライセンシーに対し，又はライセンサーの営業秘密を削除するための公開案の修正又は特許出願を可能とするための公開発表の延期を含む，ライセンサーの秘密情報及びライセンシー改良発明の特許性を保護するために適切な措置について提言し，ライセンシーはそれを実施するものとする。かかる確認及び承認の手続が完了するか又は場合によって秘密性が個別に放棄されるまで，ライセンサーの秘密情報及びライセンシーの改良発明はライセンシーによって秘密として保持され，第三者に開示されないものとする。

(c) 非公表当事者と公表当事者は，各自，科学的出版物の著作者性及び出版物における他当事者の貢献の認定に関する標準的な学会慣習に従うものとする。公表当事者は，この第8.3条に従って公表当事者によって既に公開された情報又はデータについては，当該情報又はデータが正確性を維持する限り，これを再公表するために非公表当事者の許可を求める必要はない。この第8.3条は，当事者の秘密保持義務を免除するものではない。

ライセンスという取引の性質から要求されるやや特殊な秘密保持として，改良技術の研究発表に関する制約がある。

ライセンシーは，ライセンサーから開示を受けた非公知の技術情報については当然秘密保持義務を負うが，当該技術情報又はライセンサーの特許発明に基づいて自ら開発した新規の技術については，ライセンサーの秘密情報が含まれていない限り，研究発表等でこれを第三者に開示することも本来自由なはずである。しかしながら，第6節第4（138頁）において前述したように，ライセンスされた技術に基づいてライセンシーによって開発される技術は，改良技術としてライセンサーに一定の権利が付与される場合も多く，その場合，ライセンサーも改良技術に関するライセンシーの権利の得失に直接的な利害関係を有することになる。

そこで，研究発表によって改良技術の営業秘密性が失われ又は新規性喪失によってその特許化が妨げられることがないよう，ライセンサーとしては，

第2章　産業技術ライセンス契約

例えば上記条項例のような形で，ライセンシーによる改良技術の研究発表について事前同意によるコントロールを及ぼすことが望ましいであろう。

第4　プレスリリース

【 条 項 例 】

8.4 Press Releases

Neither Party shall issue any press release or other public announcement, whether oral or written, that discloses the existence of or any information relating to this Agreement without the prior written consent of the other Party; provided, however, that each Party may disclose such information to the extent (i) repeating or affirming disclosure made in any prior press release or other public announcement validly made in accordance with this Section 8.4; or (ii) required to comply with any duty of disclosure under Applicable Law or applicable listing rules.

■ 和　訳────────────────────

第8.4条　プレスリリース

いずれの当事者も，口頭によると書面によるとにかかわらず，他方当事者の書面による事前の同意がない限り，本契約の存在又はこれに関する一切の情報についてプレスリリース又はその他の公表をしてはならない。ただし，各当事者は，(i)本第8.4条に従って有効になされた従前のパブリックリリース若しくはその他の公表においてなされた開示を繰り返し若しくはこれを確認し，又は(ii)適用法若しくは適用される上場規則上の開示義務に従うために要求される限りにおいて，かかる情報を開示することができる。

　ライセンス契約の重要性によっては，契約締結後，当事者がその存在や内容について任意にプレスリリースを行うことが考えられるほか，公開会社で

166

あれば金融商品取引法や上場規則によって一定の事項を開示する必要が生じる可能性もある。かかる情報の開示は，ライセンス契約の存在やその条項の内容が秘密情報に該当すると定められている場合（第8.1条(c)の条項例参照），理論的に秘密保持義務の範囲の問題と理解することができるが，ライセンス取引における典型的な秘密情報である技術情報の開示とは取扱いが異なる。そこで，実務上は，秘密保持義務を定める条項とは別個に，プレスリリースについての特則を設ける例が多く見られる。

　上記条項例のように，ライセンス契約の存在やその条項の内容について公表を行うには，原則として他方当事者の事前同意が要求され，例外的に既に公表された情報の開示や法令や上場規則による義務的な開示についてはそのような事前同意の取得義務が免除される，というのが一つの典型的なプレスリリース条項の定めである。かかる定めによれば，例えば，ライセンス契約に関する紛争が当事者間に生じそれが訴訟の提起や仲裁の申立てに発展した場合，当該訴訟や仲裁の開始に関する事実は，その公表が法令等によって義務付けられている限り，他方当事者の事前の同意なく公表することができる。しかしながら，任意開示については，当該事実が既にいずれかの当事者によって公表されているのでない限り，他方当事者の事前の同意が必要ということになる。

　契約の重要性によっては，契約に関する事実のプレスリリースの有無，内容又は時期が会社の株価に影響を与えることもあるから，特に公開会社にとってプレスリリース条項を適切に定めておくことは重要である。

第2章　産業技術ライセンス契約

第9節

契約期間・解約

　ライセンス契約は，当事者間の権利義務関係が存続するいわゆる継続的契約であるが，通常は一定の事由によって終了することが予定されている。その一つは契約上定められた契約期間の満了であり，もう一つは解約である。

　ライセンス契約は，その有効期間中における許諾条件及びその他の当事者間の権利義務関係を定めることを主たる目的とするが，これに劣らず，契約終了の事由及び契約終了後の当事者間の権利義務関係を定めておくことも大切である。

　著者は，ある米国弁護士から，合弁事業はいわば企業間の婚姻であり，婚前契約（prenuptial agreement）において婚姻解消に関する当事者間の権利義務を定めておくのと同様，合弁契約においては，合弁解消に関する権利義務をいかに定めておくかが最も重要であるという話を聞いたことがある。至言であると思うが，合弁契約に限らず，およそ一切の継続的契約は，おしなべて契約解消とその後の法律関係に関する定めが重要となるのであり，ライセンス契約もその例外でない。特に産業技術ライセンス契約においては，契約終了後の許諾技術の利用関係をいかに定めておくかが極めて重要である。

　本節では，産業技術ライセンスにおける契約期間，解約及び契約終了後の効果の定めについて基本的な考え方を概観する。

168

第9節　契約期間・解約

第1　契約期間

> ## 【条項例】
>
> **9.1 Term**
> This Agreement will become effective on the Effective Date and, unless earlier terminated pursuant to Section 9.2, will expire when no further payments are due pursuant to Section 4.3 (the "Term").
>
> ■ 和　訳────────────────────────
> **第9.1条　契約期間**
> 本契約は本効力発生日に発効し，第9.2条に従って早期に解約されない限り，第4.3条に従った支払が終わった時に終了するものとする（「本契約期間」）。

　産業技術ライセンス契約の契約期間は，対象技術に関するライセンシーの事業計画に照らして，例えば契約締結日から10年間というような形で確定期間とすることもできるし，あるいは，例えば上記条項例のようにライセンシーによるロイヤルティの支払義務の消滅時といった不確定期限を終期とする不確定期間とすることもできる。

　時間的概念として，ライセンス契約においては，契約期間とは別個に，ライセンサーがライセンシーに許諾対象の知的財産についてライセンスを許諾する期間（許諾期間）（第2節第8（62頁）参照）及びロイヤルティが発生する期間（ロイヤルティ期間）（第4節第3の3（93頁）参照）が観念される。通常，許諾期間はライセンス契約の効力発生日を始期とし，ライセンスが消滅する日を終期とする期間である。他方，ロイヤルティ期間は，ロイヤルティが発生する時点である対象許諾製品の発売日を始期とし，許諾期間の終了日を終期とする期間である。

　契約期間は，場合によって許諾期間と一致させるように定めることも可能

169

第2章　産業技術ライセンス契約

であるが，許諾期間はライセンスという権利が存続する期間にすぎず，例え
ば，ライセンサーのライセンシーに対するライセンス料の支払請求権，ロイ
ヤルティ会計に関するライセンシーの記録保持義務やライセンサー監査権，
当事者の他方当事者に対する秘密保持義務等，ライセンス契約上発生するそ
の他の権利義務が存続する期間や表明保証の有効期間とは必ずしも一致しな
い。したがって，許諾期間とは別個に，契約期間（契約の有効期間）をいか
に定めるかを考える必要がある。

　ライセンサーからすればライセンス許諾の対価であるライセンス料の支払
請求権が存続する間はライセンス契約を有効とする必要がある一方，同請求
権が消滅すればライセンス契約が終了しても当事者双方にとって特に問題な
いはずである。そこで，許諾期間終了後，ライセンシーのライセンス料支払
義務が消滅することをもってライセンス契約を終了させるのが一般的ではな
いかと思われる。

　一般的な許諾期間，ロイヤルティ期間及び契約期間の関係は【図表4】の
ように図示することができる。

【図表4】許諾期間，ロイヤルティ期間及び契約期間の関係

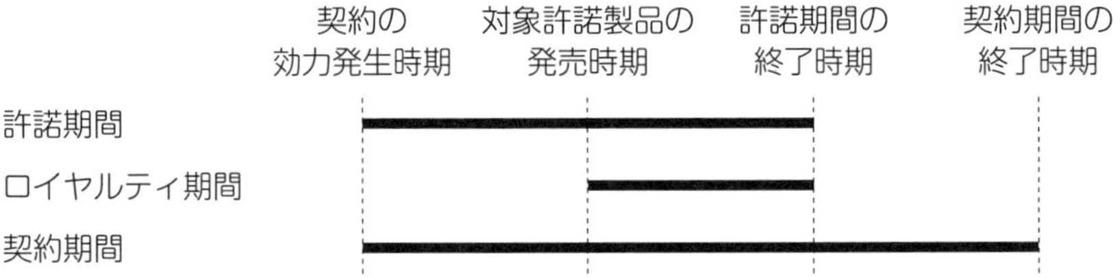

第2　相互的な解約事由

　産業技術のライセンス契約は，約定の契約期間存続することを予定する継
続的契約であるが，他の類型の継続的契約と同様，一定の事由を理由に，契
約期間満了前に契約の効力を将来的に失効させる当事者の権利，すなわち解
約権（解約告知権）を定めるのが一般的である。

第9節　契約期間・解約

【 条 項 例 】

9.2 Termination by Either Party

(a) Breach.

　(ⅰ) Each Party shall have the right to terminate this Agreement upon thirty (30) days' prior written notice to the other Party in the event of the material breach of any term or condition of this Agreement, unless the breaching Party has cured such breach by the end of such thirty (30) day period (the "Cure Period").

　(ⅱ) Any right to terminate under this Section 9.2 (a) and the running of the Cure Period shall be stayed in the event that, during the Cure Period, the Party alleged to have been in material breach has initiated dispute resolution proceedings in accordance with Section 11.5. with respect to the alleged breach, which stay shall last so long as the allegedly breaching Party in good faith cooperates in the prompt resolution of the dispute in such dispute resolution proceedings.

(b) Force Majeure EventIf a Party is unable to comply with its obligations under this Agreement because of a Force Majeure Event and such inability to comply continues or is expected to continue, for a period greater than one-hundred eighty (180) days, the other Party shall have the right to immediately terminate this Agreement.

(c) InsolvencyEach Party shall have the right to terminate this Agreement effective upon written notice to the other Party in the event the other Party becomes insolvent or makes an assignment for the benefit of creditors, or in the event bankruptcy or insolvency proceedings are instituted against the other Party or on its behalf.

171

第2章　産業技術ライセンス契約

■ 和　訳

第9.2条　各当事者による解約

(a)　契約違反

　　（ⅰ）　各当事者は，他方当事者が本契約の規定又は条件の重大な違反
　　　　をした場合，反対当事者に対する書面による30日の事前通知を
　　　　もって本契約を解約する権利を有する。ただし，当該違反当事者
　　　　が当該30日の期間（「本治癒期間」）の終期までに当該違反を治
　　　　癒した場合はこの限りでない。

　　（ⅱ）　重大な違反をしたとの嫌疑を受けた当事者が本治癒期間中に当
　　　　該違反嫌疑に関して第11.5条に従って紛争解決手続を開始した
　　　　場合，本第9.2条(a)に基づく解約権及び本治癒期間の進行は停止
　　　　し，当該停止は，被疑違反当事者が当該紛争解決手続における紛
　　　　争の早期の解決に誠実に協力する限り継続するものとする。

(b)　不可抗力事由

　　一方当事者が不可抗力事由により本契約上の義務を履行することがで
　　きず，かつ，その履行が180日を超える期間継続し又は継続すること
　　が予想される場合，他方当事者は本契約を直ちに解約する権利を有す
　　る。

(c)　支払不能

　　各当事者は，他方当事者が債務超過となり若しくは債権者の利益のた
　　めに譲渡を行った場合，又は他方当事者に対して若しくはそのために
　　破産若しくは倒産処理手続が開始された場合，反対当事者に対する書
　　面による通知をもって本契約を直ちに解約する権利を有する。

　他の類型の取引契約と同様，ライセンス契約においても，例えば上記条項
例のような形で，一方当事者の債務不履行，不可抗力による履行不能，倒
産・債務超過等が解約事由として定められることが一般である。

　特にライセンシーにとってみれば，ライセンス契約の解約は許諾製品に関
する事業の継続に重大な影響を及ぼすから，債務不履行を理由とする解約に
ついては，上記条項例(a)(ⅱ)のような形で，債務不履行の有無に関する当事者
間の紛争が所定の紛争解決手続に係属中，その効力が生じない仕組みを設け

172

第9節　契約期間・解約

ておくことが望ましい。

　他方，ライセンサーにとってみれば，ライセンシーが許諾技術を十分に実施しなければロイヤルティの支払を受けることができないのであり，特に独占ライセンスの場合，上記条項例(b)のような形で，実施努力義務をはじめとするライセンシーの義務が履行されない場合，それが不可抗力による履行不能であるとしても，ライセンサーにおいて契約を解約できる仕組みを設けておくべきであろう。

　以下の第3，第4では，ライセンス契約特有の解約事由をいくつか取り上げる。

コラム**13**　ライセンサーが倒産した場合，ライセンスはどうなるか？

　ライセンサーが倒産した場合，ライセンシーはライセンス契約上のライセンスを維持して，従前どおりその実施を継続することができるのであろうか。

　この点，日本においては，平成23年特許法改正により，通常実施権は登録なくとも第三者に対抗可能となったが（特許法99条），これにより，通常実施権については，当然に破産法56条1項の「その他の第三者に対抗することができる要件を備えている場合」に該当するものと解釈され，破産管財人による未履行双務契約の解除権（同法53条1項）の適用を免れることになった。

　米国においては，債務者が知的財産権のライセンサーとなっている未履行の契約（executory contract）を管財人が拒絶（reject）した場合，当該契約のライセンシーは，①そのような拒絶がライセンシーに解除権をもたらす程度の契約違反を構成する場合には，当該拒絶によって当該契約が解除されたものと取り扱う，又は，②当該契約上の権利を保持する，という二つの手段のうちいずれかを選択できる（米国倒産法11章365条(n)）。ライセンシーが②を選択した場合，ライセンサーの義務のうち，禁止権の不行使という不作為義務及びライセンスの独占性については契約期間存続するが，付随する特定履行義務は消滅する。他方，ライセンシーは引き続き，実施料の支払義務を負担する。

173

第2章　産業技術ライセンス契約

　ドイツにおいては，倒産法103条により，管財人は双方未履行の契約を終了させることができる。ライセンス契約については契約期間満了までは完全な履行がないものとされており，ライセンサーが倒産した場合，管財人はライセンス契約を解除することができる。

コラム14　破産管財人による未履行双務契約の解除権の有無という問題についてはいかなる国の法が適用されるのか?

設例：ドイツ倒産手続の管財人が東京地裁に承認援助手続を申し立てた場合，承認援助手続において選任された承認管財人はA社とB社間のライセンス契約を解除できるのであろうか。

　日本では1999年の民事再生法の制定の際に国際倒産関連規定が置かれ，さらに2000年には外国倒産処理手続の承認援助に関する法律（以下「外国倒産承認援助法」）が制定されたほか，民事再生法の国際倒産関連規定が破産法，会社更生法に拡張されたものの，日本の国際倒産法制は専ら手続法的規定の整備にとどまっており，否認や未履行双務契約の解除権といった倒産法が認める管財人の契約変更権限等の実体法的規定（倒産実体法）は何ら整備されていない。よって，外国倒産承認援助法に基づく承認援助手続において，破産管財人がいずれの国の法によって未履行双務契約を解除できるのかという問題は，法解釈に委ねられているものと解される。

　この点未だ裁判例は見当たらないが，学説では，倒産開始地国（主たる倒産手続国，すなわち当該倒産手続の対象となる法人の準拠法国）によるとの説が現在では有力のようである（早川吉尚「国際的事案における知的財産権・ライセンス契約・倒産法」（『知的財産に関するライセンス契約の適切な保護の調査研究報告書』（知的財産研究所，2004）収載）116～117頁）。この説に立てば，上記設例の場合，B社の主たる倒産手続はB社の本国であるドイツで行われているので，日本の承認援助手続における承認管財人による解除権についてはドイツ法が適用されることになり，承認管財人はA社とB社間のライセンス契約を解除できることになる。

　しかしながら，後記Qimonda AG事件における米国の連邦倒産裁判所で

174

第9節　契約期間・解約

示された考え方を参考にすると，破産法 56 条 1 項により，ライセンサーが破産した場合にライセンシー保護のために解除を制限することが我が国の公序になっていると考えて，法の適用に関する通則法 42 条の適用によりドイツ法の適用は排除され，承認管財人はドイツ法に基づくライセンス契約の解除はできないという結論を採ることも可能ではないかと思われる。

コラム15　Qimonda AG 事件
(In re Qimonda, 462 B.R. 165 (Bankr. E.D. Va. 2011).)

　半導体メモリーメーカーであるドイツ法人 Qimonda に対しドイツ本国で倒産手続が開始された後，Qimonda が保有する米国特許等の米国資産について米国連邦倒産裁判所で Chapter 15 に基づく付随的な倒産手続が行われた。

　この付随手続において，倒産裁判所は，当初，手続上の裁量的救済として，(n)項を含む米国倒産法 11 章 365 条を同付随手続に適用することを決定したが，その後 Qimonda の管財人の申立てに基づき，Qimonda の管財人が同条の発動を求めない限り，同条の適用を排除する旨の決定をした。

　ライセンシー側はこの決定を不服として連邦地裁に上訴したところ，連邦地裁は，当該救済が「合衆国の公序に明らかに反しないこと」(1506 条) 及び「債権者及び債務者を含む他の利害関係人の利益が十全に保護されるものであること」(1522 条(a)) という二つの法定の要件を満たすか否かについて審理させるため，事件を連邦倒産裁判所に差し戻した。

　これらの問題について連邦倒産裁判所は，ドイツ法によるフリーハンドなライセンス解除は，米国の公序に明らかに反し，かつ，ライセンシーの保護にもとる旨判示し，米国倒産法 365 条(n)を適用して，ライセンシーがライセンスを保持することができることを認めた。

175

第2章　産業技術ライセンス契約

第3　ライセンサーによる解約の事由

1　ライセンシーによる許諾特許の有効性の争い

【 条 項 例 】

9.3　Termination by Licensor

(a)　Licensor shall have the right to terminate this Agreement immediately upon written notice to Licensee in the event that Licensee directly, or through assistance to a Third Party, Challenges, whether as a claim, a cross-claim, counterclaim, or defense, against any Licensed Patent.

■ 和　訳────────────────────────

第9.3条　ライセンサーによる解約

(a)　ライセンサーは、ライセンシーが直接に又は第三者に対する支援を通じて、請求、交差請求、反訴請求又は抗弁のいずれによるかを問わず、本許諾特許に対して無効主張をする場合、ライセンシーに対する書面による通知をもって直ちに本契約を解約する権利を有する。

　ライセンス契約特有の解約事由として、ライセンシーが許諾特許の有効性を争った場合が挙げられる。ライセンシーにしてみれば、ライセンス契約締結後、許諾特許に無効理由を発見すれば、ライセンサーが任意にロイヤルティの減額に応じれば別論、そうでない限り、少なくとも将来的なロイヤルティ支払義務を免れるために[99]、特許の無効を主張し、特許無効審判の請求等、その無効化のための手続を進めることを望むであろう。他方、ライセンサーとしてみれば、ライセンシーが許諾特許の有効性を争い、ロイヤルティの支払を拒絶するようであれば、もはやライセンシーにライセンスを許諾す

99　既に支払ったロイヤルティや一時金などの返還請求の可否については第4節第8の2（118頁）参照。

176

第9節　契約期間・解約

る理由を失い，場合によっては，ライセンス契約に基づく紛争解決手続に訴える代わりに，特許侵害を理由にライセンシーに対して差止めや損害賠償の支払を請求することを望むであろう。そこで，ライセンス契約においては，ライセンサーにおいてそのような特許権の行使を可能とするために，ライセンシーによる許諾特許の有効性の争いを解約事由として定めることが一般的である。

　日本においては，ライセンサーがライセンシーに対して許諾特許の有効性を争わない義務（不争義務）を課す行為は独占禁止法上の観点から違法無効と判断される可能性がある一方（第4節第8の4（120頁）参照），そのような有効性の争いをライセンサーによる解約事由と定めることは原則として適法と解されている[100]。また，一般的な債務不履行に基づく解約条項に，所定の紛争解決手続係属中，解約の効力が生じない仕組みが設けられていれば（前記第2（170頁）参照），ライセンサーは，同条項を発動しても，ライセンシーが当該紛争解決手続を開始するとライセンシーに特許侵害訴訟を提起することができなくなってしまう。そのため，ライセンサーとしては，ライセンシーに不争義務を課した上でその不履行を解約事由とするのではなく，債務不履行の解約事由とは別個に，ライセンシーが許諾特許の有効性を争うことを独立した即時解約事由として定める方が得策であろう。

2　ライセンシーによる無断譲渡

【条項例】

9.3 Termination by Licensor

(b) Licensor shall have the right to immediately terminate this Agreement effective upon written notice to Licensee in the event that Licensee assigns this Agreement or its rights or obligations hereunder to its Affiliate or any Third Party without the prior

---

100　「知的財産の利用に関する独占禁止法上の指針」第4，4(7)。

第2章　産業技術ライセンス契約

written consent of Licensor.

■ 和　訳────────────────────────────

第9.3条　ライセンサーによる解約

(b)　ライセンシーがライセンサーの書面による事前の同意なく本契約又
は本契約上の権利若しくは義務をその関係会社又は第三者に譲渡した
場合，ライセンサーは，ライセンシーに対する書面による通知をもっ
て本契約を直ちに解約する権利を有する。

第2節第10（67頁）において述べたとおり，特許法77条3項及び94条
1項は，それぞれ専用実施権と通常実施権について，①実施の事業とともに
する場合，②特許権者の承諾を得た場合，及び③相続その他の一般承継の場
合に限り，移転することができると規定しているところ，これらの規定は強
行法規であるとの学説もある[101]。そこで，ライセンサーとしては，ライセンス
契約上の地位やその権利義務の無断譲渡を禁じる規定（第10節第1（191
頁）参照）[102]だけではなく，上記条項例のような形で，承諾なくしてライセン
ス契約やその権利義務が譲渡された場合にはライセンス契約を即時解約でき
る旨の解約条項を入れておくべきであろう。

3　ライセンシーの支配権の変動

【 条 項 例 】

9.3　Termination by Licensor

(c)　Licensor shall have the right to immediately terminate this
Agreement effective upon written notice to Licensee in the event

---

101　ただし，裁定による通常実施権を除く。

102　中山信弘・小泉直樹編『新・注解特許法〔第2版〕中巻』（青林書院，2017）1566頁
参照。

第9節 契約期間・解約

that Licensee consummates a Change of Control Transaction without the prior written consent of Licensor.

■ 和　訳

第9.3条　ライセンサーによる解約

(c)　ライセンシーがライセンサーの書面による事前の同意なく支配権変動取引を完了させた場合，ライセンサーは，ライセンシーに対する書面による通知をもって本契約を直ちに解約する権利を有する。

　一般的な産業技術ライセンスにおいて技術を事業化するのはライセンシーであり，ライセンサーは，ライセンシーによるその事業収益の一部をライセンス料として受け取ることによって当該技術資産を活用する。したがって，ライセンサーにとってライセンシーの事業化能力や支払能力は大きな関心事である。さらに，ライセンサーが事業会社である場合，その事業戦略上，特定の技術については競合企業に許諾したくないと考える場合も多いはずである。それ故，ライセンシーの支配権（経営権）の変動はライセンサーの利害に大きく影響し得るのであり，場合によってライセンサーがライセンス供与の前提として考えていた条件を覆す可能性がある。

　そこで，一般にライセンサーは，ライセンシーの支配権の変動について手続的制約を課し，又は，上記条項例のような形で，ライセンシーの支配権の変動をライセンス契約の解約事由とすることを望むことになろう。支配権の変動の意義及びこれに対する手続的制約については，改めて第10節第3（195頁）において述べる。

179

第2章　産業技術ライセンス契約

4　ライセンシーの売上目標の未達

【条項例】

9.3 Termination by Licensor

(d) Licensor shall have the right to terminate this Agreement on thirty (30) days' written notice to Licensee in the event that Licensee fails to achieve the Sales Target in the fifth (5th) or a subsequent calendar year after the First Commercial Sale of the Covered Product in the Licensed Territory.

■ 和　訳

第9.3条　ライセンサーによる解約

(d) ライセンシーが本許諾地域における本実施製品の最初の商業的販売後，5年目以降の暦年において本販売目標を達成しなかった場合，ライセンサーは，ライセンシーに対する書面による30日の事前通知をもって本契約を解約する権利を有する。

　第5節第2（125頁）において前述したように，独占ライセンス契約においては，ライセンサーのロイヤルティ収入確保の手段として，ライセンシーによる実施製品の最低販売数量が設定され，それが達成されなかった場合，ライセンサーは独占ライセンスを非独占ライセンスに転換することができる旨定められることがあるが，これに代わり又はこれに加え，上記実施例のような形で，ライセンサーによるライセンス契約の解約権を定めることも考えられる。

　繰り返し述べるように，独占ライセンスの場合，許諾技術の事業化は専らライセンシーの手に委ねられている。ライセンシーによる事業化が失敗したにもかかわらず，ライセンサーが契約に縛られて自己又は第三者を通じて当該技術の事業化を試みることができないとすれば，まさに宝の持ち腐れになってしまうのであり，契約からの離脱権はライセンサーにとって極めて重要な権利となる。

180

第9節　契約期間・解約

5　ライセンシーの実施努力義務違反

【条項例】

9.3 Termination by Licensor

(e) Licensor shall have the right to terminate this Agreement on ninety (90) days' written notice to Licensee in the event that Licensee fails to use commercially reasonable efforts set forth in Section 5.1, unless Licensee cures such diligence failure before the end of such ninety (90) day period.

■ 和　訳
第9.3条　ライセンサーによる解約

(e) ライセンシーが第5.1条に規定する商業上の合理的努力を尽くさない場合，ライセンサーは，ライセンシーに対する書面による90日の事前通知をもって本契約を解約する権利を有する。ただし，ライセンシーが当該90日の期間の終期までに当該努力懈怠を治癒した場合はこの限りでない。

　上記のとおり，独占ライセンス契約においては実施製品の最低販売数量が設定され，その未達が解約事由として定められることがあるが，当事者の交渉力等，事情によってそのような定めを入れることが困難な場合も考えられるし，そのような定めを入れた上でさらに追加的なライセンサー保護規定を定めたい場合もあろう。

　そこで，ライセンサーのロイヤルティ収入確保の利益を保護するための次善策又はバックアップ策として，例えば上記条項例のような形で，ライセンシーの実施努力義務の懈怠をライセンサーの解約事由として定めることが考えられる。

181

第2章 産業技術ライセンス契約

第4 ライセンシーによる解約の事由

1 許諾特許の失効

【 条 項 例 】

9.4 Termination by Licensee

(a) Licensee shall have the right to terminate this Agreement upon thirty (30) days' prior written notice to Licensor in the event that any claim of the Licensed Patents is revoked or declared invalid or unenforceable by an unappealable decision of a court, patent office or any other administrative body of competent jurisdiction.

■ 和 訳————————————————

第9.4条 ライセンシーによる解約

(a) 管轄権を有する裁判所，特許庁又は他の行政機関の上訴不能な判断によって本許諾特許のいずれかのクレームが取り消され又は無効若しくは権利行使不能と宣言された場合，ライセンシーは，ライセンサーに対する書面による30日の事前通知をもって本契約を解約する権利を有する。

　ライセンシーによるライセンス契約の典型的な解約事由として，第三者による有効性の争いによって許諾特許の全部又は一部が無効となり又は取り消された場合が挙げられる。

　第4節第8の1（117頁）で既に述べたように，許諾特許が失効すれば当該発明はパブリックドメインに帰すのであり，ライセンシーはもはやその実施についてロイヤルティの支払義務を負わないが，失効したのが複数の許諾特許の一部であって，ライセンシーの実施製品が残存する特許にカバーされる場合には，ロイヤルティの支払義務は継続することになる。その際，例えば，残存する特許発明やノウハウについてはライセンシーにおいてより安価な代替技術が利用可能であるといった場合や特定の特許が失効することに

182

第9節　契約期間・解約

よって競合製品が市場に参入し，ライセンシーの関連事業収益が悪化すると
いった場合など，状況によっては，ライセンシーはライセンス契約を終了さ
せることを望むであろう。その場合にライセンシーに解約権を認めるのが上
記条項例のような定めである。したがって，ライセンシーの視点に立てば，
許諾特許の一部のクレームが失効しただけで解約権が発生するように定めて
おくことが望ましいであろう。

2　許諾ノウハウの公知化

【 条 項 例 】

9.4 Termination by Licensee

(b) Licensee shall have the right to terminate this Agreement upon
thirty (30) days' prior written notice to Licensor in the event that all
or part of the Licensed Know-How becomes publicly known through
no fault of Licensee.

■ 和　訳────────────────────────

第9.4条　ライセンシーによる解約

(b) ライセンシーの責めによらず，許諾ノウハウの全部又は一部が公知
化した場合，ライセンシーは，ライセンサーに対する書面による30
日の事前通知をもって本契約を解約する権利を有する。

　許諾ノウハウの全部又は一部が公知となり，パブリックドメインに帰せ
ば，ライセンシーとしてはもはやロイヤルティを支払ってライセンサーから
その実施許諾を受ける理由がなくなる可能性がある。

　そこで，許諾技術にノウハウが含まれる場合，許諾ノウハウの公知化をラ
イセンシーによる解約理由とすることが考えられる。ただし，ライセンシー
の責めに帰すべき事由によって許諾ノウハウが公知となった場合にまでライ
センシーに解約権を与える必要はなく，上記条項例のような形で，ライセン
シーの帰責事由によらずに公知化した場合のみを解約事由とするのが合理的

183

第2章　産業技術ライセンス契約

であろう。

3　第三者からの特許侵害クレーム

【 条 項 例 】

9.4 Termination by Licensee

(c)　Licensee shall have the right to terminate this Agreement upon thirty (30) days' prior written notice to Licensor in the event that Licensee is permanently enjoined from Manufacturing or Commercializing the Covered Products in the Licensed Territory pursuant to a patent infringement action brought by a Third Party.

■ 和 訳———————————————————————

第9.4条　ライセンシーによる解約

(c)　第三者の提起した特許侵害訴訟によってライセンシーが本許諾地域における本実施製品の製造又は商品化を永続的に禁止される場合，ライセンシーは，ライセンサーに対する書面による30日の事前通知をもって本契約を解約する権利を有する。

　第7節第2の3（150頁）に述べたように，産業技術ライセンス契約においてライセンサーが第三者特許の非侵害を無条件に保証することは通常ないと思われるが，他方，ライセンシーからしてみれば，第三者からの特許侵害クレームによって許諾製品の製造販売ができなくなれば，もはやライセンスは不要であるし，最低ロイヤルティの定めのある独占ライセンスの場合には，ライセンス契約の速やかな終了をむしろ望むであろう。

　そこで，ライセンシーの立場からすれば，第三者から特許侵害訴訟を提起された結果，許諾製品の製造販売ができなくなったような場合に自己の判断において契約を解約できるよう，第三者からの特許侵害クレームを解約事由とすることが有用である。

184

4 ライセンシーによる任意解約権

【 条 項 例 】

9.4 Termination by Licensee

⒟ Licensee shall have the right to terminate this Agreement upon one hundred eighty (180) days prior written notice to Licensor in the event that Licensee reasonably determines that it would not be economically reasonable to Commercialize the Covered Product.

■ 和 訳────────────────────

第9.4条 ライセンシーによる解約

⒟ ライセンシーは，本実施製品を商品化することが経済合理的でないと合理的に決定した場合，ライセンサーに対する書面による180日の事前通知をもって本契約を解約する権利を有する。

ライセンシーに最低ロイヤルティの支払義務や合理的実施（努力）義務が課されている場合，ライセンシーとしては，許諾技術の事業化に失敗した場合にはそのような義務を免れるため，ライセンス契約を解約することを望むであろう。他方，特に独占ライセンスの場合，ライセンサーとしては，当該技術の事業化をライセンシーに託しているのであり，ライセンサーがその任意によっていつでもライセンス契約を解約できるとしたのでは，安心してライセンスを許諾することはできない。

そこで，両者の利害を調整し，特に最低ロイヤルティの定めのある独占ライセンス契約においては，例えば上記条項例のような形で，一定の条件の下，相当の告知期間を置くことにより，ライセンシーがライセンス関係から離脱することを可能とする任意解約権を定めることが考えられる。ライセンス契約締結時には，将来許諾技術の事業化が成功するか否かは不明なのであり，義務負担を免れる手段として，かかる契約関係からの離脱権を定めておくことはライセンシーにとって極めて重要である。

第2章　産業技術ライセンス契約

コラム *16* 原ライセンス契約の解約による サブライセンス契約の終了

　サブライセンス契約は，本来，サブライセンサーのサブライセンス権を定めた元のライセンス契約（原ライセンス契約）の失効によって土台を失う。そのため，サブライセンス契約においては，例えば次のような形で原ライセンス契約の解約が終了事由として定められるのが一般的であるが，当事者間の約定により，原ライセンス契約が失効しても，一定の場合には，原ライセンス契約のライセンサー（原ライセンサー）がサブライセンサーの地位を承継し，従来の（サブ）ライセンス契約関係が原ライセンサーとサブライセンシーとの間に直接生じる旨定めることも可能である。

Termination of the Underlying License Agreement

This Agreement shall terminate upon the termination of the Underlying License Agreement by Licensor or Underlying Licensor in accordance with the Underlying License Agreement.

Licensor shall inform Licensee of such termination within five (5) Business Days of the receipt (in case of termination by Underlying Licensor) or sendeing (in case of termination by Licensor) of the notice of termination of the Underlying License Agreement.

原ライセンス契約の解約

本契約は，原ライセンス契約に従って同契約がライセンサー又は原ライセンサーによって解約されることによって終了する。ライセンサーは，原ライセンス契約の解約通知を受領（原ライセンサーによる解約の場合）又は送付（ライセンサーによる解約の場合）後5営業日以内に，当該契約をライセンシーに通知するものとする。

　また，事情によっては，原ライセンス契約が原ライセンス契約のライセンシー（サブライセンサー）の帰責事由によって終了する場合には，サブライ

第9節　契約期間・解約

センシーがサブライセンサーに損害賠償請求し得る旨定めることも考えられ
よう。

第5　契約終了の効果

【 条 項 例 】

9.5 Consequences of Expiration or Termination; Survival

(a) In the event of expiration or termination of this Agreement:

　(i)　the licenses granted by Licensor to Licensee hereunder shall terminate and revert to Licensor upon the earlier of expiration of the Term and the effective date of termination; and

　(ii)　notwithstanding the provision of (i) above, in the event that this Agreement expires or is terminated by Licensee pursuantto Section 9.2 (a), (b) or (c), Licensee shall obtain a non-exclusive, royalty-free, irrevocable, perpetual, non-sublicensable right and license to the Licensed Technology to Exploit the Licensed Products in the Field of Use in the Licensed Territory.

(b) Expiration or termination of this Agreement will not relieve the Parties of any liability that accrued hereunder prior to the effective date of such expiration or termination, nor preclude either Party from pursuing all rights and remedies it may have hereunder or at law with respect to any breach of this Agreement.

(c) Sections 8 and 11 and such other Secti ons as by their nature are intended to survive the expiration or termination of this Agreement shall survive expiration or termination of this Agreement.

187

第2章　産業技術ライセンス契約

■ 和　訳
第9.5条　契約終了又は解約の効果，残存条項

(a)　本契約が終了し又は解約された場合，

　　(i)　本契約期間の終了又は解約の効力発生日のいずれか早い日にお
　　　　いて，本契約上ライセンサーからライセンシーに許諾されたライ
　　　　センスは終了し，ライセンサーに復帰する。

　　(ii)　上記(i)の規定にかかわらず，本契約が終了し又は第9.2条(a)，
　　　　(b)又は(c)に従ってライセンシーによって解約された場合，ライセ
　　　　ンシーは，本許諾地域において本実施分野で本許諾製品を利活用
　　　　する非独占的，無償，取消不能，永久のサブライセンス不能な権
　　　　利及びライセンスを取得するものとする。

(b)　本契約が終了し又は解約されても，両当事者は，当該終了又は解約
　　の効力発生日の前に本契約上発生した責任を免れず，いずれの当事者
　　も本契約の違反に関して本契約上又は法律上有する全ての権利及び救
　　済を行使することを妨げられない。

(c)　第8条及び第11条並びにその性質上本契約の終了又は解約後も残
　　存することが意図されている他の条項は，本契約の終了又は解約後も
　　残存するものとする。

　ライセンス契約が終了すれば，既に契約に基づいて発生した個別的な債権
債務を除き，契約上の権利義務は本来失効するはずであるが，実務上は，契
約終了後も失効しない契約条項を存続条項として定めるのが通例であり，補
償（損害賠償）条項，契約準拠法や紛争解決方法を定めた条項，契約終了後
の権利義務を定めた条項や存続条項自体などがその典型である。

　ライセンス契約が終了すれば，許諾特許についてのライセンス，すなわ
ち，当該特許権を行使させないという不作為請求権は消滅する。したがっ
て，ライセンス契約終了後に許諾対象の特許権が存続する場合，ライセン
シーは当該発明を実施することができなくなる。ライセンス契約の契約期間
を許諾特許の存続期間と連動させなければそのような事態が生じ得る。

　他方，ライセンス契約の契約期間を許諾特許の存続期間と連動させ，ロイ
ヤルティ支払義務が消滅するまで，あるいはライセンス対象の（最後の）特

188

第9節　契約期間・解約

許が消滅するまでという形で定めれば，期間満了によってライセンス契約が終了する際に許諾特許は消滅し，当該発明はパブリックドメインとなるから，ライセンシーは契約期間終了後，ロイヤルティを支払うことなく，当該発明の実施を継続することができる。特にライセンシーが製造設備に投資をしてライセンスに基づく製造事業を行う場合，投下資本回収の観点からライセンス契約終了後に当該事業を継続することが当初より事業計画に予定されることが通常である。逆に言えば，当事者は，ライセンシーがライセンス契約終了後にロイヤルティの支払なしに事業継続することができること（ただし，競業他社も同一技術を採用することができるようになること）を織り込んだ上で，ライセンス料を取り決めることになる。

　ここで注意すべきは，ライセンス契約において特許だけでなく，ノウハウのライセンスも受け，それを実施して製品を製造する場合，ライセンス契約の終了時に特許が消滅しても，ノウハウについてのライセンサーの権利は消滅しないということである。ライセンシーがライセンサーから開示を受けた製造ノウハウを用いた製造ラインを組んだ場合，特許消滅によってライセンス契約が終了した後にそのまま従前の製造ラインを用いて製造を継続するとライセンサーのノウハウを使用することになり，別途ライセンサーにノウハウ使用の対価を支払わねばならなくなる。[103]そこで，そのような場合に備え，ライセンシーとしては，ライセンス契約において，契約終了後はノウハウについて永久無償のライセンスが許諾される旨の規定を入れておくことが望ましいが，ライセンス契約がライセンシーの責めに帰すべき事由によりライセンサーによって解約された場合や，ライセンシーによって任意解約された場合にまで，そのようなノウハウの無償ライセンスが許諾されるというのは合理的ではない。そこで，上記条項例の(a)(ii)のように，そのようなライセンスが認められるのは，契約が期間満了によって終了した場合及びライセンサー

103　ノウハウは特許権のような物権的権利によって保護されるものではないが，ライセンス契約終了後に無断でライセンサーのノウハウの使用を継続する行為はライセンス契約違反（存続条項違反）となるだけではなく，不法行為を構成し，さらに不正競争防止法上の不正競争（2条1項7号）に該当し得る。

189

第2章　産業技術ライセンス契約

の責めに帰すべき事由によりライセンシーによって解約された場合に限られ
よう。

第10節　譲渡・支配権の変動

第10節

譲渡・支配権の変動

第1　契約上の地位の譲渡の制限

【条項例】

10.1 Assignment of Agreement

Neither Party shall assign this Agreement or its rights or obligations hereunder to its Affiliate or any Third Party without the prior written consent of the other Party, except that Licensor may assign all or part of its rights under this Agreement to its Affiliate without Licensee's consent.

■和　訳

第10.1条　契約の譲渡

いずれの当事者も，他方当事者の書面による事前の同意がない限り，本契約又は本契約上の権利若しくは義務をその関係会社又は第三者に譲渡することができない。ただし，ライセンサーは，ライセンシーの同意なく，本契約上の権利の全部又は一部をその関係会社に譲渡することができる。

　当事者がライセンス契約の当事者の地位や同契約上の権利義務（ライセンスやロイヤルティの支払請求権等）を譲渡できるか否か，譲渡できるとしていかなる条件を満たす必要があるか，というのがここでの問題である。ライセンス自体の譲渡可能性はライセンスの許諾範囲の問題と捉えることもでき，第2節第10（67頁）において前述したが，実務上はライセンス条項とは別個に契約の譲渡に関する条項において規定されるのが一般的である。

191

第2章　産業技術ライセンス契約

　ライセンサーとしてはライセンシーの実施能力や支払能力を信用してライセンスを許諾するはずである。また，ライセンサーがライセンス対象技術を自ら実施する事業者である場合，ライセンシーとの市場における競合可能性もライセンス戦略上重要である。自社製品とは異なる事業分野での使用を許諾するライセンスの場合であっても，例えば自社の主たる事業分野で競合するライバル企業やその関係会社にはライセンスしたくないと考える場合もあるだろう。そのため，ライセンサーとしては，ライセンシーによるライセンス契約上の地位やその権利義務の譲渡にライセンサーの事前同意を要求してコントロールを及ぼすのが通例である。もっとも，第2節第10（67頁）において前述したとおり，特許法77条3項及び94条1項は，それぞれ専用実施権と通常実施権[104]について，①実施の事業とともにする場合，②特許権者の承諾を得た場合，及び③相続その他の一般承継の場合に限り，移転することができると規定しているところ，これらの規定は強行法規であるとの学説もある[105]。そこで，ライセンサーとしては，無断譲渡を禁じる上記条項例のような規定だけではなく，承諾なくしてライセンス契約やその権利義務が譲渡された場合にはライセンス契約を解約できる旨の解約条項（第9節第3の2（177頁）参照）を入れておくべきであろう。

　他方，産業技術ライセンスにおけるライセンサーの基本的義務は許諾技術について権利行使せず又は許諾技術に関する情報を提供することであり，許諾技術の権利者であれば誰でも容易に履行し得る状態債務であるから，少なくとも許諾技術に関する権利と共に移転する限り，ライセンサーによるライセンス契約上の地位やその権利義務の譲渡についてライセンシーはさほど大きな利害を有しないであろう。もっとも，技術支援等，ライセンサーの付随義務が定められている場合にはライセンサーが誰であるかによってその履行能力が変わり得るから，そのような場合には，ライセンシーとしても，ライ

104　ただし，裁定による通常実施権を除く。

105　中山信弘・小泉直樹編『新・注解特許法〔第2版〕中巻』（青林書院，2017）1566頁参照。

192

センサーによるライセンス契約上の地位や同契約上の権利義務の譲渡にライセンシーの事前同意を要求しコントロールを及ぼす必要があるであろう。

第2　許諾技術の譲渡の制限

【条項例】

10.2 Assignment of Licensed Technology

Licensor shall not assign to its Affiliate or any Third Party or create security on any Licensed Technology without the prior written consent of Licensee.

■ 和　訳─────────────────────────

第10.2条　本許諾技術の譲渡

ライセンサーは，ライセンシーの書面による事前の同意がない限り，その関係会社又は第三者に対し本許諾技術を譲渡し又は担保権を設定してはならない。

　前記第1はライセンス契約上の地位や同契約上の権利義務の譲渡であるが，ライセンサーによる許諾特許自体の譲渡に対するライセンシーのコントロールという問題もある。

　特許の非独占ライセンス（通常実施権）の場合，日本特許のライセンスは，特許法99条により，登録されていなくても当然に許諾特許の譲受人に対して対抗できるが，対応外国特許について一括してライセンスを受ける場合，そのような法制を採用していない国の特許が含まれている可能性もある。さらに，独占ライセンスの場合は，日本特許のライセンスであっても，専用実施権が設定されていない限り，ライセンシーはライセンスの独占性を

第2章　産業技術ライセンス契約

許諾特許の譲受人に対して当然に対抗することができるわけではない。[106]

　ノウハウライセンスの場合，特許法99条のような規定は存在しないが，ノウハウに対する権利自体，排他性を有するものではないので，ノウハウに対する権利をライセンサーが第三者に譲渡したとしても，通常，ライセンシーが当該譲受人から当該ノウハウの実施の差止めを受ける理由はなく，ライセンスを譲受人に対抗できるのと同じ結果となるであろう。他方，特許の通常実施権の場合と同様，ノウハウのライセンシーは，当該ノウハウの独占的使用をその譲受人に主張できる立場にはない。

　そこで，特に独占ライセンスの場合，ライセンシーとしては，自己のライセンスを保護するために，上記条項例のような形で，ライセンサーが許諾技術を第三者に譲渡し又は担保権を設定するに当たって，ライセンシーの事前同意を取得することを要求すべきであろう。もっとも，このような条項を置いたとしても，ライセンサーがこれに違反して，ライセンシーの事前同意を得ることなく許諾技術を第三者に譲渡した場合，ライセンサーと当該第三者（譲受人）との間の譲渡契約が無効となるものではなく，ライセンシーとしては，非独占ライセンスを譲受人に対抗することができるほかは，ライセンサーに対して損害賠償を請求できるにとどまる。

106　平成23年特許法改正により，通常実施権は，その発生後の特許の譲受人や専用実施権者に対し当然に対抗可能となったが（特許法99条），特許の譲渡人（ライセンサー）とライセンシーとの間のライセンス契約自体が特許の譲受人に承継されるか否かについては条文上明らかではない。この点について判示した裁判例はいまだ存在せず，学説上は，承継肯定説，承継否定説，一定の類型のライセンス契約についてのみ承継を認める折衷説の争いがあり，いまだ通説はない模様である（中山信弘『特許法〔第4版〕』（弘文堂，2019）554〜560頁）。したがって，少なくともこの論点について判例通説のない現時点においては，ライセンシーが特許の譲受人にライセンスの独占性（つまり，許諾範囲において自ら当該特許発明を実施せず，第三者にその実施を許諾しないというライセンサーの不作為義務）を対抗し得る保証はないといえる。

194

第10節　譲渡・支配権の変動

第3　支配権の変動

【条項例】

10.3 Change of Control

Licensee shall not consummate a Change of Control Transaction without the prior written consent of Licensor, which shall not be unreasonably withheld, conditioned or delayed. For purposes of this provision, a "Change of Control Transaction" means (ⅰ) any sale, exchange, transfer, or issuance to or acquisition in one transaction or a series of related transactions by one or more Licensee's Affiliates or Third Parties of at least fifty percent (50%) of the ownership interest of Licensee, whether made directly or indirectly, by merger or otherwise, or beneficially or of record; (ⅱ) a merger or consolidation under Applicable Law of Licensee with its Affiliate or Third Party in which the shareholders of Licensee or its Affiliate that directly or indirectly controls Licensee immediately prior to such merger or consolidation do not continue to hold immediately following the closing of such merger or consolidation at least fifty percent (50%) of the aggregate ownership interest of the entity surviving or resulting from such consolidation; or (ⅲ) a sale or other disposition of all or substantially all of the assets of Licensee to one or more of its Affiliates or Third Parties in one transaction or a series of related transactions.

■和　訳

第10.3条　支配権の変動

ライセンシーは，ライセンサーの書面による事前の同意がない限り，支配権変動取引を完了させてはならない。ただし，ライセンサーは，当該同意を不合理に差し控え，これに条件を付し又は遅延してはならない。本規定において「支配権変動取引」とは，(ⅰ)直接的か間接的か，合併その他の方法によるか若しくは受益上か記録上かを問わず，ライセンシー

195

の関係会社又は第三者への一つの取引若しくは一連の関連取引による
ライセンシーの持分の少なくとも50％の売却，交換，譲渡，発行若
しくは売却，(ii)ライセンシーとその関係会社又は第三者との適用法に
基づく吸収合併若しくは新設合併であって，ライセンシー若しくは当
該吸収合併若しくは新設合併の直前，直接若しくは間接にライセン
シーを支配していたその関係会社の株主が当該吸収合併若しくは新設
合併のクロージング後，存続法人若しくは新設合併によって設立され
る法人の総持分の少なくとも50％の保有を継続しないものである場
合，又は(iii)一つの取引若しくは一連の関連取引によるライセンシーの
全部若しくは実質的に全部の資産のその関係会社若しくは第三者の一
社又は数社に対する譲渡若しくはその他の処分，を意味する。

　ライセンス契約の当事者の地位や同契約上の権利義務の譲渡に類似した問
題として当事者の支配権の変動がある。一般に，change of control（支配権
の変動）とは，当事者である法人の支配権，すなわち，議決権付持分の過半
数の変動（移転）を意味する。契約当事者に支配権の変動があっても，外形
上，契約の当事者が変更されるわけではないが，当該当事者の内部の意思決
定レベルで観察すると，実質的に異なる人格に変わったと見ることができ，
契約の他方当事者からすると合意の前提が崩れる場合があり得る。
　ライセンス契約の場合の典型的な場面としては，ライセンサーが自己と競
業関係にない会社にライセンスを許諾した後，そのライセンシーが自己のラ
イバル企業に買収され，実質的に自社の技術の実施をライバル企業に許諾す
るような事態が生じる場合である。そこで，そのような事態が生じることが
ないよう，ライセンシーがその支配権の変動を伴う取引を行う場合は，ライ
センサーの事前同意を取得する義務をライセンシーに課し，あるいはライセ
ンシーの支配権の変動を生じたことをライセンサーによるライセンス契約の
解約事由として定める（第9節第3の3（178頁）参照）という手当てがさ
れる。
　他方，産業技術ライセンスにおけるライセンサーの本質的な義務は，許諾
技術について権利行使せず又は許諾技術に関する情報を提供することであ

り，当該技術の権利者であれば誰でも履行し得るから，ライセンサーの支配権の変動によってライセンシーが不利益を受けることは通常ない。そのため，一般に，ライセンサーの支配権の変動に関してライセンシー保護の手当てを用意すべき要請はさほど高くないであろう。

第2章 産業技術ライセンス契約

第11節

一般条項

　本節では，他の類型の取引契約にも共通して見られ，雑則（miscellaneous provisions）とも呼ばれる契約の一般条項につき，特に産業技術ライセンス契約において留意すべき問題があればそれに焦点を当てて，概説する。

第1　損害賠償（補償）

　ライセンス契約の一方当事者（ライセンサー又はライセンシー）が契約上の義務に違反し，他方当事者に損害を生じさせれば，債務不履行として他方当事者に対して損害賠償義務を負う（民法415条）。

　一般的な産業技術ライセンス契約はライセンサーのライセンス許諾とライセンシーのライセンス料の支払を基本的な対価関係とする双務有償契約であり，当事者がかかる基本的な義務に違反して他方当事者に損害を生じさせれば，それを賠償する義務を負うことになる。例えば，第6節第1の1（128頁）に述べたように，許諾対象の特許がライセンサーの特許料の不払いによって消滅した場合，ライセンサーはライセンシーに対して損害賠償義務を負うことになろう。

　産業技術ライセンス契約は，一般に，ライセンシーがライセンサーから許諾を受けた産業技術を用いた製品やサービスを第三者に提供することを予定しており，そのようなライセンシーによる第三者への製品やサービスの提供に関連して，第三者からライセンス契約当事者に差止めや損害賠償請求がされる可能性があり，これによって当事者に生じる損害を当事者間でいかに分担するかということが実務上特に問題となる。

198

第11節　一般条項

1　第三者のクレームに関する補償

【 条 項 例 】

11.1 Indemnification

(a) Each Party (the "Indemnifying Party") shall indemnify, defend, and hold harmless the other Party and its directors, officers, employees and agents (each, an "Indemnified Party") from and against any and all claims, demands, suits, actions, liabilities, damages and/or expenses including reasonable legal expenses and attorneys' fees (collectively, "Losses"), to which any Indemnified Party may become subject as a result of any claim, demand, suit, action or other proceeding by a Third Party to the extent such Losses arise out of or result from:

　　(i)　any breach by the Indemnifying Party of its representations, warranties, covenants or obligations in this Agreement, and/or violation of Applicable Law; or

　　(ii)　the gross negligence or willful misconduct of the Indemnifying Party or its Affiliates in connection with this Agreement.

■ 和　訳

第11.1条　補償

(a)　各当事者（「補償当事者」）は，他方当事者並びにその取締役，役員，従業員及び代理人（それぞれ「被補償当事者」）を，第三者による何等かの請求，要求，訴訟，申立て又はその他の手続の結果，被補償当事者が服することになる一切の請求，要求，訴訟，申立て，責任，損害及び／又は合理的な法的費用及び弁護士費用を含む支出（「損失」と総称）に対して，当該損失が以下から生じ又は由来する限りにおいて，補償し，防御し，かつ損害を被らせないようにするものとする。

　　(i)　補償当事者による本契約上の表明，補償，誓約又は義務の違反及び／又は適用法の違反，又は

　　(ii)　本契約に関連する補償当事者又はその関係会社による重過失又

第2章　産業技術ライセンス契約

は故意による不正行為

　ライセンス契約の一方当事者の行為に起因して，他方当事者が第三者から
損害賠償等のクレームを受けるということが場合によってあり得る。
　典型的な場面としては，ライセンサーから許諾を受けた産業技術を利用し
てライセンシーが製品を製造販売したところ，第三者から当該第三者の知的
財産権の侵害を理由にライセンシーが差止めや損害賠償の請求を受けるとい
うケースが考えられる。このようなケースにおいてライセンシーに損害が生
じた場合，ライセンシーがライセンサーにその賠償（補償）を請求できるか
否かは，第一次的に，第三者の知的財産権の非侵害がライセンサーの表明保
証の内容になっているか否かによって決まるのであり，この点については第
7節第2の3（150頁）において既に述べた。
　ライセンス契約の一方当事者の行為に起因して，他方当事者が第三者から
損害賠償等のクレームを受ける場面としては，ライセンス契約に基づき，ラ
イセンシーがライセンサーの技術を用いた製品を販売したところ，製品の購
入者が製品の欠陥を理由に，ライセンシーのみならず，ライセンサーも共同
被告として損害賠償請求訴訟を提起するというようなケースも考えられる。
さらに，他の例としては，特許権者から特許ライセンスを取得した原ライセ
ンシー（サブライセンサー）がサブライセンシーに同特許のサブライセンス
をしたところ，原ライセンシー（サブライセンサー）が特許権者に対する所
定のロイヤルティの支払を怠ったために特許権者が原ライセンス契約を解約
し，原ライセンシー（サブライセンサー）と共にサブライセンシーに対して
特許侵害訴訟を提起するというようなケースも考えられる。
　このような場合，他方当事者は，訴訟において被告側が敗訴すれば判決で
認められた責任を負うことになるのはもちろん，仮に勝訴したとしても応訴
のために多額の弁護士費用等の支出を余儀なくされる可能性がある。そこ
で，例えば上記条項例のような形で，このような第三者からのクレームに起
因する一定の損害の補償について契約で定めることが実務上しばしば見られ

200

第11節　一般条項

る。日本の民法に照らすと，かかる定めは，一定の第三者のクレームに起因
する損害を相当因果関係の有無を問わずに賠償範囲に含める旨の賠償範囲の
特約と位置付けられる。

2　損害賠償（補償）とその制限

【 条 項 例 】

11.1 Indemnification

(b) EXCEPT WITH RESPECT TO A CLAIM FOR FRAUD, GROSS
NEGLIGENCE, OR WILLFUL MISCONDUCT, NEITHER PARTY
WILL BE LIABLE TO THE OTHER FOR ANY SPECIAL,
INDIRECT, CONSEQUENTIAL, INCIDENTAL, LOST PROFITS,
OR PUNITIVE DAMAGES ARISING FROM OR RELATING TO
ANY BREACH OF THIS AGREEMENT, REGARDLESS OF ANY
NOTICE OF THE POSSIBILITY OF SUCH DAMAGES, AND
REGARDLESS OF THE LEGAL THEORY ASSERTED
INCLUDING CONTRACT, NEGLIGENCE, STRICT LIABILITY,
OR ANY OTHER LEGAL THEORY.

■ 和 訳─────────────────────────

第11.1条　補償

(b) 詐欺，重過失又は故意による不正行為を理由とする請求に関するも
のでない限り，いずれの当事者も他方当事者に対し，損害の可能性の
通知にかかわらず，また契約，過失，厳格責任その他の法的理論を含
むいかなる法的理論の主張にかかわらず，本契約の違反に由来又は関
連して発生する一切の特別的，間接的，結果的，付随的，逸失利益の
又は懲罰的な損害について責任を負わないものとする。

　他の類型の取引契約と同様，知的財産ライセンス契約の当事者は，約定の
義務の履行を怠れば，相手方に対し債務不履行による損害賠償義務を負うの
が原則である。日本法を契約準拠法とする場合，かかる損害賠償義務は民法

201

第2章　産業技術ライセンス契約

上定められた義務であり（民法415条），ライセンス契約に損賠賠償条項がなくとも発生する。したがって，少なくとも日本法を契約準拠法とする限り，ライセンス契約における損害賠償条項は，損害賠償義務の範囲や制限について民法上の定めとは異なる合意をすることに実益がある。

　日本の民法上の損害賠償の範囲（民法416条）は，債務者の予見可能性を基準とした相当因果関係の範囲によって画されるというのが一般的な実務的取扱いであるが，その場合，予見可能性が認められる限り，一定範囲の逸失利益も賠償範囲に含まれることになる。この点，産業技術ライセンス契約において，ライセンサーは，対象となる産業技術をライセンシーに許諾する義務を負うほか，当該産業技術に関して一定の表明保証を行い，また場合によってはライセンシーに対して技術支援を行う義務を負う。ライセンシーはかかるライセンサーの義務が履行されることを予定して事業計画を立て，それを実施するのであり，ライセンサーがこれらの義務を履行しない場合，ライセンシーは多大な逸失利益を被る可能性があり，相当因果関係論に基づく民法上の損害賠償規定の適用を受ければ，ライセンサーは多額の賠償責任を負うリスクを負担することになる。そこで，ライセンサーには，リスク管理の観点から，潜在的な損害賠償責任の範囲を限定したいという要請が働く。

　他方，有償のライセンス契約におけるライセンシーの基本的な義務はライセンス料を支払うことであり，その不履行による損害賠償の範囲は他の類型の取引契約と同様，特約がない限り遅延利息に限られるが（民法419条），ライセンス契約上ライセンシーが負う他の義務（許諾技術の実施義務，ライセンシーの表明保証や秘密保持義務など）[107]については不履行の賠償範囲は必ずしも明らかではなく，ライセンシーとしても自己の損害賠償責任の範囲が限定されることは有益である。

　そこで，実務上は，偶発債務に関する予測可能性を高めるべく，上記条項例のように，契約当事者の賠償責任の範囲から間接的，派生的な損害を除外する例がしばしば見られる。賠償範囲に関する予見可能性をさらに高めるた

107　第5節第1（124頁）参照。

第11節　一般条項

めに，賠償額に上限を設定する場合もあり得よう。

　他方，場合によっては，上記条項例のような損害賠償制限の適用を原則としつつ，前記 1 に述べた第三者クレームに関する補償については損害賠償制限の例外として，被った損害全額を補償の対象とする旨定めることも考えられるであろう。

3　保　険

【条項例】

11.1 Indemnification

(c) Each Party will, at its own expense, procure and maintain during the Term, insurance policies (or a program of self-insurance) adequate to cover its responsibilities hereunder and consistent with the normal business practices of prudent manufacturing companies of similar size and scope. Such insurance will not create a limit to such Party's liability under this Agreement.

■ **和　訳**

第 11.1 条　補償

(c) 各当事者は，自己の費用をもって，本契約期間中，本契約上の責任を補償するに十分であり，かつ類似の規模及び範囲を有する賢明な製造会社の標準的なビジネス実務に従った保険契約（又は自己保険のプログラム）を取得し，維持するものとする。当該保険は，本契約上の当該当事者の責任に制限を設けるものではない。

　当事者に賠償するだけの資力がなければ，損害賠償義務を定めても画餅に帰す。そこで，特に当事者の資力に不安がある場合には，上記条項例のように，一定の保険を付保する当事者の義務を契約上定めるべきであろう。

　場合によっては，相手方の付保義務の履行を確認するために，当該保険の証書の写しを提供する義務を定めることも考えられよう。

203

第2章　産業技術ライセンス契約

第2　不可抗力

【条項例】

11.2 Force Majeure

Neither Party shall be liable for a failure to comply with any provision of this Agreement if it is prevented from performing the said provision because of a Force Majeure Event. For purposes of this provision, a "Force Majeure Event" means an event beyond the control of such Party and independent from its will including, but not limited to, strikes or other labor trouble, war, insurrection, fire, flood, earthquake, typhoon, explosion, discontinuity in supply of power, court order or governmental interference.

■ 和　訳

第11.2条　不可抗力

いずれの当事者も，不可抗力事由によって本契約の規定の履行を妨げられた場合には，当該規定の不履行について責任を負わない。本規定において「不可抗力事由」とは，当該当事者にとって制御不能でその意思から独立した事由を意味し，これにはストライキ若しくはその他の労働争議，戦争，暴動，火災，洪水，地震，台風，爆発，電力供給の断絶，裁判所の命令，又は政府の介入を含むが，これらに限られない。

　非独占特許ライセンス契約におけるライセンサーの基本的義務は許諾特許について権利行使しないという不作為義務である。独占ライセンスの場合，ライセンサーは，第三者にライセンスを許諾せず，自身も当該特許発明を実施しないという義務を負うが，これも不作為義務である。これらのライセンサーの義務は，特許権者であれば誰でも容易に履行し得る状態債務であって，履行不能ということはおよそ考えられない。他方，ライセンシーの基本的義務はライセンス料を支払うという金銭債務であるが，この債務について

204

第11節　一般条項

も履行不能は観念できず，日本の民法上，不可抗力は債務不履行（履行遅滞）の抗弁となるものではない[108]。しかも，日本の民法には危険負担についての定めがある[109]。よって，少なくとも日本法を契約準拠法とする限り，ライセンス契約に不可抗力条項を設ける必要性はさほど高くないであろうが，ライセンサーの技術支援義務，ライセンシーの許諾技術実施義務などの付随的義務との関連において，不可抗力による債務不履行の取扱いについて定める意味は依然あるであろう。

　ライセンス契約に不可抗力条項を入れる場合には，不可抗力事由の定義に注意する必要がある。例えば，薬機法（医薬品，医療機器等の品質，有効性及び安全性の確保等に関する法律）上の医薬品や農薬取締法上の農薬のように，製品の製造販売等に法規制のある技術が許諾技術である場合，規制当局の対応いかんが許諾技術の実施可能性に影響を及ぼす可能性がある。よって，例えばライセンシーに許諾技術の実施努力義務が課されている場合，ライセンシーとしては規制当局の不作為等を不可抗力事由に含めることを検討すべきであろう。

第3　当事者の独立性

【条項例】

11.3 Independent Contractors

The relationship of Licensor and Licensee under this Agreement is intended to be that of an independent contractor. Nothing contained in this Agreement is intended or is to be construed so as to constitute the Parties as partners or joint venturers or either Party as an agent or employee of the other. Neither Party has any express or implied

---

108　民法419条3項。
109　民法534〜536条。なお，令和2年4月1日より，民法534条，535条は削除される。

right or authority under this Agreement to assume or create any obligations on behalf of or in the name of the other, or to bind the other Party to any contract, agreement or undertaking with any Third Party.

■ 和　訳
第 11.3 条　独立契約者
本契約におけるライセンサーとライセンシーの関係は，独立した契約者の関係であることが意図されている。本契約の規定はいずれも，両当事者をパートナー若しくは合弁事業者とすること又はいずれかの当事者を他方当事者の代理人若しくは従業者とすることを意図したものでもそのように解釈されるものでもない。いずれの当事者も，他方当事者を代理して若しくはその名前において義務を引き受け若しくは発生させ又は第三者との契約，合意若しくは約束に他の当事者を拘束させる明示的又は黙示的な権利又は権限を本契約上有するものではない。

　上記条項例は，契約の当事者はお互い独立した契約当事者であってパートナーシップを構成するものではなく，契約の一方当事者が第三者と行った法律行為の効果は当該当事者にのみ帰属し，他方当事者に帰属するものではないことを当事者間で確認するための規定である。ライセンス契約の場合，特に，ライセンシーにはライセンサーを代理して第三者と法律行為をする代理権が授与されていないことを明確化する意味合いがある。

　もっとも，このような規定をライセンス契約上設けても，その効力は当事者間に認められるにすぎないのであり，表見法理等によって，一方当事者が一定の行為について他方当事者を代理する権限を有するとの第三者の信頼が保護される可能性は否定できない。特に，ライセンサーとしては，産業技術と共にライセンサーの商標の使用をライセンシーに許諾すれば，かかる第三者の信頼が保護される可能性が高くなることに注意すべきであろう。

　なお，第 2 節第 9（63 頁）に前述したように，サブライセンス権は一種の代理権であると考えられるが，サブライセンス権の有無についてはライセ

第11節　一般条項

ンス条項で別途定めるのが通例である。

第4　契約準拠法

> **【 条 項 例 】**
>
> **11.4 Governing Law**
> This Agreement shall be governed by and construed under the laws
> of Japan (specifically excluding the United Nations Convention on
> Contracts for the International Sale of Goods (1980)), without regard to
> any conflicts or choice of law rule or principle that might otherwise
> refer construction or interpretation of this Agreement to the law of
> another jurisdiction.
>
> ■ 和　訳
> **第11.4条　準拠法**
> 本契約は，本契約の解釈又は説明を他の法域の法律に委ねる法の抵触又
> は選択のルール又は原則にかかわらず，日本法（ただし，国際物品売買
> 契約に関する国際連合条約（1980年）は明示的に除外される。）に準拠
> し，これに従って解釈されるものとする。

　一般に，契約準拠法とは，契約の成立や効力について適用すべき国の法律
をいう。留意すべきは，あくまでライセンス契約というライセンスの原因関
係である債権行為の成立や効力についていずれの国の法律を適用するのかと
いうのがここでの問題なのであって，ライセンスの対象である知的財産権の
効力の準拠法を定めるものでないのはもちろん，知的財産権のライセンスと
いう権利の効力準拠法を選択するものではないということである。

　特許権の効力の準拠法に関しては，法の適用に関する通則法等に直接の定
めがないから，条理に基づいて，当該特許権と最も密接な関係がある国であ
る当該特許権の登録国の法律によるというのが日本の最高裁の考え方であ

207

第2章　産業技術ライセンス契約

る。特許ライセンスの効力の準拠法について明示的な判断を述べた最高裁判[110]例は見当たらないが，特許ライセンスの本質は，特許権を行使させないという不作為請求権であって，特許ライセンスは対象である特許権のいわば裏返しの権利であるといえ，その効力は対象となる特許権の効力によって異なり得る。実際，例えば特許の譲受人に対する対抗の可否など，特許ライセンスの効力はライセンス対象の特許権の登録国によって異なる。とすれば，産業技術ライセンス契約に含まれる特許ライセンスの効力の準拠法は，ライセンス対象である特許権の効力と同様，当該特許権の登録国の法律によると解されよう[111]。

　他方，ノウハウについては特許権と異なり，登録国は存在しないが，各国における不法行為法や不正競争法によって保護されるものであるから，著作権同様，保護国を観念することができるのであり，そのライセンスの効力の準拠法は各保護国であると解されよう。つまり，ノウハウは，例えば日本においては不正競争防止法や不法行為法（民法）によって保護され，米国においては連邦トレードシークレット法や各州のトレードシークレット法によって保護されるから[112]，日本におけるノウハウライセンスの効力については日本

110　特許権について，最高裁平成 14 年 9 月 26 日判決・民集 56 巻 7 号 1551 頁（カードリーダー事件）。最高裁は，その理由として，「(ｱ)特許権は，国ごとに出願及び登録を経て権利として認められるものであり，(ｲ)特許権について属地主義の原則を採用する国が多く，それによれば，各国の特許権が，その成立，移転，効力等につき当該国の法律によって定められ，特許権の効力が当該国の領域内においてのみ認められるとされており，(ｳ)特許権の効力が当該国の領域内においてのみ認められる以上，当該特許権の保護が要求される国は，登録された国であることに照らせば，特許権と最も密接な関係があるのは，当該特許権が登録された国と解するのが相当」と述べる。

111　著作権の移転についてであるが，東京高裁平成 13 年 5 月 30 日判決・判時 1797 号 111 頁（キューピー著作権事件）は，著作権は，その権利の内容及び効力が保護国の法令によって定められ，また著作物の利用について第三者に対する排他的効力を有するから，物権の得喪について所在地法が適用される（法の適用に関する通則法 13 条）のと同様，著作権という物権類似の支配関係の変動については，保護国の法令が準拠法となると判示している。ラインセンスの設定は知的財産権の変動に類似するから，この東京高裁の考え方からしても，知的財産権のライセンスの効力の準拠法は，ライセンス対象である当該知的財産権の登録国の法律となるのではないかと思われる。

112　The Defend Trade Secrets Act of 2016 (DTSA).

法が，米国におけるノウハウライセンスの効力については米国法がそれぞれ
準拠法になると考えられる。

　結局，少なくとも日本においては，産業技術ライセンス契約における契約
準拠法の定めは，あくまで債権行為としての同契約の成立や効力に関する準
拠法を定めるものにすぎず，ライセンスという権利の効力については，選択
された契約準拠法に左右されることなく，対象となる知的財産権の登録国又
は保護国の法令が準拠法になるものと解される。

　なお，第1章第7節（21頁）において述べたとおり，本書は，基本的に
日本法を契約準拠法とするライセンス契約を概説するものであり，外国法を
契約準拠法とする場合には本書の記載内容が妥当しない可能性がある。外国
法を契約準拠法とするライセンス契約を作成する際には，当該外国法に精通
した専門家のレビューを経ることが望ましい。

第5　紛争解決方法

【 条 項 例 】

11.5. Dispute Resolution

(a) Any dispute arising out of or in connection with this Agreement,
including any question regarding its existence, validity or
termination, shall be referred to and finally resolved by arbitration
administered by the Singapore International Arbitration Centre in
accordance with the Arbitration Rules of the Singapore
International Arbitration Centre for the time being in force, which
rules are deemed to be incorporated by reference in this clause.
The seat of the arbitration shall be Singapore. The Tribunal shall
consist of one (1) arbitrator. The language of the arbitration shall
be English.

第2章　産業技術ライセンス契約

■ 和　訳───────────────────────
第11.5.条　紛争解決
(a) 存在，有効性又は解約に関する問題を含む本契約から生じ又はこれ
に関連する一切の紛争は，その時点において有効なシンガポール国際
仲裁センターの仲裁規則に従い，シンガポール国際仲裁センターに
よって管理される仲裁に付され，終局的に解決されるものとし，当該
仲裁規則は本条に準用されるものとみなされる。仲裁場所はシンガ
ポールとする。仲裁廷は一人の仲裁人によって構成される。仲裁言語
は英語とする。

（シンガポール国際仲裁センター（SIAC）のモデル仲裁条項）

　ここで取り上げるのは，ライセンス契約に関して当事者間に紛争が生じた
場合にいかなる手続でこれを解決するのかを定める条項である。

1　裁判と仲裁

　一般に，契約上の紛争を解決する方法としては，裁判手続とそれ以外の紛
争解決手続（ADR）があり，後者の中で最も一般的に用いられるのは仲裁
手続である。

　裁判と仲裁にはそれぞれメリットとデメリットがある。まず裁判は職業裁
判官によって判断される上，日本においては原則として三審制が採用される
ので，判断内容の妥当性，合理性に対する信頼，期待が一般に高い。訴額に
もよるが，一般に手続費用（紛争解決機関に支払う手数料）も仲裁に比べて
安価だというメリットもある（ただし，三審全てで争うと場合によって仲裁
より高額となる可能性もある。）。しかしながら，公開手続が原則であり，閲
覧制限の制度や知的財産に関する紛争についてのインカメラ手続，秘密保持
命令等の制度があるとはいえ，営業秘密の保護は完全とはいい難く，また三
審制が紛争解決を長期化するというデメリットがある。

　他方，仲裁は，職業裁判官ではなく，多くは弁護士である仲裁人によって
判断される一回限りの手続であり，一般に手続費用（仲裁費用）は裁判費用

210

第11節　一般条項

より高額となる。半面，原則として非公開の手続であり，営業秘密の保護という観点では裁判手続よりも有利であり，一回限りの手続であるため迅速な紛争解決が期待できる。また，仲裁人の数や選任方法，手続に使用する言語などを当事者間で取り決めることができるばかりでなく，当事者が合意した場合には，実定法を厳格に適用するのではなく「衡平と善により判断」（仲裁法36条3項）することを求めることも可能であり，裁判手続に比べて手続の柔軟性が高い。

　また，次に述べる紛争解決地とも関連するが，裁判と仲裁とでは，外国における判断の承認について大きな差異がある。仲裁については，我が国も加盟している外国仲裁判断の承認及び執行に関する条約（ニューヨーク条約）があり，その一締約国における仲裁判断はその他の締約国でも承認され，執行することができる。これに対し，裁判については，ニューヨーク条約のような多数の国が加盟した多国間条約が存在せず，外国における裁判の承認については各国の民事訴訟法に委ねられているのが現状であるが，我が国をはじめ，自国の裁判が当該他国で承認される場合にのみ当該他国の裁判を承認するという相互主義を採用している国が多い。よって，契約上の紛争をいずれかの国における裁判によって解決することを選択する場合，当該国の裁判が他国では承認されず，したがって執行することができないという事態が生じ得ることに留意する必要がある。著名な例として，中国の民事訴訟法は，外国判決の承認の要件として，当該外国との間に司法共助協定があることを要求しているところ，我が国と中国との間には裁判の承認に関する条約がいまだ成立していないため（本書執筆時点：2019年10月1日現在），現状では，日本の裁判所の判決を中国で執行することも，中国の裁判所の判決を日本で執行することもできない。他方，著名な例として，台湾はニューヨーク条約に加盟していないことに注意を要する。

　仲裁条項については，各仲裁機関がモデル条項を開示しているので，仲裁機関を選択したら，そのモデル条項を参考に作成し又は問題がないようであればそれをそのまま引き写せば足りるが，仲裁地，仲裁廷を構成する仲裁人の人数及び仲裁手続で使用する言語を適切に選択することが肝心である。

211

第2章　産業技術ライセンス契約

仲裁地（Seat of Arbitration / Place of Arbitration）とは，仲裁が行われる本籍となる地をいう。これによって，いずれの国の仲裁法が当該仲裁の手続に適用されるかが定まり，仲裁判断取消しの訴えは，仲裁地国でのみ提起することができる。一般に，仲裁条項では，国又は都市を指定することによって仲裁地を特定する。仲裁地とは別の概念として審問地（Venue (for Hearings)）という概念があるが，これは審理のための審問期日が物理的に執り行われる場所を意味する。通常，審問地は仲裁地と同一であるが，当事者が合意すれば仲裁地とは別の場所で開くことが可能である。

仲裁廷を構成する仲裁人の人数は，一般に，1人（単独）か3人（合議制）のいずれかであり，仲裁条項で人数を決めておらず，かつ別途当事者間でこれについて合意が成立しなければ，当該仲裁機関の仲裁規則の定めによって決まることになる。単独と合議制では前者の方が仲裁費用が安くなるというメリットがあるが，1人の仲裁人によって判断されるため，仲裁人の人選によって判断結果の予測可能性が低くなるというデメリットがある。他方，合議制は仲裁費用が高くなるというデメリットがあるが，合議体によって判断されるため，判断結果の予測可能性が高くなる，つまり常識的，合理的な判断が出される可能性が高くなるというメリットがある。

仲裁手続で使用する言語についても，仲裁条項でこれが特定されていなければ，当該仲裁機関の仲裁規則の定めによって決まることになる。

2　紛争解決地の選択

このように裁判と仲裁にはそれぞれ一長一短があり，具体的案件においてもいずれが妥当であるのかはにわかに決し難いが，特に国際的なライセンスの場合は，紛争解決方法を決するに当たって紛争解決地の中立性も考慮せざるを得ない。すなわち，ライセンサーとライセンシーが異なる国に属する場合，通常は，便宜性の点から各当事者は自国における紛争解決を望む。当事者間の公平を図るためによく用いられる方法としては，紛争解決地を当事者国以外の第三国とするという方法と，原告となる当事者が被告となる当事者の国における紛争解決機関に申立てをするという，いわゆる被告地主義を採

第 11 節　一般条項

用する方法とがある。

　第三国で裁判を行うと，当該国の民事訴訟法上，場合によっては，事件との関連性の欠如等を理由に裁判所から管轄を否定される可能性がある。そこで，第三国を紛争解決地とする場合は仲裁手続を利用し，かつ第三国としてはニューヨーク条約加盟国を選択するのが一般的である。他方，被告地主義を採用する場合には，一般に裁判と仲裁のいずれもが利用可能である。

3　知的財産権に関する紛争と保全手続の特殊性

【 条 項 例 】

11.5. Dispute Resolution

(b)　Notwithstanding the provisions of Section 11.5.1, disputes pertaining to the validity, enforceability, or infringement of any of the Licensed Technology shall be resolved solely by a court or patent office of competent jurisdiction, and no such claim shall be subject to arbitration pursuant to this Section 11.5.1.

(c)　Nothing contained in this Agreement shall deny either Party the right to seek preliminary injunctive relief from a court of competent jurisdiction in the context of a bona fide emergency or prospective irreparable harm, and such an action may be filed and maintained notwithstanding any ongoing arbitration proceeding.

■ 和　訳

第 11.5 条　紛争解決

(b)　第 11.5 条(a)の規定にかかわらず，本許諾技術の有効性，権利行使可能性又は抵触性に関する紛争は，管轄権を有する法域の裁判所又は特許庁によってのみ解決され，そのような請求は第 11.5 条(a)に従った仲裁に服しないものとする。

(c)　本契約の定めはいずれかの当事者が真正かつ切迫し又は予見される回復不能の損害との関連において管轄裁判所に予備的な差止救済を求める権利を否定するものではなく，そのような手続は，係属中の仲裁

213

第2章　産業技術ライセンス契約

> 手続にかかわらず申立て，維持することができるものとする。

　知的財産権に関する争いは専門技術性が高い上，特許庁における無効審判手続等，登録国における行政手続との関連もあるため，一般的な契約上の争いとは異なる性質を有する。そこで，上記条項例のように，許諾される知的財産権の有効性や許諾製品の抵触性に関する争いについては，ライセンス契約成立や効力に関する一般的な争いのための紛争解決手続とは別個に，特別の紛争解決手続を用意する場合もある。

　また，仮処分，仮差押えといった裁判所における保全手続は，現状維持を目的とした予防的，暫定的な処分を求める手続であり，基本的に事後的な救済手続である訴訟や仲裁とは手続的性格が異なる。そこで，上記条項例のように，紛争解決方法についての合意にかかわらず，当事者は管轄権がある裁判所に保全手続を申し立てることができる旨を定める例もしばしば見られる。[113]

第6　引き抜きの禁止

【 条 項 例 】

11.6 Non-Solicitation by Licensee

Licensee agrees that, during the Term prior to the First Commercial Sale of a Covered Product in the Licensed Territory, it will not, directly or indirectly, solicit to employ or engage as an independent contractor any then-current employee of Licensor or its Affiliates who

---

[113]　仲裁規則の中には，仲裁合意があっても当事者は裁判所における保全手続を利用可能である旨明示的に定めるものもある。そのような仲裁規則による仲裁手続を当事者が選択した場合には，特にこのような定めを入れる必要はないであろう。

has been involved in the Development of the Covered Product prior to the Effective Date. Notwithstanding the above, the following solicitations will not be prohibited:

(ⅰ) solicitations by independent contractors of Licensee or its Affiliates, so long as they are not specifically directed by Licensee to solicit such individuals;

(ⅱ) solicitations initiated through general advertisements not directly targeted at such individuals; and

(ⅲ) solicitations of such individuals who have first contacted Licensee on their own initiative, directly or through Third Party recruiters, regarding employment or engagement as an independent contractor.

■ 和　訳

第11.6条　ライセンシーによる勧誘の禁止

ライセンシーは，本契約期間中の本許諾地域における本実施製品の最初の商業的販売の前において，本効力発生日の前に本実施製品の開発に関与したライセンサー又はその関係会社の現従業員を雇用し又は独立請負人として契約することを直接又は間接に勧誘してはならない。上記にかかわらず，以下の勧誘は禁じられない。

(ⅰ) ライセンシーによる当該個人の勧誘の具体的な指示がない限りにおいて，ライセンシー又はその関係会社の独立した契約者による勧誘

(ⅱ) 当該個人を標的としない一般的な広告を通じて開始された勧誘，及び

(ⅲ) 個人が直接又は第三者リクルーターを通じて当初自発的に雇用又は独立請負人としての契約についてライセンシーに連絡してきた場合における当該個人の勧誘

　　ライセンシーがライセンスされた技術を独力で実施することが困難で，ライセンサーの保有するノウハウや技術情報を取得したいと考える場合，ライセンサーから技術支援を受ければよいが，それが何らかの理由で困難である

第2章　産業技術ライセンス契約

場合，ライセンシーは当該技術に精通した技術者をライセンサーから引き抜いて雇用しようと考えるかもしれない。日本法上，従業員の引き抜き行為は，隠密裏な一斉大量の引き抜きなど，態様の悪質性により不法行為に該当する場合は別論[114]，一般的な勧誘にとどまる場合には自由に行うことができる。日本法上，引き抜かれた技術者が元の使用者であるライセンサーに対する秘密保持義務に反してその営業秘密を新たな使用者であるライセンシーに開示する行為及びライセンシーが事情を知りつつこの開示を受ける行為は，いずれも不正競争に該当することになるが[115]，営業秘密の要件は厳格であり[116]，ライセンシーはこれを満たさないライセンサーの技術情報を適法に取得し，使用することができることになる。

　そこで，ライセンサーとしては，自己の従業員のライセンシーへの移籍をできる限り制限したいところであるが，これを全面的に禁止する合意は従業員の職業選択の自由を過度に制約し，公序良俗に反して無効と判断される可能性がある。そこで，例えば上記条項例のような形で，ライセンシーからの積極的な働きかけによる誘引行為を禁止するにとどめることになろう。

第7　黙示的ライセンスの不存在

【 条 項 例 】

11.7 No Implied License

Except as expressly provided in this Agreement, no license or other right is or shall be created or granted hereunder by implication, estoppel or otherwise.

114　東京地裁平成3年2月25日判決・判時1399号69頁等。
115　不正競争防止法2条1項7号・8号。
116　不正競争防止法2条6項。

第11節　一般条項

■ 和　訳

第11.7条　黙示的ライセンスの不存在
本契約に明示的に規定されていない限り，暗示，禁反言その他によって
本契約上，ライセンス又はその他の権利が創出され又は許諾されるもの
ではない。

　ライセンスの範囲はライセンス条項で定められるが，契約の目的，具体的
な取引内容，当事者間の関係等の具体的事情によっては，場合により，ライ
センス条項で明示的に定められた範囲を超えるライセンスが黙示的な合意内
容として認められる可能性も否定できない。[117]
　そこで，本来想定していないライセンスが後日の紛争解決手続において認
定されることを防止するため，ライセンサーとしては，許諾特許を特許番号
や出願番号によって特定するだけでなく（第2節第1（35頁）参照），上記
条項例のような形で，黙示的なライセンスが許諾されないことを確認する規
定をライセンス契約に入れておくことが望ましい。

第8　追加保証

【 条 項 例 】

11.8 Further Assurances
Each Party hereby agrees without the necessity of any further
consideration, to execute, acknowledge and deliver any and all such
other documents and take any such other action as may be
reasonably necessary to carry out the intent and purposes of this
Agreement.

117　*United States v. Univis Lens Co.*, 316 U.S. 241 (1942).

217

第2章　産業技術ライセンス契約

■和　訳

第11.8条　さらなる保証

各当事者は，さらなる対価の必要なく，本契約の意図及び目的を遂行するために合理的に必要となり得る一切の他の文書を締結，承認及び交付し，かつその他の措置を講じることに合意する。

　一般に，契約締結後，契約の目的を達成するために，追加的な契約書を当事者間で締結し，又は相手方当事者が行政機関に許認可の申請や届出を行い，若しくはその他の行為を行うことが必要となる場合がある。必要な行為が全て契約時に判明していれば，各行為の実施義務を契約上明記すればよいが，実際上，必要な全ての行為を契約において個別具体的に列挙することは場合によって必ずしも容易でない。そこで，取りこぼしがないように補完的・包括的に，当事者による必要な行為の実施義務を定めるのが，上記条項例のような，いわゆる further assurances clause（追加保証条項）である。

　産業技術ライセンス契約においても，例えば，ライセンシーがライセンスを登録し，又は許諾行為の実施に必要な許認可を取得する場合などにおいてライセンサーの協力を必要とすることが考えられるのであり，契約に追加保証条項を入れておくことが安全である。

第9　権利放棄

【条項例】

11.9 Waiver

Failure by any Party to enforce any term or provision of this Agreement in any specific instance or instances hereunder shall not constitute a waiver by such Party of any such term or provision, and such Party may enforce such term or provision in any subsequent instance without any limitation or penalty whatsoever.　No waiver of

218

第11節　一般条項

any right or remedy hereunder shall be effective unless provided in writing executed by the waiving Party.

■ 和　訳────────────────────────────

第11.9条　権利放棄

当事者が本契約における特定の事象について本契約の条項又は規定を権利行使しなかったとしても，当該当事者が当該条項又は規定を放棄したことになるわけではなく，当該当事者は，何らの制限又は不利益なくその後の事象において当該条項又は規定を権利行使し得る。本契約上の権利又は救済の放棄は，放棄する当事者が書面によってしない限り効力を生じない。

　契約上の権利や救済手段の全部又は一部を当事者が長期間行使しないような場合，禁反言（信義則）の適用により権利が放棄されたものとみなされる可能性がある。上記条項例は，このような場合における禁反言の適用を排除し，書面による権利放棄がない限り，権利の不行使又は遅延が権利の喪失をもたらすことがないことを合意する規定であり，一般に non-waiver clause（権利不放棄条項）と呼ばれる規定である。

　産業技術ライセンス契約については，例えば，ライセンシーに対するライセンス料の支払請求権やその支払の遅滞によって生じる遅延金損害請求権等の損害賠償請求権の全部又は一部をライセンサーが何らかの事情により長期間行使しないという場合が考えられるが，権利不放棄条項を入れることにより，このような場合に権利を喪失することを一般的に防止することができる。ただし，事情によっては，権利不行使条項自体が権利放棄されたものと認定される可能性も否定できないので，権利不放棄条項があるからといって，必ずしもあらゆる場合に権利の不行使又は遅滞について禁反言の適用を免れるわけではないことに留意する必要がある。

219

第2章　産業技術ライセンス契約

第10　通　知

【条項例】

11.10 Notices

(a) All notices, consents and waivers under this Agreement must be in writing and shall be deemed to have been duly given, if sent by certified or registered mail or express courier service, prepaid, or transmitted by facsimile (verification of transmission receipt required), in each case to the addresses set forth in the introductory paragraph of this Agreement or to such other addresses as a Party may designate by written notice.

(b) With respect to notices given pursuant to Section 11.10 (a):

　(i) if sent by certified or registered mail or by express courier service, the date of delivery shall be deemed to be the date on which such notice was received or rejected by the Party to whom such notice was addressed; and

　(ii) if sent by facsimile, the date of transmission shall be deemed to be the date on which such notice was given.

■ 和　訳────────────────────────

第11.10条　通知

(a) 本契約上の全ての通知，同意及び権利放棄は書面によらねばならず，元払いされた配達証明付き若しくは書留の郵便若しくは国際宅急便，又はファックス（受信の証明が要求される）により，本契約の序文に記載された住所又は当事者が書面による通知によって指定した他の住所に宛てて送付又は送信された場合に適正になされたものとみなされる。

(b) 本第11.10条(a)に従ってなされる通知は，

　(i) 配達証明付き若しくは書留の郵便又は国際宅急便によって送付された場合は，その到達日が当該通知の名宛人である当事者によって受領又は拒絶された日であるとみなされ，

220

> (ⅱ) ファックスによって送信された場合は，送信日が当該通知がな
> された日であるとみなされる。

　契約当事者間においては，契約上の権利義務に関連して様々な連絡が行わ
れる。産業技術ライセンス契約においては，例えば，ライセンサーからライ
センシーへのライセンス料の請求書の送付，ライセンシーからライセンサー
に対するロイヤルティ・レポートの送付，改良発明の開示，一方当事者によ
る契約の解約などが典型的場面である。このような場合に当該通知又は意思
表示が有効となるための形式的要件や効力発生時期を定めるのが，上記条項
例のような，いわゆる通知条項である。

　契約上，通知の期限が定められている事項については，有効な通知を行
い，場合によって通知義務の不履行を免れるために，時宜に適った適式な通
知を送付することが必要となる。特に，外国会社との間の国際取引の場合，
通知の郵送には日数を要するから，通知の有効要件と効力発生時期を明確に
定めておくことは極めて重要である。

　今日，企業間の日常的なコミュニケーション手段としては電子メールが多
用されている。電子メールは極めて有用なコミュニケーションツールである
が，電子メールが受信者のサーバーでいつ受信されたのか（さらには受信者
がそのメールの内容をいつ了知したのか）ということを送信者が十分に立証
することは実際上必ずしも容易ではない。そこで，到達時期が問題となり得
る契約上の通知の方法としては，その立証が相対的に容易な文書の郵送や
ファックス送信が用いられるケースがいまだに多いように思われる。

第2章　産業技術ライセンス契約

第11　完全合意

【条項例】

11.11 Entire Agreement

The Parties acknowledge that this Agreement, together with the Exhibits attached, sets forth the entire agreement and understanding of the Parties, and supersedes all prior written or oral agreements or understandings with respect to the subject matter hereof. No trade customs, courses of dealing, or courses of performance by the Parties will be relevant to modify, supplement, or explain any term used in this Agreement.

■ 和　訳

第11.11条　完全合意

両当事者は，本契約が添付の別紙と共に両当事者の完全な合意及び理解を記載したものであり，本契約の主題に関する一切の従前の書面又は口頭による合意又は理解に優先することを認める。両当事者の商慣習，取引過程又は履行過程は，本契約で用いられる用語の修正，補足又は説明と何ら関係性を有しない。

　契約上の定めが当該取引に関する当事者間の全ての合意を構成し，当該取引に関する当事者間の従前の協議や合意事項に優先する旨定める規定を一般に entire agreement clause（完全合意条項）という。

　ライセンス契約の場合も，その締結前に当事者間でライセンスの条件について交渉し，場合によっては，基本的事項について，Letter of Intent 又は Memorandum of Understanding といったタイトルの下に基本合意書が締結され又はタームシートが作成されることがあるが，上記条項例のような完全合意条項がライセンス契約に含まれれば，そのような契約締結前の協議や合意のうち，最終的なライセンス契約の定めと相容れない内容のものは全てラ

222

第11節　一般条項

イセンス契約の定めによって無効となる。他方，完全合意条項があっても，ライセンス契約に定めがない事項に関する従前の合意は，事情によって有効に存続すると判断される余地もあろう。

　なお，第8節第1（157頁）に述べたとおり，ライセンス契約の秘密保持条項において，秘密保持義務を契約交渉時に授受された情報にも及ぼす旨定める場合には，完全合意条項により，交渉段階に締結した秘密保持契約が失効し，ライセンス契約上の秘密保持条項のみが当事者間の秘密保持義務を定める唯一の条項となり得ることに留意する必要がある。

第12　書面による契約変更

【条項例】

11.12 Amendments
This Agreement may only be modified, altered, amended, or supplemented in a writing expressly stated for such purpose and signed by the Parties.

■ 和　訳────────────────────
第11.12条　変更
本契約は，目的を明示的に記載し両当事者によって署名された書面によってのみ修正，改変，変更又は補足される。

　実務においては，契約の定めに反する形での権利行使，義務履行が定着するということが時々見られる。例えば，ライセンス契約の定めでは，四半期終了後30日以内にロイヤルティの支払がなされる旨規定されているにもかかわらず，ライセンシーがこの期限を遵守することが実際上困難であることが後に判明したため，当事者の実務担当者が数日の遅れについては目をつぶる旨，非公式に口頭で取り決め，以後，期限を徒過したロイヤルティの支払

223

第2章　産業技術ライセンス契約

が常態化するといったケースである。

　ロイヤルティの支払が遅延した場合，ライセンサーは，本来ライセンシーに対し遅延利息の支払を請求できるはずである。上記の例の場合，ライセンサーは，ライセンシーに対する遅延利息の請求権を書面で放棄したわけではないから，前記第9（218頁）に概説した権利不放棄条項との関連で見れば，本来，ライセンサーは遅延利息を放棄したことにはならないはずである。しかしながら，仮に当該ライセンサーの実務担当者にライセンサーを代理する権限があれば，その者が口頭とはいえ期限延長の合意をしたという事情はライセンサーに不利に働き，場合によってはロイヤルティの支払期限の延期が当事者間で合意され，遅延利息について権利不放棄条項を発動する権利自体が放棄されたものと認定される可能性も否定できない。そこで，権利不放棄条項とは別個に，これをバックアップする定めとして，上記条項例のような形で契約内容の変更には当事者間の書面による合意を要する旨定めておく実益がある。

第13　分　離

【 条 項 例 】

11.13 Severability

If any provision of this Agreement should be fully or partly invalid or unenforceable for any reason whatsoever or should violate any Applicable Law, this Agreement is to be considered divisible as to such provision and such provision is to be deemed deleted from this Agreement, and the remainder of this Agreement shall be valid and binding as if such provision were not included therein. There shall be substituted for any such provision deemed to be deleted a suitable provision which, as far as is legally possible, comes nearest to the sense and purpose of the stricken provision.

第 11 節　一般条項

■ 和　訳

第 11.13 条　分離

本契約の規定の全部又は一部が何らかの理由により無効若しくは権利行使不能であり又は適用法に違反する場合，本契約は当該規定に関して分離可能であって，当該規定は本契約から削除されたものとみなされ，当該規定が含まれていなかったものとして本契約の残部は有効かつ拘束力を有するものとする。当該削除されたものとみなされる規定は，当該削除規定の意味と目的に法的に可能な限りにおいて最も近似した適切な規定によって置き換えられるものとする。

　一般に，契約は複数の条項から構成されるが，そのうちの一つが強行法規や公序良俗に反し，無効と判断される場合，これによって契約全体が無効となってしまうということは当事者の通常の意思に反する。そこで，実務上は，上記条項例のように，契約の中の一つの規定が無効と判断された場合であっても，その無効は他の規定には波及せず，契約全体の有効性には影響を及ぼさない旨の規定を含めることが通例であり，そのような規定を一般にseverability clause（分離条項）という。例えば，ライセンシーはライセンス対象の特許の有効性を争ってはならない旨の不争条項は独占禁止法上の観点から違法無効と判断される可能性があるが（第 4 節第 8 の 4 （120 頁）参照），そのような規定がライセンス契約に含まれていても，分離条項があれば，他の規定の有効性は維持されることになる。

　問題は，無効と判断される条項自体である。問題となる条項が無効となっても取引全体に特に大きな影響を及ぼさない場合もあろうが，それが無効となることによって取引関係の根幹が揺るがされるという場合も考えられる。例えば，上記した不争条項が許諾特許のうちある国の特許に対する関係で無効と判断された場合，ライセンサーはライセンシーが当該許諾特許に対して無効審判を請求したことを理由にライセンシーに対し損害賠償を請求することができないという結論をもって事態が収束し，ライセンス契約関係がその

225

第2章　産業技術ライセンス契約

後も継続するという可能性もある。これに対し，ライセンス契約はライセンサーによるライセンス許諾とライセンシーのライセンス料の支払を基本的な対価関係とするところ，例えば，ロイヤルティを定める条項が無効と判断されれば，その対価関係が崩れることになるのであり，そのままの状態で契約関係を存続させる（つまり無償のライセンスとして継続させる）ことは当事者の合理的な意思に反し，適切でない場合が多いであろう。そこで，無効と判断される約定自体を救済するために，分離条項には，例えば上記条項例のような形で，無効と判断される約定の背後にある趣旨（当該約定に関する当事者の合理的意思）に照らして代替的な合法的約定を探求し，当該約定をもって無効な約定を置き換える旨の定めを置くことも少なくない。無効と判断される約定を代替し得る合法的な約定を探求するということは実際上容易ではないだろうが，このような定めを置けば，一部の約定が無効となることによって生じる不公平な結論を是正する余地を残すことができる。

第14　契約解釈

【 条 項 例 】

11.14 Construction of this Agreement

Interpretation of this Agreement will be governed by the following rules of construction:

(a) a word in the singular will include the plural and vice versa, and a word of one gender will include the other gender as the context requires;

(b) the word "including" will mean "including without limitation," unless otherwise specified;

(c) the word "or" will not be exclusive;

(d) a reference to any Person includes such Person's successors and permitted assigns;

(e) a reference to "days" will mean calendar days, unless otherwise

第11節　一般条項

specified;

(f) a reference to "written" or "in writing" includes in electronic form;

(g) a reference to "$" or "U.S. Dollars" means the currency of the United States of America; and

(h) the titles and headings contained in this Agreement are for reference purposes only and will not affect in any way the meaning or interpretation of this Agreement;

(i) each of the Parties has participated in the negotiation and drafting of this Agreement and if a question of intent or interpretation should arise, this Agreement will be construed as if drafted jointly by the Parties and no presumption or burden of proof will arise favoring or disfavoring either Party by virtue of the authorship of any of the provisions in this Agreement.

■ 和　訳

第11.14条　本契約の解釈

本契約の解釈は以下の解釈準則に準拠する。

(a) 単数形の単語は複数形を含み，その逆もまたしかりであって，一方の性の単語は文脈に応じて他方の性を含む。

(b) 「含む」という単語は，別段の定めがない限り，「含み，これに限られない」との意味を有する。

(c) 「又は」という単語は排他的でない。

(d) 人は，当該人の承継人及び許された譲受人を含む。

(e) 「日」は，別段の定めがない限り，歴日を意味する。

(f) 「書面の」又は「書面による」は電子的形態を含む。

(g) 「＄」又は「米ドル」はアメリカ合衆国の通貨を意味する。

(h) 本契約に含まれる見出し及び表題は参考目的にすぎず，本契約の意味又は解釈に何ら影響を及ぼさない。

(i) 当事者双方は本契約の交渉と起草に参加しており，意図又は解釈に疑義が生じた場合，本契約は，両当事者が共同して起草したものと解釈され，本契約の規定の著作により一方当事者にとって有利又は不利となる推定又は立証責任が生じるものではない。

第2章 産業技術ライセンス契約

　一般的な英文契約書式では，上記条項例のような契約書の解釈準則を示す規定を入れることが少なくない。中には，単数形と複数形，品詞の性など英語の言語的特質に由来するものも含まれる。

　その中で特筆するとすれば，上記(i)の定めである。これは，契約条項の意味が不明瞭又は多義的である場合，その条項を起草した当事者側に不利に解釈される，という欧州で広く認められる「Contra Proferentem」の法理（条項作成者不利の原則[118]）を排除する旨の約定である。同法理は，条項を明確に文言化させるインセンティブを起草者に与える作用を有し，典型的には，契約約款や消費者契約など交渉力に大きな差がある当事者間の契約に適用されるが，場合によって対等な当事者間の契約解釈においても適用される可能性がある。

　通常，ライセンス契約ではライセンサー側がより大きな交渉力を持ち，契約のドラフティングもライセンサー側主導で行われることが多いから，条項作成者不利の原則を排除する旨の定めはライセンサー側に有利に働くことが多いようにも思われるが，当事者間でドラフト修正を往復させるようなケースにおいては必ずしもそうとは言い切れず，その場合，この排除の約定は当事者双方にとってリスクヘッジとなるであろう。

　118　日本にはこの法理を明文化した成文法はないが，最高裁平成26年12月19日判決・集民248号189頁は，地方公共団体と事業者間の契約約款についてこの法理と同様の解釈を行っている。

第 11 節　一般条項

第 15　支配言語

【 条 項 例 】

11.15 Controlling Language

The English version of this Agreement executed by the Parties shall be the official text, and this Agreement shall be interpreted in the English language. The English original of this Agreement shall prevail over any translation hereof. In addition, all notices required or permitted to be given under this Agreement, and all written, oral or other communications between the Parties regarding this Agreement shall be in the English language.

■ 和　訳

第 11.15 条　支配言語

両当事者によって締結された英語版の本契約が公式文であり，本契約は英語によって解釈される。本契約の英語版原本はそのいかなる訳文にも優越する。さらに，本契約上要求又は許容される全ての通知及び全ての書面，口頭又は他の手段による本契約に関する当事者間の連絡は英語によってなされるものとする。

　ライセンス契約に限らず，日本企業が英文契約を締結する場合，特に重要な取引については，社内決裁を通すために日本語訳を作ることが多いと思われるが，その際に誤訳が含まれる可能性は否定できず，また，言語体系の違いにより原文の意味に忠実な和訳を作ることが困難な場合も少なくない。その場合，日本企業側当事者はその必ずしも正確でない日本語訳に基づいて契約条項の意味を理解し，それが当該当事者の実際の意思となるかもしれないが，上記条項例のような約定が入っていれば，後に契約上の紛争が生じた場合，契約条項の意味は日本語訳ではなく，オリジナルの英文に従って解釈されることになる。もちろん，英語以外の外国語の場合も同様である。

229

第2章　産業技術ライセンス契約

　実際のところ，外国語文書の訳文に誤訳が含まれることは珍しくなく，原文の意味を忠実に日本語化すること自体容易なことではない。このような翻訳に内在するリスクを回避するには母国語である日本語で契約書を作成するのが一番の方法であるが，国際取引において日本語の契約書が相手方に受け入れられることはそれほど多くないだろう。その他の外国語の契約書はともかく，英文契約書については，企業の法務担当者がオリジナルの英文で全文を通読することが望ましい。

　さもなくば，上記条項例のような支配言語条項を置く代わりに，英文と日文を併記して二言語による契約とし，言語間の優先関係をあえて規定しないという方法もあろう。

第16　副　本

【 条 項 例 】

11.16 Counterparts

This Agreement may be executed in two or more counterparts, each of which shall be deemed an original, but all of which together shall constitute one and the same instrument.

■ 和　訳────────────────

第11.16条　副本

本契約は，2以上の副本によって締結される可能性があり，その各副本が原本とみなされるが，その全てが一体となって単一かつ同一の文書を構成する。

　ライセンス契約に限らず，企業間の契約の署名は，国際取引の場合はもちろん，国内取引の場合であっても，隔地者間で行われることが少なくない。具体的には，締結日に，遠隔地にいる各署名者がプリントして自己が署名し

第11節　一般条項

た契約書面全文又はその署名欄のページを相手方にファックス又はPDF化して電子メールで送付することによって取り交わす。その時点では，一当事者のみによって署名された契約書面が当事者の数だけ存在することになる。上記条項例は，その一当事者のみによって署名された契約書面（副本）の取り交わしをもって，契約が成立したものとみなされ，各副本が一体となって一つの契約を構成する旨の規定（いわゆる副本条項）である。

　重要な契約の場合は，これらの副本が後日相手方に郵送され，各自，空いている署名欄に自己の署名を記入することによって，当事者全ての署名が署名欄に記入された契約書原本が当事者の数だけ作成されるのが通常であるが，副本条項があれば，当事者が各自の署名した副本をファックスや電子メールで取り交わした時点で契約が成立したものとみなされることになる。

第 **3** 章

産業技術ライセンス契約書式

第3章　産業技術ライセンス契約書式

　以下には，第2章で題材とした特許とノウハウのハイブリッドライセンス
契約の全体を契約書式として収載している。対応する第2章の解説ページを
条項の欄外に付記しているので，適宜，該当の解説部分を参照されたい。

第3章　産業技術ライセンス契約書式

EXCLUSIVE LICENSE AGREEMENT
BY AND BETWEEN
CORPORATION A
AND
CORPORATION B
DATED
JANUARY __, 2020

TABLE OF CONTENTS

Page

1. DEFINITIONS	242
2. GRANT OF LICENSE; EXCLUSIVITY	252
2.1 Grant of License	252
2.2 Exclusivity of License.	254
2.3 Sublicenses.	254
3. KNOW-HOW DISCLOSURE AND TECHNICAL ASSISTANCE	256
3.1 Provision of Licensed Know-How	256
3.2 Technical Assistance	256
4. FINANCIALS	258
4.1 Upfront Payment	258
4.2 Milestone Payment	258
4.3 Royalties	258
4.4 Records Retention; Audits	262
4.5 Minimum Annual Royalty	264
4.6 Payments	264
4.7 Taxes	266
4.8 No Refunds; Offsets	266
5. COMMERCIALIZATION OF COVERED PRODUCTS	268
5.1 Commercially Reasonable Efforts	268

第3章　産業技術ライセンス契約書式

A会社

及び

B会社

間の

2020 年 1 月＿日

付

独占ライセンス契約

目　次

頁

1．定義	*243*
2．ライセンスの許諾，独占性	*253*
2.1　ライセンスの許諾	*253*
2.2　ライセンスの独占性	*255*
2.3　サブライセンス	*255*
3．ノウハウの開示と技術支援	*257*
3.1　本許諾ノウハウの提供	*257*
3.2　技術支援	*257*
4．財務事項	*259*
4.1　契約一時金	*259*
4.2　マイルストーン・ペイメント	*259*
4.3　ロイヤルティ	*259*
4.4　記録保管，監査	*263*
4.5　最低年間ロイヤルティ	*265*
4.6　支払	*265*
4.7　租税	*267*
4.8　払戻不能，相殺	*267*
5．本実施製品の商品化	*269*
5.1　商業上の合理的努力	*269*

237

第3章　産業技術ライセンス契約書式

5.2	Conversion to Non-Exclusive License	268
5.3	Non-Compete	268

6. INTELLECTUAL PROPERTY　268

6.1	Prosecution and Maintenance of Licensed Technology	268
6.2	Enforcement of Rights	270
6.3	Third Party Infringement Claims	272
6.4	Improved Inventions by Licensee	272

7. REPRESENTATIONS, WARRANTIES AND CERTAIN COVENANTS　274

7.1	Representations and Warranties by Both Parties	274
7.2	Representations and Warranties by Licensor	274
7.3	Representation and Warranty by Licensee	276
7.4	Additional Covenants by Both Parties	276

8. CONFIDENTIALITY　276

8.1	Confidential Information	276
8.2	Confidentiality Obligation	278
8.3	Publications	280
8.4	Press Releases	282

9. TERM AND TERMINATION　284

9.1	Term	284
9.2	Termination by Either Party	284
9.3	Termination by Licensor	286
9.4	Termination by Licensee	286
9.5	Consequence of Expiration or Termination; Survival	288

10. ASSIGNMENT AND CHANGE OF CONTROL　290

10.1	Assignment of Agreement	290
10.2	Assignment of Licensed Technology	290
10.3	Change of Control	290

11. MISCELLANEOUS　292

11.1	Indemnification	292
11.2	Force Majeure	294
11.3	Independent Contractors	294
11.4	Governing Law	294
11.5	Dispute Resolution	294
11.6	Non-Solicitation by Licensee	296
11.7	No Implied License	296
11.8	Further Assurances	296
11.9	Waiver	298

	5.2	非独占ライセンスへの転換	269
	5.3	競業避止	269
6.	**知的財産**		269
	6.1	許諾技術の取得及び維持	269
	6.2	権利の行使	271
	6.3	第三者の侵害主張	273
	6.4	ライセンシーによる改良発明	273
7.	**表明保証及び特定の誓約**		275
	7.1	当事者双方による表明保証	275
	7.2	ライセンサーによる表明保証	275
	7.3	ライセンシーによる表明保証	277
	7.4	当事者双方による追加的誓約	277
8.	**秘密保持**		277
	8.1	秘密情報	277
	8.2	秘密保持義務	279
	8.3	公表	281
	8.4	プレスリリース	283
9.	**契約期間及び解約**		285
	9.1	契約期間	285
	9.2	各当事者による解約	285
	9.3	ライセンサーによる解約	287
	9.4	ライセンシーによる解約	287
	9.5	契約終了又は解約の効果，残存条項	289
10.	**譲渡及び支配権の変動**		291
	10.1	契約の譲渡	291
	10.2	本許諾技術の譲渡	291
	10.3	支配権の変動	291
11.	**雑則**		293
	11.1	補償	293
	11.2	不可抗力	295
	11.3	独立契約者	295
	11.4	準拠法	295
	11.5	紛争解決	295
	11.6	ライセンシーによる勧誘の禁止	297
	11.7	黙示的ライセンスの不存在	297
	11.8	さらなる保証	297
	11.9	権利放棄	298

第3章　産業技術ライセンス契約書式

11.10　Notices　298

11.11　Entire Agreement　298

11.12　Amendments　298

11.13　Severability　300

11.14　Construction of this Agreement　300

11.15　Controlling Language　302

11.16　Counterparts　302

LIST OF EXHIBITS

Exhibit A: Certain Licensed Patents　304

Exhibit B: Core Technical Information　304

第3章　産業技術ライセンス契約書式

11.10	通知	299
11.11	完全合意	299
11.12	変更	299
11.13	分離	301
11.14	本契約の解釈	301
11.15	支配言語	303
11.16	副本	303

別紙のリスト

別紙A：特定の本許諾特許	305
別紙B：本主要技術情報	305

EXCLUSIVE LICENSE AGREEMENT

THIS EXCLUSIVE LICENSE AGREEMENT (this "Agreement") is entered into as of January __, 2020 (the "Effective Date") by and between CORPORATION A, a corporation incorporated under the laws of _____ with a principle place of business at _____ ("Licensor") and CORPORATION B, a corporation incorporated under the laws of _____ with a principle place of business at _____ ("Licensee"). Licensor and Licensee are sometimes referred to herein individually as a "Party" and collectively as the "Parties."

BACKGROUND

WHEREAS,

NOW THEREFORE, in consideration of the premises and mutual agreements contained herein, the Parties hereby agree as follows:

1. DEFINITIONS

Terms, when used with initial capital letters, have the meanings set forth below or at their first use when used in this Agreement:

"Affiliate" means any corporation or other business entity controlled by, controlling, or under common control with Licensor, Licensee or Sublicensee. For this purpose, "control" means direct or indirect beneficial ownership of at least fifty percent (50%) of the voting stock or other ownership interest of a corporation or other business entity.

"Agreement" has the meaning ascribed to this term in the introductory paragraph of this Agreement.

"Applicable Law" means the applicable laws and regulations, including any rules, guidelines, court orders, principles of common law, codes, treaties, ordinances, or other requirements of Governmental Authorities.

第3章　産業技術ライセンス契約書式

独占ライセンス契約

本独占ライセンス契約（「**本契約**」）は，＿＿＿＿＿＿法に準拠して設立され，＿＿＿＿＿＿に主たる営業所を有する**A会社**（「**ライセンサー**」）と，＿＿＿＿＿＿法に準拠して設立され，＿＿＿＿＿＿に主たる営業所を有する**B会社**（「**ライセンシー**」）との間で，2020年1月＿日（「**本効力発生日**」）付で締結される。ライセンサーとライセンシーは，本契約において，時として，個別に「**当事者**」と，併せて「**両当事者**」と呼ばれる場合がある。

背景

〔**一方において，**〕

〔**そこで，**〕本契約に含まれる頭書と双方の合意を約因として，両当事者は本契約をもって以下のとおり合意する。

1．定義

語頭大文字で用いられる用語は，以下の意味又は本契約で最初に用いられた箇所に記載の意味を有する。

「**関係会社**」は，ライセンサー，ライセンシー又はサブライセンシーによって支配され，これが支配し又はこれと共通の支配に服する，一切の会社又は他の事業法人を意味する。本条において「支配」とは会社又は他の事業法人の議決権付株式又は他の持分利益の最低50パーセント（50％）の直接又は間接の受益所有権を意味する。

「**本契約**」は，本契約の序文において定義された意味を有する。

「**適用法**」は適用される法律及び規則を意味し，準則，ガイドライン，裁判所の命令，コモンローの原則，規約，条約，条例又はその他の政府機関の要求を含む。

243

第3章　産業技術ライセンス契約書式

"Challenge" as a verb or noun means, with respect to any Licensed Patent, to contest or oppose the validity or enforceability of any Valid Claim of such Licensed Patent, in whole or in part, before any court, patent office or any other administrative or arbitral body in any jurisdiction.

"Commercialize" as a verb or noun or "Commercialization" as a noun means, with respect to the Licensed Products, all activities by or on behalf of a Person to market, promote, distribute, offer for sale, sell, import, export or otherwise commercialize the Licensed Product.

"Competing Product" means any [   ] products in the Field of Use Manufactured by any Third Party.

"Confidential Information" has the meaning ascribed to this term in Section 8.1 (a).

"Control" means, with respect to any material or Intellectual Property Right and a Person, that such Person (or an Affiliate of such Person): (i) owns such material or Intellectual Property Right; or (ii) has a license or right to use such material or Intellectual Property Right, in each case with the legal right to grant to the applicable Person access, a right to use, a license, or a sublicense to such material or Intellectual Property Right without violating the terms of any agreement or other arrangement with any Third Party or creating a payment obligation upon such Person, or misappropriating the proprietary or trade secret information of a Third Party.

"Core Technical Information" means such sufficient technical information related to the [   ] technology as would enable an ordinary person skilled in the art to Develop and Manufacture the Covered Products, descriptions of which are included in Exhibit B.

"Cover," "Covered" or "Covering" means, with respect to a particular subject matter at issue and a relevant Intellectual Property Right, that the use, development, manufacture, commercialization or any other exploitation of the subject matter would infringe the Intellectual Property Right.

244

第3章　産業技術ライセンス契約書式

　本許諾特許に関して，動詞又は名詞としての「無効主張」は，いずれかの法域における裁判所，特許庁又は他の行政若しくは仲裁機関において，当該本許諾特許のいずれかの有効クレームの全部又は一部について，その有効性又は権利行使可能性を争い又はこれに異議を申し立てることを意味する。

　本許諾製品に関して，動詞としての「商品化する」又は名詞としての「商品化」とは，本許諾製品を市場開拓し，宣伝し，流通させ，販売の申出をし，販売し，輸入し，輸出し，又はその他の態様によって商業化するための人による又は人のための一切の活動を意味する。

（⇨46頁）

　「競合製品」とは，第三者によって製造された本実施分野における一切の［　　　　　　　　］製品を意味する。

　「秘密情報」は，第8.1条(a)において定義された意味を有する。

　何らかの物又は知的財産権及び人に関して，「コントロール」とは，当該人（又は当該人の関係会社）が，第三者との契約又は他の取決めの条件に違反し，当該人に支払義務を生じさせ又は第三者の専有若しくは営業秘密情報を不正使用することなく，関連する人に対し，当該物又は知的財産権へのアクセス，使用権，ライセンス又はサブライセンスを許諾する法的権利をもって，(i)当該物若しくは知的財産権を保有し，又は(ii)当該物若しくは知的財産権を使用するライセンス若しくは権利を有することを意味する。

　「本主要技術情報」とは，当業者が本実施製品を開発及び製造することを可能とさせるに十分な［　　　　　　　　］技術に関する技術情報であり，別紙Bにその説明が記載されているものを意味する。

（⇨37頁）

　問題となる特定の対象及び関連する知的財産権に関し，「カバー」，「カバーされる」又は「カバーする」とは，当該対象の開発，製造，商品化又はその他の利活用が当該知的財産権を侵害することを意味する。

245

第3章　産業技術ライセンス契約書式

"Covered Product" means any Licensed Product in the Field of Use which is covered, in whole or in part, by the Licensed Technology.

"Develop" as a verb or "Development" as a noun means, with respect to the Licensed Products, all activities by or on behalf of a Person to discover, research, or otherwise develop the Licensed Product or any process therefor.

"Effective Date" has the meaning ascribed to this term in the introductory paragraph of this Agreement.

"Excluded Territory" means the member states of the European Union as of the Effective Date.

"Exploit" as a verb or "Exploitation" as a noun means, with respect to the Licensed Products, to Develop, Manufacture, Commercialize, to use, have used or otherwise exploit the Licensed Products.

"Field of Use" means any and all [   ] applications.

"First Commercial Sale" means, with respect to the Licensed Product, the first sale to a Third Party of the Licensed Product by or on behalf of the Selling Party.

"Force Majeure Event" has the meaning ascribed to this term in Section 11.2.

"Governmental Authority" means any multi-national, federal, state, local, municipal, or other government authority of any nature (including any governmental division, department, agency, bureau, branch, office, commission, council, court, or other tribunal).

"Indemnified Party" has the meaning ascribed to this term in Section 11.1(a).

"Indemnifying Party" has the meaning ascribed to this term in Section 11.1(a).

246

第3章　産業技術ライセンス契約書式

「本実施製品」とは，その全部又は一部が本許諾技術にカバーされる本実施分野の本許諾製品を意味する。

本許諾製品に関して，動詞としての「開発する」又は名詞としての「開発」とは，本許諾製品又はこのための方法を発見し，研究し，又はその他の態様によって開発するための人による又は人のための一切の活動を意味する。　　　　　　　　　　　　　　　　　(⇨ 45頁)

「本効力発生日」は，本契約の序文において定義された意味を有する。

「本除外地域」とは，本効力発生日現在の欧州連合加盟国を意味する。　　　　　　　　　　　　　　　　　　　　　　　　　(⇨ 59頁)

本許諾製品に関して，動詞としての「利活用する」又は名詞としての「利活用」とは，本許諾製品を開発し，製造し，商品化し，使用し，使用させ又はその他の態様で利用することを意味する。　(⇨ 44頁)

「本実施分野」とは，一切の〔　　　　　　　　　　〕への適用を意味する。　　　　　　　　　　　　　　　　　　　　　　　　(⇨ 49頁)

本許諾製品に関して，「最初の商業的販売」とは，販売当事者による又は販売当事者のための第三者に対する本許諾製品の最初の販売を意味する。

「不可抗力事由」は，第11.2条において定義された意味を有する。

「政府機関」とは，多国籍，連邦，州，地方，市政その他あらゆる性格の政府機関（あらゆる省庁，部，局，支局，支所，事務所，委員会，評議会，裁判所及びその他の裁決機関を含む。）を意味する。

「被補償当事者」は，第11.1条(a)において定義された意味を有する。

「補償当事者」は，第11.1条(a)において定義された意味を有す

247

"Intellectual Property Rights" means all rights in inventions, Patents, copyrights, design rights, trademarks, Know-How, database rights, and any other intellectual property (whether registered or unregistered) and applications thereof and all rights to apply for any of them, anywhere in the world.

"Know-How" means any data, results, and information of any type whatsoever, in any tangible or intangible form, including know-how, trade secrets, practices, techniques, methods, processes, inventions, developments, specifications, formulae, materials or compositions of matter of any type or kind (patentable or otherwise), software, algorithms, marketing reports, study reports, regulatory submission documents and summaries, expertise, technology, test data, analytical and quality control data, stability data, studies, and procedures.

"Licensed Know-How" means any and all Know-How Controlled by Licensor as of the Effective Date that is necessary or useful for the Manufacture of the Products and that is provided to Licensee by Licensor pursuant to this Agreement. The Parties agree that the Licensed Know-How specifically includes the Core Technical Information.

"Licensed Patents" means: (i) the patents and patent applications listed on Exhibit A, (ii) continuations, divisionals, substitutions and continuations-in-part of any patent applications on Exhibit A, (iii) any patents issuing on any of the foregoing applications, and (iv) any foreign counterparts of any of the foregoing.

"Licensed Products" means any [   ] products.

"Licensed Technology" means the Licensed Patents and Licensed Know-How.

"Licensed Territory" means all the countries in the world excluding the Excluded Territory.

"Licensee" has the meaning ascribed to this term in the introductory paragraph of this Agreement.

第3章　産業技術ライセンス契約書式

る。

「知的財産権」とは，世界中における，発明，特許，著作権，意匠権，商標，ノウハウ，データベース権及びその他一切の（登録の有無を問わない）知的財産及びその出願についてのあらゆる権利並びにこれらを出願するあらゆる権利を意味する。

「ノウハウ」とは，ノウハウ，営業秘密，実演，テクニック，方法，プロセス，発明，開発物，明細書，公式，あらゆる種類の（特許性の有無を問わない）物質若しくは組成物，ソフトウェア，アルゴリズム，マーケティング報告書，研究報告書，規制当局への提出文書及びその要旨，専門的知見，テクノロジー，テストデータ，分析及び品質管理データ，安定性データ，研究及び手続を含む，有形，無形を問わず，あらゆる類型のデータ，結果並びに情報を意味する。

「本許諾ノウハウ」とは，本効力発生日時点においてライセンサーによってコントロールされる一切のノウハウのうち，本製品の製造に必要又は有用であり，かつ，本契約に基づいてライセンサーからライセンシーに提供されたものを意味する。当事者は，本許諾ノウハウは，具体的に，本主要技術情報を含むことを合意する。　（⇨36頁）

「本許諾特許」とは，(i)別紙Aに列挙された特許及び特許出願，(ii)別紙Aに列挙された特許出願の継続出願，分割出願，差替出願，部分継続出願，(iii)上記特許出願について登録された特許，並びに，(iv)上記特許及び特許出願の対応外国特許及び特許出願を意味する。　（⇨35頁）（⇨55頁）

「本許諾製品」とは一切の［　　　　　　　　　　］製品を意味する。　第2節第6（⇨50頁）

「本許諾技術」とは，本許諾特許及び本許諾ノウハウを意味する。　（⇨35頁）

「本許諾地域」とは，本除外地域を除く世界の全ての国を意味する。　（⇨58頁）

「ライセンシー」は，本契約の序文において定義された意味を有する。

249

第3章　産業技術ライセンス契約書式

"Licensee Improvement Inventions" has the meaning ascribed to this term in Section 6.4(a).

"Licensor" has the meaning ascribed to this term in the introductory paragraph of this Agreement.

"Losses" has the meaning ascribed to this term in Section 11.1(a).

"Manufacture" as a verb or noun or "Manufacturing" as a noun means, with respect to the Licensed Products, all activities by or on behalf of a Person related to the manufacturing of the Licensed Product, or any part thereof, including manufacturing for Development or Commercialization, processing, packaging, testing, storing of the Licensed Product or any part thereof, quality assurance and quality control activities related to manufacturing of the Licensed Product.

"Net Sales" has the meaning ascribed to this term in Section 4.3(b).

"Party" and "Parties" have the meaning ascribed to this term in the introductory paragraph of this Agreement.

"Patent" means: (i) any national, regional or international patent or patent application, including any provisional patent application; (ii) any patent application filed either from such a patent or patent application or from an application claiming priority from any of these, including any divisional, continuation, continuation-in-part and provisional application; (iii) any patent that has issued or in the future will issue from any of the foregoing patent applications ((i) and (ii)), including any utility model, petty patent, design patent, and certificate of invention; (iv) any extension or restoration by existing or future extension or restoration mechanisms, including any extension (including any supplementary protection certificate and the like) and reissue, of any of the foregoing patents and patent applications ((i), (ii), and (iii)); and (v) any similar rights to any of the foregoing patents and patent applications ((i), (ii), (iii) and (iv)).

"Person(s)" means any individual, corporation, partnership, association, joint venture, joint stock company, trust or other entity, or any government or administrative agency.

250

「ライセンシー改良発明」は，第 6.4 条(a)において定義された意味を有する。

「ライセンサー」は，本契約の序文において定義された意味を有する。

「損失」は，第 11.1 条(a)において定義された意味を有する。

本許諾製品に関して，動詞としての「製造する」又は名詞としての「製造」とは，本許諾製品又はその一部の開発又は商品化のための製造，加工，包装，試験，保管，本許諾製品の製造に関連する品質保証及び品質管理の活動を含む，本許諾製品又はその一部の製造に関連する，人による又は人のための一切の活動を意味する。

(⇨ 45 頁)

「正味売上」は，第 4.3 条(b)において定義された意味を有する。

「当事者」及び「両当事者」は，本契約の序文において定義された意味を有する。

「特許」とは，(i)一切の国若しくは地方の又は国際的な特許及び仮特許出願を含む特許出願，(ii)これらの特許若しくは特許出願又はこれらを優先権の基礎とする出願から出願された，分割，継続，部分継続及び仮出願を含む特許出願，(iii)上記特許出願 ((i)及び(ii)) のいずれかから発行された又は将来発行される特許，(iv)延長（補充的保護証明書等を含む。）及び再発行を含む，現行又は将来の延長又は回復制度による，上記特許及び特許出願 ((i)，(ii)及び(iii)) のいずれかからの一切の延長又は回復，並びに，(v)上記特許及び特許出願 ((i)，(ii)，(iii)及び(iv)) のいずれかに類似する権利を意味する。

「人」とは，個人，会社，パートナーシップ，結社，合弁事業体，共同出資会社，企業合同若しくは他の団体，又は，政府若しくは行政機関を意味する。

251

第 3 章　産業技術ライセンス契約書式

"Royalties" has the meaning ascribed to this term in Section 4.3(a).

"Royalty Report" has the meaning ascribed to this term in Section 4.3(c).

"Royalty Term" means, on a product-by-product basis, the period commencing on the First Commercial Sale of the Covered Product in the Licensed Territory and expiring upon expiration of the last Valid Claim of any Licensed Patent that Covers the Covered Product.

"Sales Target" has the meaning ascribed to this term in Section 5.1.

"Selling Party" has the meaning ascribed to this term in Section 4.3(b).

"Sublicensee" means a Person that is granted a sublicense by Licensee in accordance with this Agreement.

"Term" has the meaning ascribed to this term in Section 9.1.

"Third Party" means any Person other than Licensor, Licensee or Sublicensee or an Affiliate of either of them.

"Valid Claim" means a claim of an issued and unexpired Patent that has not been revoked or declared invalid or unenforceable by an unappealable decision of a court, patent office or any other administrative body of competent jurisdiction and which has not been abandoned.

"VAT" has the meaning ascribed to this term in Section 4.7(b).

2. GRANT OF LICENSE; EXCLUSIVITY

2.1 Grant of License. Subject to the terms and conditions of this Agreement, Licensor hereby grants to Licensee an exclusive, royalty-bearing, sublicensable, non-assignable license under the Licensed Technology in the Field of Use in the Licensed Territory to Exploit the Licensed Products; provided, however, that

252

第3章　産業技術ライセンス契約書式

「本ロイヤルティ」は，第4.3条(a)において定義された意味を有する。

「ロイヤルティ・レポート」は，第4.3条(c)において定義された意味を有する。

「本ロイヤルティ期間」とは，製品ごとに，本許諾地域における本実施製品の最初の商業的販売を始期とし，本実施製品をカバーする本許諾特許の最後の有効クレームの失効を終期とする期間を意味する。

(⇨ 93頁)

「本販売目標」は，第5.1条において定義された意味を有する。

「販売当事者」は，第4.3条(b)において定義された意味を有する。

「サブライセンシー」とは，本契約に従ってライセンシーによりサブライセンスを許諾された人を意味する。

「本契約期間」は，第9.1条において定義された意味を有する。

「第三者」は，ライセンサー，ライセンシー若しくはサブライセンシー又はこれらの関係会社以外の人を意味する。

「有効クレーム」とは，管轄権を有する裁判所，特許庁又は他の行政機関の上訴不能な判断によって本許諾特許のクレームが取り消され又は無効若しくは権利行使不能と宣言されていない，発行され消滅していない特許であって，放棄されていないもののクレームを意味する。

「VAT」は，第4.7条(b)において定義された意味を有する。

2．ライセンスの許諾，独占性

第2節
(⇨ 31頁)

2.1　ライセンスの許諾.　本契約に含まれる条件に従い，ライセンサーは本契約をもってライセンシーに対し，本許諾地域において本実施分野で本許諾技術に基づいて本許諾製品を利活用する，独占的，有償，サブライセンス可能かつ譲渡不能なライセンスを許諾す

253

第3章 産業技術ライセンス契約書式

Licensee shall not, directly or through its Affiliate, Sublicensee or any Third Party, market, promote, distribute, offer for sale, sell, or export the Licensed Products from the Licensed Territory to any Person in the Excluded Territory.

2.2 Exclusivity of License.

(a) During the Term Licensor may not use or grant to its Affiliate or any Third Party any license to use the Licensed Technology within the scope of the license granted to Licensee under Section 2.1.

(b) Licensor agrees to Licensee's registration or recordation of the exclusive license granted under Section 2.1 with the patent office or any other equivalent competent authority in each country in the Licensed Territory, to the extent such registration or recordation is available, and shall provide Licensee with any documentation and assistance necessary for such registration or recordation upon Licensee's request. Any fees associated with such registration or recordation shall be borne by Licensee.

2.3 Sublicenses.

(a) Licensee shall have the right to grant sublicenses within the scope of the license granted under Section 2.1 but with no further right to sublicense, so long as Licensee keeps Licensor fully informed of its sublicense plans. Licensee shall provide Licensor with copies of all sublicense agreements entered into under this Agreement within thirty (30) days of execution date.

(b) Licensee shall remain responsible to Licensor for the payment of all Royalties due under this Agreement, whether Net Sales are invoiced by Licensee, Sublicensee or an Affiliate of either of them.

(c) Licensee shall include in any sublicense agreement entered into under this Agreement, a provision requiring Sublicensee to abide by this Agreement. Licensee shall not grant to Sublicensee any rights inconsistent with the

254

る。ただし，ライセンシーは，直接又はその関係会社，サブライセ
ンシー若しくは第三者を通じて，本許諾製品を本許諾地域から本除
外地域の人に対し，宣伝し，流通させ，販売の申出をし，販売し，
又は輸出してはならない。

2.2　ライセンスの独占性.

第2節第2
(⇨38頁)

(a)　本契約期間中，ライセンサーは，第2.1条でライセンシーに許
諾されたライセンスの範囲内において本許諾技術を実施し又は関
係会社若しくは第三者にこれを実施するライセンスを許諾しては
ならない。

(⇨39頁)

(b)　ライセンサーは，ライセンシーが第2.1条で許諾された独占ラ
イセンスを本許諾地域各国における特許庁又は同等の所轄官庁に
おいて登録又は記録することを，そのような登録又は記録が利用
可能である限りにおいて同意し，ライセンシーの要求に従い，当
該登録又は記録に必要な一切の文書及び支援をライセンシーに対
し提供するものとする。当該登録又は記録に伴う費用はライセン
シーにおいて負担する。

(⇨42頁)

2.3　サブライセンス.

第2節第9
(⇨63頁)

(a)　ライセンシーは，そのサブライセンス計画をライセンサーに十
分に知らせる限りにおいて，第2.1条で許諾された範囲内で，さ
らなるサブライセンス権なしに，サブライセンスを許諾する権利
を有する。ライセンシーは，締結日から30日以内に，本契約に
基づいて締結される全てのサブライセンス契約の写しをライセン
サーに提供する。

(⇨65頁)

(b)　ライセンシーは，正味売上がライセンシー若しくはサブライセ
ンシー又はその関係会社のいずれによって請求されたかを問わ
ず，本契約上支払義務のある全ての本ロイヤルティの支払につい
てライセンサーに責任を負う。

(c)　ライセンシーは，本契約に基づいて締結されるサブライセンス
契約に，サブライセンシーに本契約を遵守することを要求する条
項を含めるものとする。ライセンシーは，本契約に基づくライセ

第3章　産業技術ライセンス契約書式

rights or obligations of Licensee hereunder. Any act or omission of
Sublicensee, which would be a breach of this Agreement if performed by
Licensee, shall be deemed to be a breach by Licensee.

3. KNOW-HOW DISCLOSURE AND TECHNICAL ASSISTANCE

3.1 Provision of Licensed Know-How.

(a) Within a reasonable period after the Effective Date, Licensor shall provide
Licensee with documentation of the Licensed Know-How, known and
reasonably available to Licensor at the Effective Date, to the extent already
reduced to documentation by Licensor; provided, however, that any
information or documents that Licensor is obligated to keep confidential
under any agreement it entered into with any Third Party shall be excluded
from the obligations under this Section.

(b) Licensor represents and warrants that the Licensed Know-How disclosed to
Licensee according to Section 3.1(a) shall be reasonably sufficient for
Licensee to effectively Develop, Manufacture and Commercialize the
Licensed Product.

3.2 Technical Assistance. During the Term, but in no event on or after the
date of any notice of termination of this Agreement, Licensor shall, upon the
written request of Licensee, furnish the services of qualified engineers or
technicians of Licensor or its Affiliates to assist Licensee for reasonable periods
of time in acquiring knowledge and training relating to the Licensed Technology.
The final decision as to the availability of such Licensor's personnel shall be
made exclusively by Licensor, and Licensor shall exercise every reasonable effort
to furnish such personnel for the period requested by Licensee insofar as such
request does not interfere with the business activities of Licensor or its Affiliates.
The compensation payable by Licensee to Licensor for such services shall be
jointly agreed upon by the Parties.

256

ンシーの権利又は義務と相容れない権利をサブライセンシーに与えてはならない。ライセンシーが行えば本契約の違反となるようなサブライセンシーの作為又は不作為は，ライセンシーの違反とみなされる。

3．ノウハウの開示と技術支援

3.1 本許諾ノウハウの提供.

第3節第1
（⇨72頁）

(a) 本効力発生日後合理的な期間内に，ライセンサーは，ライセンシーに対し，ライセンサーによって既に文書化されている限りにおいて，本効力発生日時点でライセンサーによって了知され合理的に利用可能な本許諾ノウハウの文書を提供する。ただし，ライセンサーが第三者と締結した契約上秘密保持義務を負う情報又は文書は本条の義務から除外される。

(b) ライセンサーは，第3.1条(a)に従ってライセンシーに開示される本許諾ノウハウはライセンシーが本許諾製品を効果的に開発，製造及び商品化するために合理的に十分であることを表明し，保証する。

3.2 技術支援. 本契約期間中（ただし，本契約の解約通知の日以降は除く。），ライセンサーは，ライセンシーの書面による要求があり次第，ライセンシーが合理的期間，本許諾技術に関する知識と訓練を受けることを支援するため，ライセンサー又はその関係会社の資格あるエンジニア又は技術者のサービスを提供する。かかるライセンサーの人員の利用可能性に関する最終的な決定はライセンサーのみによってなされるものとするが，ライセンサーは，ライセンシーの要求がライセンサー又はその関係会社の事業活動に支障を生じさせない限り，ライセンシーの要求する期間，当該人員を提供する一切の合理的努力をするものとする。かかるサービスに対してライセンシーがライセンサーに支払う対価については当事者間で合意されるものとする。

第3節第2
（⇨74頁）

第3章　産業技術ライセンス契約書式

4. FINANCIALS

4.1 Upfront Payment. In partial consideration of the rights granted to Licensee hereunder, Licensee will pay to Licensor a non-refundable, non-creditable one-time fee of Three Million U.S. Dollars ($3,000,000) (the "Up-front Fee"). Concurrent with execution of this Agreement, Licensor shall submit an original invoice for the Up-front Fee to Licensee, who shall pay such invoice within thirty (30) days of the Effective Date.

4.2 Milestone Payment. Licensee will notify Licensor as soon as practicable, and in any event within ten (10) days, upon the First Commercial Sale of the Licensed Product in the Field of Use that is Covered by the Licensed Technology (the "Covered Product") in the Licensed Territory (the "Milestone Event"). In further consideration of the rights granted to Licensee hereunder, Licensee will pay to Licensor a non-refundable, non-creditable one-time milestone payment of One Million Five Hundred Thousand U.S. Dollars ($1,500,000) (the "Sales Milestone"), within thirty (30) days upon receipt of invoice issued by Licensor after the Milestone Event occurs.

4.3 Royalties.

(a) In further consideration of the rights granted to Licensee, Licensor will earn royalties in an amount equal to three percent (3%) of Net Sales (such payments collectively, the "Royalties") during the Royalty Term. Licensee will pay Licensor the Royalties on a calendar quarterly basis during the Royalty Term, based on Net Sales in the Licensed Territory for such calendar quarter.

(b) "Net Sales" means, over the applicable period, the gross amounts invoiced for sales of the Covered Products by Licensee, Sublicensee or an Affiliate of either of them (the "Selling Party") to Third Parties, less the following items to the extent allocated to such sales of such Covered Products to Third Parties in accordance with applicable generally accepted accounting principles:

　　(i) non-recoverable taxes (including sales taxes, consumption taxes, use

258

第3章　産業技術ライセンス契約書式

4．財務事項

4.1　契約一時金.　本契約上ライセンシーに与えられる権利の対
価の一部として，ライセンシーは，ライセンサーに対し，払戻不
能，控除不能，一回払いの料金300万米ドル（$3,000,000）（「契約
一時金」）を支払う。ライセンサーは，本契約の締結と同時にライ
センシーに契約一時金の請求書原本を提出し，ライセンシーは，本
効力発生日から30日以内に当該請求に対して支払うものとする。

第4節第1
（⇨78頁）

4.2　マイルストーン・ペイメント.　ライセンシーは，本許諾地
域における，本実施製品の最初の商業的販売（「マイルストーン・
イベント」）があり次第，可能な限り速やかに，いかに遅くともそ
の10日以内に，ライセンサーに通知するものとする。本契約上ラ
イセンシーに与えられる権利のさらなる対価として，ライセンシー
は，マイルストーン・イベントが生じた後，ライセンサーが発行す
る請求書を受領後30日以内に，ライセンサーに対し，払戻不能，
控除不能，一回払いの料金150万米ドル（$1,500,000）を支払うも
のとする。

第4節第2
（⇨79頁）

4.3　ロイヤルティ.

第4節第3
（⇨80頁）
（⇨85頁）

(a)　本契約上ライセンシーに与えられる権利のさらなる対価とし
て，ライセンサーは，本ロイヤルティ期間中，正味売上の3％に
等しい金額のロイヤルティ（かかる支払を「本ロイヤルティ」と
総称する。）を得るものとする。ライセンシーによるライセン
サーへの本ロイヤルティの支払は，歴四半期の本許諾地域におけ
る正味売上に基づいて，本ロイヤルティ期間中，歴四半期ベース
で行われるものとする。

(b)　「正味売上」とは，適用される期間において，ライセンシー若
しくはサブライセンシー又はそのいずれかの関係会社（「販売当
事者」）による第三者への本実施製品の販売について請求された
粗額から，適用一般会計原則に従って当該本実施製品の第三者へ
の販売に割り当てられる限りにおいて以下の科目を控除した金額
を意味する。

（i）　本実施製品の第三者への販売に関連して販売当事者によって

259

taxes, VAT and tariffs and excluding taxes paid on income derived from sales) paid by the Selling Party in relation to the sale of the Covered Products to Third Parties;

(ii) invoiced freight, postage, shipping, insurance, handling and other transportation costs with respect to the transportation of the Covered Products to Third Parties;

(iii) fees paid to wholesalers, distributors, selling agents (excluding any sales representatives of a Selling Party), and other contractees, in each case, with respect to the sale of the Covered Products to Third Parties;

(iv) credits or allowances (including trade, cash, prompt payment, or volume discounts) actually allowed and taken directly by Third Parties, and any mandated discounts;

(v) reasonable credits and allowances actually allowed or paid to Third Parties for defective or returned Covered Products;

(vi) bad debts; and

(vii) any other customary adjustments for recording revenue for sales of the Covered Products to Third Parties consistent with applicable generally accepted accounting principles, in each case, consistently applied; provided that any such deductions are consistent with Licensee's recording of revenue for other products in the Licensed Territory.

(c) Commencing with the First Commercial Sale of a Covered Product in the Licensed Territory, Licensee will, within thirty (30) days after the end of each calendar quarter, provide to Licensor a detailed, itemized report, in such form as the Parties may agree from time-to-time, of (i) total monthly sales volumes and Net Sales in the Licensed Territory for such quarter, and (ii) all Royalties payable to Licensor for such quarter (including any foreign exchange rates used) (the "Royalty Report"). Concurrently with the Royalty Report, Licensee will pay to Licensor all the Royalties due for such calendar quarter. If no Royalties are due to Licensor for a given calendar quarter, then the applicable Royalty Report will so state. All Royalty Reports will be

第3章　産業技術ライセンス契約書式

支払われる還付不能の租税（売上税，消費税，使用税，付加価値税及び関税を含み，売上に由来する所得について支払われる租税を除く。）

(ii)　本実施製品の第三者への輸送に関して請求される輸送，郵送，配送，保険，出荷及びその他の運送費用

(iii)　本実施製品の第三者への販売に関して，卸売業者，販売店，販売代理店（販売当事者の販売員を除く。）及びその他の発注者に対してそれぞれ支払われる手数料

(iv)　第三者に対して実際に与えられかつ直接適用された貸勘定又は割引（取引，現金，即時払又は数量割引を含む。）及び一切の必要的割引

(v)　欠陥のある又は返品された本実施製品に関して第三者に対して実際に与えられ又は支払われた合理的な貸勘定及び割引

(vi)　回収不能金，及び

(vii)　本許諾地域におけるライセンシーの他の製品の収益の記録と一致する限りにおいて，本実施製品の第三者への販売の収益の記録に関して適用一般会計原則に従ってそれぞれ一貫して適用されるその他の慣習的な調整

(c)　本許諾地域における本実施製品の最初の商業的販売以降，ライセンシーは，各歴四半期の末日から 30 日以内に，ライセンサーに対し，両当事者が時々において合意する形式において，(i)当該四半期の本許諾地域における月次販売総数量及び正味売上，及び(ii)当該四半期においてライセンサーに支払われるべき全ての本ロイヤルティ（使用された外国為替レートを含む。）について，詳細かつ項目別の報告書（「ロイヤルティ・レポート」）を提出する。ライセンシーは，ロイヤルティ・レポートと同時に，ライセンサーに対し，当該歴四半期について支払うべき一切の本ロイヤルティを支払うものとする。特定の歴四半期についてライセン

(⇨ 97 頁)

261

第 3 章　産業技術ライセンス契約書式

subject to Licensor's audit rights as set forth in Section 4.4(b).

(d)　With respect to Net Sales invoiced in U.S. Dollars, the Net Sales and Royalties under Section 4.3 will each be expressed in U.S. Dollars. With respect to Net Sales invoiced in a currency other than U.S. Dollars, the Royalties will be calculated based on amounts converted to U.S. Dollars using currency exchange rates for the calendar quarter for which remittance is made for such Royalties. The calculation of the amount of currency equivalent in U.S. Dollars of Net Sales invoiced in other currencies will be made using the exchange rate (TTM) in the Tokyo Foreign Exchange Market to be reported by the X Bank at 11 am on the last day of the relevant reporting period (or if such last day is not a banking business day in Tokyo, then a banking business day in Tokyo immediately preceding such last day of the relevant reporting period).

4.4　Records Retention; Audits.

(a)　Licensee shall, and shall cause its Affiliates and Sublicensees to, keep complete and accurate books or records of account in accordance with applicable generally accepted accounting principles, in each case, consistently applied, showing the information that is necessary for the accurate calculation of Net Sales with respect to the sale of the Licensed Products. Such books and records shall be retained by Licensee, its Affiliates and Sublicensee until the expiration of the applicable tax statute of limitations (or any extensions thereof), or for such longer period as may be required by Applicable Law.

(b)　Upon the written request of Licensor, Licensee shall, and shall cause its Affiliates and Sublicensees to, permit a certified public accountant or an individual possessing similar professional status and associated with an independent accounting firm acceptable to the Parties to inspect during regular business hours and no more than once a calendar year and going back no more than three (3) years preceding the current calendar year, all or any part of the books and records of Licensee, its Affiliates and/or

第3章　産業技術ライセンス契約書式

サーに支払うべき本ロイヤルティが存在しない場合，該当のロイヤルティ・レポートはその旨を記載するものとする。全てのロイヤルティ・レポートは第4.4条(b)に規定するライセンサーの監査権に服する。

(d)　米ドルで請求される正味売上については，第4.3条に基づく正味売上及び本ロイヤルティは，それぞれ米ドルにて示される。米ドル以外の通貨で請求される正味売上について，本ロイヤルティは，当該ロイヤルティの送金対象となる暦四半期の通貨為替レートを用いて米ドルに換算された金額に基づいて計算される。他の通貨で請求される正味売上の米ドルにおける等価の貨幣額の計算は，当該報告期間の末日（この日が東京における銀行営業日でない場合には，その直前の東京における銀行営業日）の東京外国為替市場における午前11時にX銀行が公表する対顧客電信外国為替レートの仲値（TTM）によってなされるものとする。

（⇨99頁）

4.4　記録保管，監査.

第4節第4
（⇨100頁）

(a)　ライセンシーは，自ら並びにその関係会社及びサブライセンシーをして，ライセンス製品の販売に関する正味売上の正確な算定に必要な情報を示す，適用一般会計原則に従ってそれぞれ一貫して適用される完全かつ正確な会計帳簿又は記録を作成するものとする。当該帳簿及び記録は，適用される租税時効（若しくはその延長）の期間満了時まで又は適用法によって要求されるより長期の期間，ライセンシー，その関係会社及びサブライセンシーによって保管されなければならない。

(b)　ライセンサーの書面による要求があった場合，ライセンシーは，自ら並びにその関係会社及びサブライセンシーをして，公認会計士又は同様の職業的地位を有する個人で両当事者にとって受容可能な独立した会計事務所に属する者が正味売上の計算と支払われた本ロイヤルティの正確性をチェックするために必要なライセンシー，その関係会社及び／又はサブライセンシーの当該帳簿及び記録の全部又は一部を，通常の営業時間において，暦年1回

263

第3章　産業技術ライセンス契約書式

Sublicensees that are necessary to check the accuracy of the Net Sales calculations and the Royalties paid. The accounting firm shall enter into appropriate obligations with Licensee, its Affiliates and/or Sublicensees, as the case may be, to treat all information it receives during its inspection in confidence. The accounting firm shall disclose to Licensor whether the Royalty Reports are correct and details concerning any discrepancies. Licensor will also have the right to receive the report of any such audit; provided that such report will not disclose the Confidential Information of Licensee, its Affiliates or Sublicensees to Licensor. The cost of such audit, including the charges of the accounting firm, shall be paid by Licensor, except that if the Net Sales or Royalties reported have been understated by more than ten percent (10%), then Licensee shall pay all fees and expenses of that audit within thirty (30) days after receipt of invoice from Licensor for same. Prompt adjustments shall be made by the Parties to reflect the results of such audit. Any amounts shown to be owed but unpaid, or overpaid and in need of reimbursement, will be paid or refunded (as the case may be) within thirty (30) days after the audit report, plus interest hereunder from the original due date.

4.5 Minimum Annual Royalty. During the Royalty Term, commencing in the third (3rd) calendar year after the First Commercial Sale of the Covered Product in the Licensed Territory and ending in the calendar year in which the exclusive license granted to Licensee under Section 2.1 is converted into a non-exclusive license pursuant to Section 5.2, Licensee shall pay to Licensor a minimum annual royalty of One Million U.S. Dollars ($1,000,000) (the "Minimum Annual Royalty"). Any Royalties payment based on Net Sales in the Licensed Territory shall be credited against the Minimum Annual Royalty. Within thirty (30) days of the end of any calendar year to which this Section 4.5 applies, Licensee shall pay Licensor any remaining amount of the Minimum Annual Royalty for that calendar year.

4.6 Payments.

(a) All payments to Licensor under this Agreement shall be made by wire transfer of immediately available funds in U.S. Dollars to the bank account

264

を上限とし，かつ当暦年から3年を超えて遡ることなく，検査させることを許さなければならない。当該会計事務所は，場合に応じ，ライセンシー，その関係会社及び／又はサブライセンシーに対し，検査の期間受領する一切の情報を秘密として取り扱う適切な義務を負わなければならない。当該会計事務所は，ロイヤルティ・レポートが正確であるか否か及び何らかの齟齬がある場合にはその詳細をライセンサーに開示するものとする。ライセンサーは，また，当該監査の報告書を受領する権利を有するが，当該報告書はライセンシー，その関係会社又はサブライセンシーの秘密情報を開示するものであってはならない。当該会計事務所の手数料を含む当該監査の費用はライセンサーによって支払われるものとする。ただし，報告された正味売上又は本ロイヤルティが10%を超えて過少申告されていた場合，ライセンシーは，ライセンサーから請求書を受領後30日以内に，当該監査の一切の費用及び支出を支払うものとする。両当事者は，当該監査の結果を反映する金額調整を速やかに行うものとする。支払義務があるにもかかわらず支払われておらず又は過払いのため償還が必要であることが示された金額は，所定の利息を付した上，監査報告から30日以内に，（場合に応じて）支払われ又は払戻しされなければならない。

4.5　最低年間ロイヤルティ．　本ロイヤルティ期間中，本許諾地域における本実施製品の最初の商業的販売後3年目の暦年から，第2.1条によってライセンシーに許諾された独占ライセンスが第5.2条によって非独占ライセンスに転換された暦年まで，ライセンシーは，ライセンサーに対し，100万米ドル（$1,000,000）の最低年間ロイヤルティ（「本最低年間ロイヤルティ」）を支払うものとする。本許諾地域における正味売上に基づく本ロイヤルティの支払は，本最低年間ロイヤルティから控除される。ライセンシーは，本第4.5条が適用される暦年の末日から30日以内に，当該暦年の本最低年間ロイヤルティの残額をライセンサーに支払うものとする。

第4節第5
（⇨104頁）

4.6　支払．

(a)　本契約に基づく全てのライセンサーに対する支払は，ライセンサーが書面によって特定した銀行口座に米ドル建ての即時利用可

第4節第6
（⇨106頁）

265

第3章　産業技術ライセンス契約書式

specified in writing by Licensor. All costs associated with making payments to Licensor, including the cost of wire transfers, shall be borne by Licensee and shall not be deducted from the payments to Licensor.

(b) Any amounts not paid by Licensee when due shall be subject to interest from and including the date payment is due, through and including the actual date of payment by Licensee, at the rate of eight percent (8%) per year.

4.7　Taxes.

(a) All payments shall be made without deduction in respect of any taxes imposed or levied, including any withholding taxes, except to the extent that any such withholding is required by Applicable Law. If any taxes are required to be withheld by Licensee, then Licensee shall: (i) promptly notify Licensor so that Licensor may take lawful actions to avoid and minimize such withholding; (ii) deduct such taxes from the payment made to Licensor; (iii) timely pay the taxes to the proper taxing authority; (iv) send proof of payment to Licensor to certify receipt of such payment by the applicable tax authority within sixty (60) days following such payment; and (v) reasonably promptly furnish Licensor with copies of any tax certificate or other documentation evidencing such withholding as necessary to satisfy the requirements of the relevant Governmental Authority related to any application by Licensor for foreign tax credit for such payment. Licensee agrees to cooperate with Licensor in claiming exemptions from such deductions or withholdings under any agreement or treaty from time to time in effect.

(b) Any payment due under this Agreement is exclusive of any Value Added Tax or similar indirect taxes ("VAT"). In the event that any VAT are due under any Applicable Law, this shall be charged to the paying Party in addition to the relevant payment.

4.8　No Refunds; Offsets. All payments under this Agreement will be irrevocable, non-refundable, and non-creditable. Licensee will have no right to offset, set off, or deduct any amounts from or against the amounts due to

266

第3章　産業技術ライセンス契約書式

能資金を電信送金することによってなされるものとする。電信送
金費用を含む，ライセンサーへの支払に伴う全ての費用はライセ
ンシーが負担し，ライセンサーへの支払から控除されないものと
する。

(b)　支払期限到来時にライセンシーによる支払のなかった金額は，
支払期限からライセンシーによる実際の支払日までの期間におい
て年8％の利率による利息に服するものとする。

4.7　租税.

第4節第7
(⇨ 107 頁)
(⇨ 111 頁)

(a)　適用法によって源泉徴収が要求されない限り，全ての支払は，
源泉税を含め一切の賦課租税を控除せずになされなければならな
い。ライセンシーによる租税の源泉徴収が要求される場合，ライ
センシーは，(i)ライセンサーが当該源泉徴収を回避又は最小化す
るために適法な措置を執ることができるよう速やかに通知し，(ii)
ライセンサーに対する支払から当該租税を控除し，(iii)当該租税を
適時に所轄税務当局に支払い，(iv)当該支払から60日以内に所轄
税務当局による当該支払の受領を証明するため支払証憑をライセ
ンサーに送付し，かつ(v)ライセンサーによる当該支払についての
外国税額控除の申請に関連する主務官庁の要求を満たすために必
要な納税証明書の写しその他の当該源泉徴収を証明する書類を合
理的な迅速さをもってライセンサーに提供するものとする。ライ
センシーは，時宜に有効な協定又は条約による当該控除又は源泉
徴収の免除の申立てについてライセンサーに協力することを合意
する。

(b)　本契約上支払義務のある支払金には，一切の付加価値税又はそ
の他類似の間接税（「VAT」）が含まれないものとする。適用法
において何らかのVATの支払義務がある場合，それは当該支払
金に加えて支払当事者に賦課されるものとする。

4.8　払戻不能，相殺.　本契約に基づく全ての支払は，取消不
能，払戻不能かつ控除不能である。当事者間で別段の合意がなされ
又は第4.4条(b)によって確定されるのでない限り，ライセンシー

第4節第8
(⇨ 116 頁)

267

第3章 産業技術ライセンス契約書式

Licensor under this Agreement, unless otherwise agreed to by the Parties or as determined by Section 4.4(b). For the avoidance of doubt, Licensee shall not be entitled to receive any refund or credit for any payment, should any claim of the Licensed Patents be held invalid or reduced in scope or all of part of the Licensed Know-How becomes publicly known for any reason whatsoever after the Effective Date.

5. COMMERCIALIZATION OF COVERED PRODUCTS

5.1 Commercially Reasonable Efforts. Licensee shall use commercially reasonable efforts to achieve the target of Net Sales equal to or more than Fifty Million U.S. Dollars ($50,000,000) in the Licensed Territory per year (such target is referred to as the "Sales Target") in the fifth (5th) and subsequent calendar years after the First Commercial Sale of the Licensed Product in the Licensed Territory.

5.2 Conversion to Non-Exclusive License. Notwithstanding anything to the contrary contained herein, in the event that Licensee fails to achieve the Sales Target in the fifth (5th) or a subsequent calendar year after the First Commercial Sale of the Covered Product in the Licensed Territory, Licensor shall have the option in its sole discretion to convert the exclusive license granted to Licensee under Section 2.1 into a non-exclusive license within the entire Licensed Territory or any portion of thereof effective upon written notice to Licensee.

5.3 Non-Compete. Licensee will not, by itself or with any Affiliate or Third Party, Commercialize any Competing Product anywhere in the Licensed Territory, unless Licensee's exclusive license under Section 2.1 is converted to a non-exclusive license pursuant to Section 5.2.

6. INTELLECTUAL PROPERTY

6.1 Prosecution and Maintenance of Licensed Technology.

(a) As between the Parties, Licensor shall be solely responsible for the filing, prosecution and maintenance of all Licensed Patents; provided, however,

268

は，本契約上ライセンサーに支払義務を負う金額に対し又は同金額から一切の金額を相殺し，差引き又は控除する権利を有しない。念のため明記すると，ライセンシーは，理由のいかんを問わず，本効力発生日の後に本許諾特許のいずれかのクレームが無効となり若しくは減縮され又は本許諾ノウハウの全部若しくは一部が公知になったとしても，払戻しを受け又は支払額の控除を受ける権利を有しない。

5．本実施製品の商品化

5.1 商業上の合理的努力. ライセンシーは，本許諾地域における本実施製品の最初の商業的販売後，5年目以降の暦年において，本許諾地域において年間5000万米ドル（$50,000,000）以上の正味売上の目標（かかる目標を「本販売目標」という。）を達成するよう商業上の合理的努力を尽くさなければならない。

第5節第1
（⇨124頁）

5.2 非独占ライセンスへの転換. 本契約における別段の定めにかかわらず，ライセンシーが本許諾地域における本実施製品の最初の商業的販売後，5年後以降の暦年において本販売目標を達成しなかった場合，ライセンサーは，その単独の裁量により，ライセンシーに対する書面による通知をもって，第2.1条に基づきライセンシーに許諾された独占ライセンスを本許諾地域の全部又は一部における非独占ライセンスに転換する権利を取得するものとする。

第5節第2
（⇨125頁）

5.3 競業避止. ライセンシーは，第2.1条に基づくライセンシーの独占ライセンスが第5.2条に従って非独占ライセンスに転換されない限り，自ら又は関係会社若しくは第三者をして，本許諾地域において競合製品を商品化してはならない。

第5節第3
（⇨126頁）

6．知的財産

6.1 許諾技術の取得及び維持.

第6節第1
（⇨128頁）

(a) 当事者間においては，ライセンサーが全ての本許諾特許の出願，審査手続及び維持について単独で責任を負う。ただし，ライ

第3章　産業技術ライセンス契約書式

that if Licensor determines to abandon any Licensed Patent, Licensor shall, at least sixty (60) days in advance of any relevant deadline, notify Licensee of its determination in writing. Upon receipt of such notice, Licensee may, or may allow a Third Party to, file, prosecute and maintain such Licensed Patent.

(b) Licensor shall have the obligation to control, at its own expense, the defense of Challenge against any Licensed Patent. Licensee shall, at Licensor's expense, take such actions as shall be reasonably necessary for Licensor to defend such Challenge against any Licensed Patent.

(c) Licensor shall use a reasonable degree of care to prevent the Licensed Know-How from becoming publicly known, and shall not disclose the Licensed Know-How to any Third Party without the prior written consent of Licensee.

6.2 Enforcement of Rights.

(a) Each Party shall promptly notify the other Party in writing of any alleged or threatened infringement or misappropriation of any Licensed Technology with respect to any Licensed Products in the Licensed Territory, of which it becomes aware. The notifying Party will supply documentation of the infringing activities that are in its possession to the other Party.

(b) Licensor shall have the sole right, but not the obligation, to bring and control any action or proceeding with respect to any infringement or misappropriation of the Licensed Technology, at its own expense and by counsel of its own choice. Licensee shall, at Licensor's expense, execute all necessary and proper documents, take such actions as shall be appropriate to allow Licensor to institute, prosecute, and control such infringement or misappropriation actions, and otherwise cooperate in the institution and prosecution of such actions (including, without limitation, consenting to being named as a nominal party thereto). Any damages or other monetary awards recovered (whether by way of settlement or otherwise) shall be retained by Licensor.

270

センサーが本許諾特許の放棄を決定した場合，ライセンサーは，少なくとも関連する期限の60日以上前に，書面をもってその決定をライセンシーに通知しなければならない。ライセンシーは，そのような通知を受領した場合，自ら又は第三者により，当該許諾特許を出願し，審査手続を進め又は維持することができる。

(b)　ライセンサーは，自らの費用により，本許諾特許に対する無効主張に対する防御を管理する義務を負う。ライセンシーは，ライセンサーの費用により，ライセンサーがそのような本許諾特許に対する無効主張に対する防御を行うために合理的に必要な措置を講ずるものとする。

(c)　ライセンサーは，本許諾ノウハウが公知となることを防止するために合理的な注意義務を尽くし，ライセンシーの書面による事前の同意なく，第三者に本許諾ノウハウを開示しないものとする。

(⇨131頁)

6.2　権利の行使.

第6節第2
(⇨132頁)

(a)　各当事者は，本許諾地域において何らかの本許諾製品について本許諾技術が侵害され又はこれが不正使用されている疑い又はおそれを認識したならば，速やかに書面をもって他方当事者に通知しなければならない。通知当事者は，その保有する当該侵害行為に関する文書を他方当事者に提供する。

(b)　ライセンサーは，自己の費用により，自身で選択する弁護士をもって，本許諾技術の侵害又は不正使用に関する訴訟又は手続を提起し，管理する単独の権利を有するが，その義務は負わない。ライセンシーは，ライセンサーの費用により，ライセンサーがそのような侵害又は不正使用の訴訟を開始し，追行し，管理することが可能となるために必要かつ適当な一切の文書を作成しかつ適切な措置を講じ，またそのような訴訟の開始と維持についてその他の協力（名目上の当事者として手続上表記されることについての同意を含むがこれに限られない。）を行うものとする。一切の損害金その他の認容賠償金は（和解又はその他によるものか否かを問わず）ライセンサーが保持するものとする。

271

(c) If Licensor does not bring any action within six (6) months of becoming aware of an infringement, then, Licensee may bring action at its own expense and retain any monetary awards recovered.

6.3 Third Party Infringement Claims. Each Party shall promptly notify the other Party in writing of any allegation by a Third Party that the Exploitation of the Licensed Products in the Field of Use in the Licensed Territory pursuant to this Agreement infringes, misappropriates or may infringe or misappropriate such Third Party's Patents or other Intellectual Property Rights. Each Party shall, at its own responsibility and expense, defend any suits, actions or claims brought against it by a Third Party alleging infringement or misappropriation of such Third Party's Patents or other Intellectual Property Rights by the Exploitation of any Licensed Product in the Field of Use in the Licensed Territory pursuant to this Agreement. Each Party shall, at the other Party's expense, take such actions as shall be reasonably necessary for the other Party to defend such Third Party's infringement or misappropriation suits, actions or claims.

6.4 Improved Inventions by Licensee.

(a) As between the Parties, Licensee shall solely own all rights and interests in and to any inventions conceived or reduced to practice by or on behalf of Licensee (or its Affiliates or Subcontractors, or its or their respective directors, officers, employees, or agents) in connection with the rights granted or activities being conducted pursuant to this Agreement alone or together with Third Parties ("Licensee Improvement Inventions").

(b) Licensee hereby grants to Licensor a worldwide, perpetual, irrevocable, royalty-free, non-exclusive, sublicensable (including through multiple tiers) right and license to practice the Licensee Improved Inventions and any Intellectual Property Rights Covering such inventions for any and all purposes in the Field of Use.

(c) Licensee shall, promptly upon creation, disclose in writing and make available to Licensor all Licensee Improvement Inventions, whether patentable or not.

第3章　産業技術ライセンス契約書式

(c) ライセンサーが侵害を認識してから6か月以内に何らの訴訟も提起しない場合，ライセンシーは，自己の費用において訴訟を提起し，認容賠償金を保持することができる。

6.3　**第三者の侵害主張.**　各当事者は，第三者から，本契約に従った本許諾地域における本実施分野での本許諾製品の利活用が当該第三者の特許又はその他の知的財産権を侵害若しくは不正使用し又はその可能性があると主張された場合，他方当事者に対し速やかに書面をもって通知するものとする。各当事者は，本契約に従った本許諾地域における本実施分野での本許諾製品の利活用が第三者の特許又はその他の知的財産権を侵害又は不正使用するとの主張に基づき第三者によって各当事者に対して提起される訴訟，手続又は請求に対して，各自の責任と費用をもって防御を行うものとする。各当事者は，他方当事者の費用により，他方当事者がそのような第三者による侵害又は不正使用の訴訟，手続又は請求に対する防御を行うために合理的に必要な措置を講ずるものとする。

第6節第3
(⇨ 136 頁)

6.4　**ライセンシーによる改良発明.**

第6節第4
(⇨ 138 頁)

(a) 当事者間においては，本契約に従って与えられた権利又は行われた活動に関連して，単独で又は第三者と共に，ライセンシー（又はその関係会社若しくは下請人若しくはそれらの各取締役，役員，従業員若しくは代理人）によって又はこれを代理して想到され又は実施化された発明（「ライセンシー改良発明」）の全ての権利及び利益は，ライセンシーがこれを専有するものとする。

(b) ライセンシーは，本契約により，ライセンサーに対し，ライセンシー改良発明及び当該発明をカバーする知的財産権を本実施分野における一切の目的において実施する全世界における，永久，取消不能，無償，非独占，サブライセンス可能（多層的再実施を含む。）な権利及びライセンスを許諾する。

(c) ライセンシーは，特許性を有するか否かを問わず，全てのライセンシー改良発明をその創作から直ちに書面をもってライセンサーに開示し，利用可能とさせる。

273

第3章　産業技術ライセンス契約書式

7. REPRESENTATIONS, WARRANTIES AND CERTAIN COVENANTS

7.1 Representations and Warranties by Both Parties. Each Party represents and warrants to the other Party as of the Effective Date as follows:

(a) it is duly organized and validly existing under the laws of its state, province or country of incorporation, and has full corporate power and authority to enter into this Agreement and to carry out the provisions hereof; and

(b) the execution and performance of this Agreement by it does not conflict with any agreement or instrument, oral or written, to which it is a party or by which it may be bound.

7.2 Representations and Warranties by Licensor. Licensor represents and warrants to Licensee as of the Effective Date as follows:

(a) Licensor has Control over the Licensed Technology and the authority to grant the license hereunder with no encumbrances;

(b) the Licensed Technology constitutes all the Intellectual Property Rights Covering the Licensed Products that are Controlled by Licensor;

(c) to the knowledge of Licensor, the Exploitation of the Covered Products in the Field of Use in the Licensed Territory does not infringe any Third Party's Intellectual Property Rights;

(d) Licensor has not received any written notice from any Third Party claiming that the Exploitation of the Covered Products infringes or misappropriates any Intellectual Property Rights of any Third Party;

(e) the Licensed Technology includes no trade secret or proprietary information belonging to any Third Party;

(f) to the knowledge of Licensor, the Licensed Know-How is not publicly

274

第3章　産業技術ライセンス契約書式

7．表明保証及び特定の誓約

7.1　当事者双方による表明保証.　各当事者は，本効力発生日時点において，他方当事者に対し，以下のとおり表明し，保証する。

第7節第1
(⇨ 146 頁)

(a)　同人は，その設立の州，省又は国の法に基づき適式に組織されかつ有効に存在しており，本契約を締結してその規定を履行する完全な権能及び権限を有する。

(⇨ 147 頁)

(b)　同人による本契約の締結及び履行は，それが当事者となり又は拘束を受け得る口頭又は書面による一切の合意又は文書と抵触しない。

(⇨ 147 頁)

7.2　ライセンサーによる表明保証.　ライセンサーは，本効力発生日時点において，ライセンシーに対し，以下のとおり表明し，保証する。

第7節第2
(⇨ 148 頁)

(a)　ライセンサーは，本許諾技術に対するコントロール及び本契約上のライセンスを許諾する権限を何らの妨げもなく保有している。

(⇨ 149 頁)

(b)　本許諾技術は，本許諾製品をカバーする知的財産権のうちライセンサーによってコントロールされるもの全てを構成する。

(⇨ 149 頁)

(c)　ライセンサーの知る限りにおいて，本許諾地域における本実施分野での本実施製品の利活用は第三者の知的財産権を侵害しない。

(⇨ 150 頁)

(d)　ライセンサーは，本実施製品の利活用が第三者の知的財産権を侵害し又は不正使用すると主張する第三者からの通知書を受領したことはない。

(⇨ 151 頁)

(e)　本許諾技術は第三者に帰属する営業秘密又は独占的情報を含まない。

(⇨ 152 頁)

(f)　ライセンサーの知る限りにおいて，本許諾ノウハウは公知では

(⇨ 153 頁)

275

known; and

(g) Licensor is not a party to any suit or other legal action or proceedings relating to the Licensed Technology and Licensor has not received any written or oral communication from any Third Party threatening such suit, action or proceeding.

7.3 Representation and Warranty by Licensee. Licensee represents and warrants to Licensor as of the Effective Date as follows:

(a) all of its activities contemplated hereunder related to its use of the Licensed Technology complies with Applicable Law.

7.4 Additional Covenants by Both Parties. Each Party covenants to the other Party that:

(a) it will comply with all Applicable Law in connection with the performance of this Agreement; and

(b) it agrees to execute such further instruments, and to do all such other acts, as may be necessary or appropriate in order to carry out the purposes and intent of this Agreement.

8. CONFIDENTIALITY

8.1 Confidential Information.

(a) "Confidential Information" means, with respect to a Party or any of its Affiliates, any trade secret or other technical or business information of or in the possession of such Party or its Affiliate that it treats as confidential or proprietary that is disclosed to or observed by the other Party or any of its Affiliates with respect to the subject matter hereof whether prior to or during the Term that is marked as "confidential," "proprietary" or the like or that should be reasonably understood to be confidential or proprietary, which may include specifications, know-how, models, inventions, discoveries, methods, procedures, formulae, protocols, techniques, data, and unpublished

第3章　産業技術ライセンス契約書式

ない。

(g)　ライセンサーは本許諾技術に関する訴訟その他の法的申立て又 | （⇨ 153 頁）
は手続の当事者ではなく，ライセンサーはそのような訴訟，申立
て又は手続の可能性を告知する書面又は口頭による連絡を第三者
から受けたことはない。

7.3　ライセンシーによる表明保証.　ライセンシーは，本効力発 | 第7節第3
生日時点において，ライセンサーに対し，以下のとおり表明し，保 | （⇨ 154 頁）
証する。

(a)　本契約において予定される本許諾技術の使用に関する同人の一
切の行為は適用法に適合する。

7.4　当事者双方による追加的誓約.　各当事者は，他方当事者に
対し，以下のとおり誓約する。

(a)　本契約の履行に関し，一切の適用法を遵守する。

(b)　本契約の目的と意図を遂行するために必要かつ適切なさらなる
文書に署名し，その他一切の行為を行う。

8．秘密保持

8.1　秘密情報. | 第8節第1
| （⇨ 156 頁）

(a)　「秘密情報」とは，一方当事者又はその関係会社について，当
該当事者又はその関係会社が保有又は所持し，秘密又は独占的な
ものとして取り扱う何らかの営業秘密又はその他の技術上若しく
は営業上の情報であって，本契約期間中であるかその前であるか
を問わず，本契約の主題に関して他方当事者又はその関係会社に
開示され又は知得されたもののうち，「秘密」，「独占」若しくは
類似の文言が記載され又は秘密又は独占的なものであると合理的
に理解されるべきものを意味し，口頭，書面，図形又は電子的な
方法によって開示又は知得されたか否かを問わず，仕様書，ノウ

277

第3章　産業技術ライセンス契約書式

patent applications, whether disclosed or observed in oral, written, graphic, or electronic form; provided, however, that the following information does not constitute the Confidential Information:

(i) Information that has already been lawfully possessed by the receiving Party before disclosure by the disclosing Party;

(ii) Information that is already publicly known or used at the time of disclosure by the disclosing Party;

(iii) Information that becomes public through no fault of the receiving Party after disclosure by the disclosing Party;

(iv) Information that is lawfully obtained by the receiving Party from a Third Party without any confidentiality obligation; and

(v) Information that is developed by the receiving Party on its own independent of the information disclosed by the disclosing Party.

(b) Notwithstanding the provisions of Section 8.1(a) above, as between the Parties, the Licensed Know-How shall always be deemed to be Licensor's Confidential Information.

(c) The Parties agree that the existence and terms of this Agreement are the Confidential Information of both Parties and will be treated by each Party as the Confidential Information of the other Party, subject to Section 8.1(a).

8.2 Confidentiality Obligation. Except as otherwise expressly provided hereunder, during the Term and for a period of five (5) years thereafter, each Party shall retain in confidence, and shall not, without the prior written consent of the other Party, disclose to its Affiliates or Third Parties or use for any purpose other than the purposes contemplated hereunder, any Confidential Information of the other Party; provided, however, that each Party may disclose the Confidential Information of the other Party to the extent such disclosure is reasonably necessary in the following situations:

(i) regulatory filings and other filings with the relevant Governmental

278

ハウ，模型，発明，発見，方法，手続，公式，手順，技術，データ及び公開されていない特許出願を含み得る。ただし，以下の情報は秘密情報を構成しない。

(i) 開示当事者による開示以前から受領当事者が適法に保有している情報

(ii) 開示当事者による開示時に既に公知又は公用となっていた情報

(iii) 開示当事者による開示後，受領当事者の責めに帰すべからざる事由によって公知又は公用となった情報

(iv) 受領当事者が第三者から秘密保持義務を負うことなく適法に取得した情報，及び

(v) 受領当事者が開示当事者から開示された情報によらずに独自に開発した情報

(b) 上記第 8.1 条(a)の定めにかかわらず，当事者間においては，本許諾ノウハウは，常にライセンサーの秘密情報であるとみなされる。

(c) 当事者は，第 8.1 条(a)の制約の下，本契約の存在及び条項は両当事者の秘密情報であり，各当事者によって他方当事者の秘密情報として取り扱われることに合意する。

8.2 秘密保持義務. 本契約に明示的な別段の定めがない限り，本契約期間及びその後の 5 年間，各当事者は，他方当事者の秘密情報を秘密として保持しなければならず，他方当事者の書面による事前の同意がない限り，関係会社若しくは第三者にこれを開示し又は本契約上予定される目的以外の目的でこれを使用してはならない。ただし，各当事者は，以下の状況において合理的に必要な限りにおいて他方当事者の秘密情報を開示することができる。

第 8 節第 2
(⇨ 160 頁)

(i) 規制上の届出及びその他の主務官庁への届出

279

第3章　産業技術ライセンス契約書式

Authorities;

(ii) responding to a valid order of a court of competent jurisdiction or other competent authority; provided that the receiving Party will first have given to the disclosing Party advance notice of such disclosure requirement and, if allowable, a reasonable opportunity to quash the order or obtain a protective order requiring that the Confidential Information be held in confidence or used only for the purpose for which the order was issued; and provided, further, that if such order is not quashed or a protective order is not obtained, the Confidential Information disclosed will be limited to the information that is legally required to be disclosed;

(iii) complying with Applicable Law, including regulations promulgated by securities exchanges; provided that the receiving Party will, except where impracticable, give reasonable advance notice to the disclosing Party of such disclosure and use reasonable efforts to secure confidential treatment of such information; and

(iv) disclosure to its Affiliates, Sublicensees or Third Parties only on a need-to-know basis and solely in order for its Affiliate, Sublicensees or Third Parties to assist with the performance by the disclosing Party of its obligations or the exercise of its rights under this Agreement; provided that each disclosee, prior to any such disclosure, must be bound by obligations of confidentiality at least as restrictive as those set forth in this Section 8.2.

8.3　Publications.

(a) Licensee acknowledges that Licensor is free to publish the results of its research activities, even though such publications may involve the Licensed Technology. Licensor personnel may publish in scientific journals or present at scientific conferences scientific data derived from the Development of the Covered Product. Nothing herein will limit Licensor's ability to disclose any study results or other information developed by or on behalf of Licensor.

第3章　産業技術ライセンス契約書式

(ii)　管轄裁判所又は他の管轄当局の有効な命令に対する回答。ただし，受領当事者は，開示当事者に対し，まずそのような開示要求を事前に通知した上，許容される限り，当該命令を取り消し又は当該秘密情報が秘密として保持され若しくは当該命令が発令された目的のためにのみ使用できることを要求する秘密保持命令を取得する合理的な機会を与えねばならず，そのような命令が取り消されず又は秘密保持命令が取得できなかった場合，開示される秘密情報は，開示が法律上要求される情報に限定されなければならない。

(iii)　証券取引所が定める規則を含む適用法の遵守。ただし，受領当事者は，実行不能でない限り，開示当事者に対し当該開示について合理的な事前通知をし，当該情報の秘密の取扱いを確保する合理的な努力をしなければならない。

(iv)　知る必要に基づく関係会社，サブライセンシー又は第三者に対する開示であって，関係会社，サブライセンシー又は第三者が開示当事者による本契約上の義務の履行又は権利の行使を支援することのみを目的としたもの。ただし，各被開示者は当該開示に先立ち，少なくともこの第8.2条に定めるのと同等に制限的な秘密保持義務を負わなければならない。

8.3　公表.

第8節第3
(⇨ 163 頁)

(a)　ライセンシーは，ライセンサーが本許諾技術に関連するものであるとしてもその研究活動の結果を自由に公表することができることを認める。ライセンサーの人員は，本実施製品の開発に由来する科学的データを科学雑誌に公開し又は科学学会で発表することができる。ライセンサーによって又はそのために開発された研究結果又はその他の情報を開示するライセンサーの権能が本契約によって制限されることはない。

281

第3章　産業技術ライセンス契約書式

(b) Licensee shall not make any publication or presentation, whether written or oral, to one or more Third Parties relating to the Covered Product without the prior consent of Licensor and a mutual agreement on the determination of attribution, and any such publication or presentation shall, in any case, be in accordance with Applicable Law. Licensee shall provide Licensor for review and approval any proposed manuscript, abstract, poster, or presentation relating to the Covered Product at least ninety (90) days prior to submission for publication or presentation. Within such ninety (90) day period, Licensor shall advise Licensee of, and Licensee shall take, appropriate action to protect the Confidential Information of Licensor and the patentability of any Licensee Improvement Inventions, including the modification of the proposed publication to delete Confidential Information of Licensor or the delay of the publication or presentation of such proposed publication to permit patent filings. Until this review and approval process is completed or, if applicable, confidentiality is specifically waived, the Confidential Information of Licensor and any Licensee Improvement Inventions shall be kept confidential and not disclosed by Licensee to any Third Party.

(c) The non-publishing Party and the publishing Party will each comply with standard academic practice regarding authorship of scientific publications and recognition of contribution of other parties in any publication. The publishing Party will not be required to seek the permission of the non-publishing Party to republish any information or data that has already been publicly disclosed by the publishing Party in accordance with this Section 8.3, so long as such information or data remains accurate. The provisions of this Section 8.3 will not relieve a Party of its obligations of confidentiality.

8.4 **Press Releases.** Neither Party shall issue any press release or other public announcement, whether oral or written, that discloses the existence of or any information relating to this Agreement without the prior written consent of the other Party; provided, however, that each Party may disclose such information to the extent (i) repeating or affirming disclosure made in any prior press release or other public announcement validly made in accordance with this Section 8.4; or (ii) required to comply with any duty of disclosure under Applicable Law or applicable listing rules.

282

第3章　産業技術ライセンス契約書式

(b)　ライセンシーは，ライセンサーの事前の同意及び帰属の決定について の双方の合意がない限り，一人又は複数の第三者に対し，書面によるか口頭によるかを問わず，本実施製品について公開又は発表してはならず，そのような公開又は発表はいかなる場合においても，適用法に従わなければならない。ライセンシーは，少なくとも公開又は発表のための提出の90日前までに，確認と承認のために本実施製品に関する原稿，要約，ポスター又は発表内容の案をライセンサーに提出しなければならない。当該90日の期間内において，ライセンサーはライセンシーに対し，又はライセンサーの営業秘密を削除するための公開案の修正又は特許出願を可能とするための公開発表の延期を含む，ライセンサーの秘密情報及びライセンシー改良発明の特許性を保護するために適切な措置について提言し，ライセンシーはそれを実施するものとする。かかる確認及び承認の手続が完了するか又は場合によって秘密性が個別に放棄されるまで，ライセンサーの秘密情報及びライセンシーの改良発明はライセンシーによって秘密として保持され，第三者に開示されないものとする。

(c)　非公表当事者と公表当事者は，各自，科学的出版物の著作者性及び出版物における他当事者の貢献の認定に関する標準的な学会慣習に従うものとする。公表当事者は，この第8.3条に従って公表当事者によって既に公開された情報又はデータについては，当該情報又はデータが正確性を維持する限り，これを再公表するために非公表当事者の許可を求める必要はない。この第8.3条は，当事者の秘密保持義務を免除するものではない。

8.4　プレスリリース.　いずれの当事者も，口頭によると書面によるとにかかわらず，他方当事者の書面による事前の同意がない限り，本契約の存在又はこれに関する一切の情報についてプレスリリース又はその他の公表をしてはならない。ただし，各当事者は，(i)本第8.4条に従って有効になされた従前のパブリックリリース若しくはその他の公表においてなされた開示を繰り返し若しくはこれを確認し，又は(ii)適用法若しくは適用される上場規則上の開示義務に従うために要求される限りにおいて，かかる情報を開示することができる。

第8節第4
(⇨166頁)

第3章　産業技術ライセンス契約書式

9.　TERM AND TERMINATION

9.1　Term.　This Agreement will become effective on the Effective Date and, unless earlier terminated pursuant to Section 9.2, will expire when no further payments are due pursuant to Section 4.3 (the "Term").

9.2　Termination by Either Party.

(a)　Breach.

(i)　Each Party shall have the right to terminate this Agreement upon thirty (30) days' prior written notice to the other Party in the event of the material breach of any term or condition of this Agreement, unless the breaching Party has cured such breach by the end of such thirty (30) day period (the "Cure Period").

(ii)　Any right to terminate under this Section 9.2(a) and the running of the Cure Period shall be stayed in the event that, during the Cure Period, the Party alleged to have been in material breach has initiated dispute resolution proceedings in accordance with Section 11.5 with respect to the alleged breach, which stay shall last so long as the allegedly breaching Party in good faith cooperates in the prompt resolution of the dispute in such dispute resolution proceedings.

(b)　Force Majeure Event.　If a Party is unable to comply with its obligations under this Agreement because of a Force Majeure Event and such inability to comply continues or is expected to continue, for a period greater than one-hundred eighty (180) days, the other Party shall have the right to immediately terminate this Agreement.

(c)　Insolvency.　Each Party shall have the right to terminate this Agreement effective upon written notice to the other Party in the event the other Party becomes insolvent or makes an assignment for the benefit of creditors, or in the event bankruptcy or insolvency proceedings are instituted against the other Party or on its behalf.

第3章　産業技術ライセンス契約書式

9．契約期間及び解約

9.1　契約期間.　本契約は本効力発生日に発効し，第9.2条に
従って早期に解約されない限り，第4.3条に従った支払が終わった
時に終了するものとする（「本契約期間」）。

第9節第1
（⇨169頁）

9.2　各当事者による解約.

第9節第2
（⇨171頁）

(a)　契約違反.

　（i）　各当事者は，他方当事者が本契約の規定又は条件の重大な違
　　　反をした場合，反対当事者に対する書面による30日の事前通
　　　知をもって本契約を解約する権利を有する。ただし，当該違反
　　　当事者が当該30日の期間（「本治癒期間」）の終期までに当該
　　　違反を治癒した場合はこの限りでない。

　（ii）　重大な違反をしたとの嫌疑を受けた当事者が本治癒期間中に
　　　当該違反嫌疑に関して第11.5条に従って紛争解決手続を開始
　　　した場合，本第9.2条(a)に基づく解約権及び本治癒期間の進行
　　　は停止し，当該停止は，被疑違反当事者が当該紛争解決手続
　　　における紛争の早期の解決に誠実に協力する限り継続するものと
　　　する。

(b)　不可抗力事由.　一方当事者が不可抗力事由により本契約上の
　　義務を履行することができず，かつ，その履行が180日を超える
　　期間継続し又は継続することが予想される場合，他方当事者は本
　　契約を直ちに解約する権利を有する。

(c)　支払不能.　各当事者は，他方当事者が債務超過となり若しく
　　は債権者の利益のために譲渡を行った場合，又は他方当事者に対
　　して若しくはそのために破産若しくは倒産処理手続が開始された
　　場合，反対当事者に対する書面による通知をもって本契約を直ち
　　に解約する権利を有する。

285

第3章　産業技術ライセンス契約書式

9.3　Termination by Licensor.

(a) Licensor shall have the right to terminate this Agreement immediately upon written notice to Licensee in the event that Licensee directly, or through assistance to a Third Party, Challenges, whether as a claim, a cross-claim, counterclaim, or defense, against any Licensed Patent.

(b) Licensor shall have the right to immediately terminate this Agreement effective upon written notice to Licensee in the event that Licensee assigns this Agreement or its rights or obligations hereunder to its Affiliate or any Third Party without the prior written consent of Licensor.

(c) Licensor shall have the right to immediately terminate this Agreement effective upon written notice to Licensee in the event that Licensee consummates a Change of Control Transaction without the prior written consent of Licensor.

(d) Licensor shall have the right to terminate this Agreement on thirty (30) days' written notice to Licensee in the event that Licensee fails to achieve the Sales Target in the fifth (5th) or a subsequent calendar year after the First Commercial Sale of the Covered Product in the Licensed Territory.

(e) Licensor shall have the right to terminate this Agreement on ninety (90) days' written notice to Licensee in the event that Licensee fails to use commercially reasonable efforts set forth in Section 5.1, unless Licensee cures such diligence failure before the end of such ninety (90) day period.

9.4　Termination by Licensee.

(a) Licensee shall have the right to terminate this Agreement upon thirty (30) days' prior written notice to Licensor in the event that any claim of the Licensed Patents is revoked or declared invalid or unenforceable by an unappealable decision of a court, patent office or any other administrative body of competent jurisdiction.

第3章 産業技術ライセンス契約書式

9.3 ライセンサーによる解約.

第9節第3
(⇨176頁)

(a) ライセンサーは，ライセンシーが直接に又は第三者に対する支援を通じて，請求，交差請求，反訴請求又は抗弁のいずれによるかを問わず，本許諾特許に対して無効主張をする場合，ライセンシーに対する書面による通知をもって直ちに本契約を解約する権利を有する。

(b) ライセンシーがライセンサーの書面による事前の同意なく本契約又は本契約上の権利若しくは義務をその関係会社又は第三者に譲渡した場合，ライセンサーは，ライセンシーに対する書面による通知をもって本契約を直ちに解約する権利を有する。

(⇨177頁)

(c) ライセンシーがライセンサーの書面による事前の同意なく支配権変動取引を完了させた場合，ライセンサーは，ライセンシーに対する書面による通知をもって本契約を直ちに解約する権利を有する。

(⇨178頁)

(d) ライセンシーが本許諾地域における本実施製品の最初の商業的販売後，5年目以降の暦年において本販売目標を達成しなかった場合，ライセンサーは，ライセンシーに対する書面による30日の事前通知をもって本契約を解約する権利を有する。

(⇨180頁)

(e) ライセンシーが第5.1条に規定する商業上の合理的努力を尽くさない場合，ライセンサーは，ライセンシーに対する書面による90日の事前通知をもって本契約を解約する権利を有する。ただし，ライセンシーが当該90日の期間の終期までに当該努力懈怠を治癒した場合はこの限りでない。

(⇨181頁)

9.4 ライセンシーによる解約.

第9節第4
(⇨182頁)

(a) 管轄権を有する裁判所，特許庁又は他の行政機関の上訴不能な判断によって本許諾特許のいずれかのクレームが取り消され又は無効若しくは権利行使不能と宣言された場合，ライセンシーは，ライセンサーに対する書面による30日の事前通知をもって本契約を解約する権利を有する。

287

第3章 産業技術ライセンス契約書式

(b) Licensee shall have the right to terminate this Agreement upon thirty (30) days' prior written notice to Licensor in the event that all or part of the Licensed Know-How becomes publicly known through no fault of Licensee.

(c) Licensee shall have the right to terminate this Agreement upon thirty (30) days' prior written notice to Licensor in the event that Licensee is permanently enjoined from Manufacturing or Commercializing the Covered Products in the Licensed Territory pursuant to a patent infringement action brought by a Third Party.

(d) Licensee shall have the right to terminate this Agreement upon one hundred eighty (180) days prior written notice to Licensor in the event that Licensee reasonably determines that it would not be economically reasonable to Commercialize the Covered Product.

9.5 Consequence of Expiration or Termination; Survival.

(a) In the event of expiration or termination of this Agreement:

　　(i) the licenses granted by Licensor to Licensee hereunder shall terminate and revert to Licensor upon the earlier of expiration of the Term and the effective date of termination; and

　　(ii) notwithstanding the provision of (i) above, in the event that this Agreement expires or is terminated by Licensee pursuant to Section 9.2 (a), (b) or (c), Licensee shall obtain a non-exclusive, royalty-free, irrevocable, perpetual, non-sublicensable right and license to the Licensed Technology to Exploit the Licensed Products in the Field of Use in the Licensed Territory.

(b) Expiration or termination of this Agreement will not relieve the Parties of any liability that accrued hereunder prior to the effective date of such expiration or termination, nor preclude either Party from pursuing all rights and remedies it may have hereunder or at law or in equity with respect to any breach of this Agreement.

(c) Sections 8 and 11 and such other Sections as by their nature are intended to

288

第3章　産業技術ライセンス契約書式

(b)　ライセンシーの責めによらず，許諾ノウハウの全部又は一部が　　（⇨ 183 頁）
公知化した場合，ライセンシーは，ライセンサーに対する書面に
よる 30 日の事前通知をもって本契約を解約する権利を有する。

(c)　第三者の提起した特許侵害訴訟によってライセンシーが本許諾　　（⇨ 184 頁）
地域における本実施製品の製造又は商品化を永続的に禁止される
場合，ライセンシーは，ライセンサーに対する書面による 30 日
の事前通知をもって本契約を解約する権利を有する。

(d)　ライセンシーは，本実施製品を商品化することが経済合理的で　　（⇨ 185 頁）
ないと合理的に決定した場合，ライセンサーに対する書面による
180 日の事前通知をもって本契約を解約する権利を有する。

9.5　契約終了又は解約の効果，残存条項.

第9節第5
（⇨ 187 頁）

(a)　本契約が終了し又は解約された場合，

（i）　本契約期間の終了又は解約の効力発生日のいずれか早い日に
おいて，本契約上ライセンサーからライセンシーに許諾された
ライセンスは終了し，ライセンサーに復帰する。

（ii）　上記（i）の規定にかかわらず，本契約が終了し又は第 9.2 条
(a)，(b)又は(c)に従ってライセンシーによって解約された場合，
ライセンシーは，本許諾地域において本実施分野で本許諾製品
を利活用する非独占的，無償，取消不能，永久のサブライセン
ス不能な権利及びライセンスを取得するものとする。

(b)　本契約が終了し又は解約されても，両当事者は，当該終了又は
解約の効力発生日の前に本契約上発生した責任を免れず，いずれ
の当事者も本契約の違反に関して本契約上又は法律上有する全て
の権利及び救済を行使することを妨げられない。

(c)　第 8 条及び第 11 条並びにその性質上本契約の終了又は解約後

289

survive the expiration or termination of this Agreement shall survive expiration or termination of this Agreement.

10. ASSIGNMENT AND CHANGE OF CONTROL

10.1 Assignment of Agreement. Neither Party shall assign this Agreement or its rights or obligations hereunder to its Affiliate or any Third Party without the prior written consent of the other Party, except that Licensor may assign all or part of its rights under this Agreement to its Affiliate without Licensee's consent.

10.2 Assignment of Licensed Technology. Licensor shall not assign to its Affiliate or any Third Party or create security on any Licensed Technology without the prior written consent of Licensee.

10.3 Change of Control. Licensee shall not consummate a Change of Control Transaction without the prior written consent of Licensor, which shall not be unreasonably withheld, conditioned or delayed. For purposes of this provision, a "Change of Control Transaction" means (i) any sale, exchange, transfer, or issuance to or acquisition in one transaction or a series of related transactions by one or more Licensee's Affiliates or Third Parties of at least fifty percent (50%) of the ownership interest of Licensee, whether made directly or indirectly, by merger or otherwise, or beneficially or of record; (ii) a merger or consolidation under Applicable Law of Licensee with its Affiliate or Third Party in which the shareholders of Licensee or its Affiliate that directly or indirectly controls Licensee immediately prior to such merger or consolidation do not continue to hold immediately following the closing of such merger or consolidation at least fifty percent (50%) of the aggregate ownership interest of the entity surviving or resulting from such consolidation; or (iii) a sale or other disposition of all or substantially all of the assets of Licensee to one or more of its Affiliates or Third Parties in one transaction or a series of related transactions.

第 3 章　産業技術ライセンス契約書式

も残存することが意図されている他の条項は，本契約の終了又は
解約後も残存するものとする。

10.　譲渡及び支配権の変動

10.1　契約の譲渡.　いずれの当事者も，他方当事者の書面によ
る事前の同意がない限り，本契約又は本契約上の権利若しくは義務
をその関係会社又は第三者に譲渡することができない。ただし，ラ
イセンサーは，ライセンシーの同意なく，本契約上の権利の全部又
は一部をその関係会社に譲渡することができる。

第 10 節第 1
(⇨ 191 頁)

10.2　本許諾技術の譲渡.　ライセンサーは，ライセンシーの書
面による事前の同意がない限り，その関係会社又は第三者に対し本
許諾技術を譲渡し又は担保権を設定してはならない。

第 10 節第 2
(⇨ 193 頁)

10.3　支配権の変動.　ライセンシーは，ライセンサーの書面に
よる事前の同意がない限り，支配権変動取引を完了させてはならな
い。ただし，ライセンサーは，当該同意を不合理に差し控え，これ
に条件を付し又は遅延してはならない。本規定において「支配権変
動取引」とは，(i)直接的か間接的か，合併その他の方法によるか若
しくは受益上か記録上かを問わず，ライセンシーの関係会社又は第
三者への一つの取引若しくは一連の関連取引によるライセンシーの
持分の少なくとも 50％の売却，交換，譲渡，発行若しくは売却，
(ii)ライセンシーとその関係会社又は第三者との適用法に基づく吸収
合併若しくは新設合併であって，ライセンシー若しくは当該吸収合
併若しくは新設合併の直前，直接若しくは間接にライセンシーを支
配していたその関係会社の株主が当該吸収合併若しくは新設合併の
クロージング後，存続法人若しくは新設合併によって設立される法
人の総持分の少なくとも 50％の保有を継続しないものである場合，
又は(iii)一つの取引若しくは一連の関連取引によるライセンシーの全
部若しくは実質的に全部の資産のその関係会社若しくは第三者の一
社又は数社に対する譲渡若しくはその他の処分，を意味する。

第 10 節第 3
(⇨ 195 頁)

291

第3章　産業技術ライセンス契約書式

11. MISCELLANEOUS

11.1 Indemnification.

(a) Each Party (the "Indemnifying Party") shall indemnify, defend, and hold harmless the other Party and its directors, officers, employees and agents (each, an "Indemnified Party") from and against any and all claims, demands, suits, actions, liabilities, damages and/or expenses including reasonable legal expenses and attorneys' fees (collectively, "Losses"), to which any Indemnified Party may become subject as a result of any claim, demand, suit, action or other proceeding by a Third Party to the extent such Losses arise out of or result from:

　(i)　any breach by the Indemnifying Party of its representations, warranties, covenants or obligations in this Agreement, and/or violation of Applicable Law; or

　(ii)　the gross negligence or willful misconduct of the Indemnifying Party or its Affiliates in connection with this Agreement.

(b) EXCEPT WITH RESPECT TO A CLAIM FOR FRAUD, GROSS NEGLIGENCE, OR WILLFUL MISCONDUCT, NEITHER PARTY WILL BE LIABLE TO THE OTHER FOR ANY SPECIAL, INDIRECT, CONSEQUENTIAL, INCIDENTAL, LOST PROFITS, OR PUNITIVE DAMAGES ARISING FROM OR RELATING TO ANY BREACH OF THIS AGREEMENT, REGARDLESS OF ANY NOTICE OF THE POSSIBILITY OF SUCH DAMAGES, AND REGARDLESS OF THE LEGAL THEORY ASSERTED INCLUDING CONTRACT, NEGLIGENCE, STRICT LIABILITY, OR ANY OTHER LEGAL THEORY.

(c) Each Party will, at its own expense, procure and maintain during the Term, insurance policies (or a program of self-insurance) adequate to cover its responsibilities hereunder and consistent with the normal business practices of prudent manufacturing companies of similar size and scope. Such insurance will not create a limit to such Party's liability under this Agreement.

第 3 章　産業技術ライセンス契約書式

11.　雑則

11.1　補償.

第 11 節第 1
(⇨ 198 頁)

(a)　各当事者（「補償当事者」）は，他方当事者並びにその取締役，
役員，従業員及び代理人（それぞれ「被補償当事者」）を，第三
者による何等かの請求，要求，訴訟，申立て又はその他の手続の
結果，被補償当事者が服することになる一切の請求，要求，訴
訟，申立て，責任，損害及び／又は合理的な法的費用及び弁護士
費用を含む支出（「損失」と総称）に対して，当該損失が以下か
ら生じ又は由来する限りにおいて，補償し，防御し，かつ損害を
被らせないようにするものとする。

　（ⅰ）　補償当事者による本契約上の表明，補償，誓約又は義務の違
反及び／又は適用法の違反，又は

　（ⅱ）　本契約に関連する補償当事者又はその関係会社による重過失
又は故意による不正行為

(b)　詐欺，重過失又は故意による不正行為を理由とする請求に関す
るものでない限り，いずれの当事者も他方当事者に対し，損害の
可能性の通知にかかわらず，また契約，過失，厳格責任その他の
法的理論を含むいかなる法的理論の主張にかかわらず，本契約の
違反に由来又は関連して発生する一切の特別的，間接的，結果
的，付随的，逸失利益の又は懲罰的な損害について責任を負わな
いものとする。

(⇨ 201 頁)

(c)　各当事者は，自己の費用をもって，本契約期間中，本契約上の
責任を補償するに十分であり，かつ類似の規模及び範囲を有する
賢明な製造会社の標準的なビジネス実務に従った保険契約（又は
自己保険のプログラム）を取得し，維持するものとする。当該保
険は，本契約上の当該当事者の責任に制限をもうけるものではな
い。

(⇨ 203 頁)

293

第3章　産業技術ライセンス契約書式

11.2　Force Majeure. Neither Party shall be liable for a failure to comply with any provision of this Agreement if it is prevented from performing the said provision because of a Force Majeure Event. For purposes of this provision, a "Force Majeure Event" means an event beyond the control of such Party and independent from its will including, but not limited to, strikes or other labor trouble, war, insurrection, fire, flood, earthquake, typhoon, explosion, discontinuity in supply of power, court order or governmental interference.

11.3　Independent Contractors. The relationship of Licensor and Licensee under this Agreement is intended to be that of an independent contractor. Nothing contained in this Agreement is intended or is to be construed so as to constitute the Parties as partners or joint venturers or either Party as an agent or employee of the other. Neither Party has any express or implied right or authority under this Agreement to assume or create any obligations on behalf of or in the name of the other, or to bind the other Party to any contract, agreement or undertaking with any Third Party.

11.4　Governing Law. This Agreement shall be governed by and construed under the laws of Japan (specifically excluding the United Nations Convention on Contracts for the International Sale of Goods (1980)), without regard to any conflicts or choice of law rule or principle that might otherwise refer construction or interpretation of this Agreement to the law of another jurisdiction.

11.5　Dispute Resolution.

(a)　Any dispute arising out of or in connection with this Agreement, including any question regarding its existence, validity or termination, shall be referred to and finally resolved by arbitration administered by the Singapore International Arbitration Centre in accordance with the Arbitration Rules of the Singapore International Arbitration Centre for the time being in force, which rules are deemed to be incorporated by reference in this clause. The seat of the arbitration shall be Singapore. The Tribunal shall consist of one (1) arbitrator. The language of the arbitration shall be English.

(b)　Notwithstanding the provisions of Section 11.5(a), disputes pertaining to the validity, enforceability, or infringement of any of the Licensed Technology

294

11.2　不可抗力.　いずれの当事者も，不可抗力事由によって本
契約の規定の履行を妨げられた場合には，当該規定の不履行につい
て責任を負わない。本規定において「不可抗力事由」とは，当該当
事者にとって制御不能でその意思から独立した事由を意味し，これ
にはストライキ若しくはその他の労働争議，戦争，暴動，火災，洪
水，地震，台風，爆発，電力供給の断絶，裁判所の命令，又は政府
の介入を含むが，これらに限られない。

第11節第2
（⇨204頁）

11.3　独立契約者.　本契約におけるライセンサーとライセン
シーの関係は，独立した契約者の関係であることが意図されてい
る。本契約の規定はいずれも，両当事者をパートナー若しくは合弁
事業者とすること又はいずれかの当事者を他方当事者の代理人若し
くは従業者とすることを意図したものでもそのように解釈されるも
のでもない。いずれの当事者も，他方当事者を代理して若しくはそ
の名前において義務を引き受け若しくは発生させ又は第三者との契
約，合意若しくは約束に他の当事者を拘束させる明示的又は黙示的
な権利又は権限を本契約上有するものではない。

第11節第3
（⇨205頁）

11.4　準拠法.　本契約は，本契約の解釈又は説明を他の法域の
法律に委ねる法の抵触又は選択のルール又は原則にかかわらず，日
本法（ただし，国際物品売買契約に関する国際連合条約（1980年）
は明示的に除外される。）に準拠し，これに従って解釈されるもの
とする。

第11節第4
（⇨207頁）

11.5　紛争解決.

第11節第5
（⇨209頁）

(a)　存在，有効性又は解約に関する問題を含む本契約から生じ又は
　　これに関連する一切の紛争は，その時点において有効なシンガ
　　ポール国際仲裁センターの仲裁規則に従い，シンガポール国際仲
　　裁センターによって管理される仲裁に付され，終局的に解決され
　　るものとし，当該仲裁規則は本条に準用されるものとみなされ
　　る。仲裁場所はシンガポールとする。仲裁廷は一人の仲裁人に
　　よって構成される。仲裁言語は英語とする。

(b)　第11.5条(a)の規定にかかわらず，本許諾技術の有効性，権利
　　行使可能性又は抵触性に関する紛争は，管轄権を有する法域の裁

（⇨213頁）

第3章　産業技術ライセンス契約書式

shall be resolved solely by a court or patent office of competent jurisdiction, and no such claim shall be subject to arbitration pursuant to this Section 11.5(a).

(c) Nothing contained in this Agreement shall deny either Party the right to seek preliminary injunctive relief from a court of competent jurisdiction in the context of a bona fide emergency or prospective irreparable harm, and such an action may be filed and maintained notwithstanding any ongoing arbitration proceeding.

11.6　Non-Solicitation by Licensee. Licensee agrees that, during the Term prior to the First Commercial Sale of a Covered Product in the Licensed Territory, it will not, directly or indirectly, solicit to employ or engage as an independent contractor any then-current employee of Licensor or its Affiliates who has been involved in the Development of the Covered Product prior to the Effective Date. Notwithstanding the above, the following solicitations will not be prohibited:

(i) solicitations by independent contractors of Licensee or its Affiliates, so long as they are not specifically directed by Licensee to solicit such individuals;

(ii) solicitations initiated through general advertisements not directly targeted at such individuals; and

(iii) solicitations of such individuals who have first contacted Licensee on their own initiative, directly or through Third Party recruiters, regarding employment or engagement as an independent contractor.

11.7　No Implied License. Except as expressly provided in this Agreement, no license or other right is or shall be created or granted hereunder by implication, estoppel or otherwise.

11.8　Further Assurances. Each Party hereby agrees without the necessity of any further consideration, to execute, acknowledge and deliver any and all such other documents and take any such other action as may be reasonably necessary to carry out the intent and purposes of this Agreement.

第3章　産業技術ライセンス契約書式

判所又は特許庁によってのみ解決され，そのような請求は第11.5
条(a)に従った仲裁に服しないものとする。

(c)　本契約の定めはいずれかの当事者が真正かつ切迫し又は予見さ
れる回復不能の損害との関連において管轄裁判所に予備的な差止
救済を求める権利を否定するものではなく，そのような手続は，
係属中の仲裁手続にかかわらず申立て，維持することができるも
のとする。

11.6　ライセンシーによる勧誘の禁止.　ライセンシーは，本契
約期間中の本許諾地域における本実施製品の最初の商業的販売の前
において，本効力発生日の前に本実施製品の開発に関与したライセ
ンサー又はその関係会社の現従業員を雇用し又は独立請負人として
契約することを直接又は間接に勧誘してはならない。上記にかかわ
らず，以下の勧誘は禁じられない。

第11節第6
(⇨214頁)

(i)　ライセンシーによる当該個人の勧誘の具体的な指示がない限
りにおいて，ライセンシー又はその関係会社の独立した契約者
による勧誘

(ii)　当該個人を標的としない一般的な広告を通じて開始された勧
誘，及び

(iii)　個人が直接又は第三者リクルーターを通じて当初自発的に雇
用又は独立請負人としての契約についてライセンシーに連絡し
てきた場合における当該個人の勧誘

11.7　黙示的ライセンスの不存在.　本契約に明示的に規定され
ていない限り，暗示，禁反言その他によって本契約上，ライセンス
又はその他の権利が創出され又は許諾されるものではない。

第11節第7
(⇨216頁)

11.8　さらなる保証.　各当事者は，さらなる対価の必要なく，
本契約の意図及び目的を遂行するために合理的に必要となり得る一
切の他の文書を締結，承認及び交付し，かつその他の措置を講じる
ことに合意する。

第11節第8
(⇨217頁)

297

第3章　産業技術ライセンス契約書式

11.9　Waiver.　Failure by any Party to enforce any term or provision of this Agreement in any specific instance or instances hereunder shall not constitute a waiver by such Party of any such term or provision, and such Party may enforce such term or provision in any subsequent instance without any limitation or penalty whatsoever.　No waiver of any right or remedy hereunder shall be effective unless provided in writing executed by the waiving Party.

11.10　Notices.

(a)　All notices, consents and waivers under this Agreement must be in writing and shall be deemed to have been duly given, if sent by certified or registered mail or express courier service, prepaid, or transmitted by facsimile (verification of transmission receipt required), in each case to the addresses set forth in the introductory paragraph of this Agreement or to such other addresses as a Party may designate by written notice.

(b)　With respect to notices given pursuant to Section 11.10(a):

(i)　if sent by certified or registered mail or by express courier service, the date of delivery shall be deemed to be the date on which such notice was received or rejected by the Party to whom such notice was addressed; and

(ii)　if sent by facsimile, the date of transmission shall be deemed to be the date on which such notice was given.

11.11　Entire Agreement.　The Parties acknowledge that this Agreement, together with the Exhibits attached, sets forth the entire agreement and understanding of the Parties, and supersedes all prior written or oral agreements or understandings with respect to the subject matter hereof.　No trade customs, courses of dealing, or courses of performance by the Parties will be relevant to modify, supplement, or explain any term used in this Agreement.

11.12　Amendments.　This Agreement may only be modified, altered, amended, or supplemented in a writing expressly stated for such purpose and signed by the Parties.

第3章　産業技術ライセンス契約書式

11.9　権利放棄.　当事者が本契約における特定の事象について本契約の条項又は規定を権利行使しなかったとしても，当該当事者が当該条項又は規定を放棄したことになるわけではなく，当該当事者は，何らの制限又は不利益なくその後の事象において当該条項又は規定を権利行使し得る。本契約上の権利又は救済の放棄は，放棄する当事者が書面によってしない限り効力を生じない。

第11節第9
(⇨218頁)

11.10　通知.

第11節第10
(⇨220頁)

⒜　本契約上の全ての通知，同意及び権利放棄は書面によらねばならず，元払いされた配達証明付き若しくは書留の郵便若しくは国際宅急便，又はファックス（受信の証明が要求される）により，本契約の序文に記載された住所又は当事者が書面による通知によって指定した他の住所に宛てて送付又は送信された場合に適正になされたものとみなされる。

⒝　本第11.10条⒜に従ってなされる通知は，

　⒤　配達証明付き若しくは書留の郵便又は国際宅急便によって送付された場合は，その到達日が当該通知の名宛人である当事者によって受領又は拒絶された日であるとみなされ，

　⒤⒤　ファックスによって送信された場合は，送信日が当該通知がなされた日であるとみなされる。

11.11　完全合意.　両当事者は，本契約が添付の別紙と共に両当事者の完全な合意及び理解を記載したものであり，本契約の主題に関する一切の従前の書面又は口頭による合意又は理解に優先することを認める。両当事者の商慣習，取引過程又は履行過程は，本契約で用いられる用語の修正，補足又は説明と何ら関係性を有しない。

第11節第11
(⇨222頁)

11.12　変更.　本契約は，目的を明示的に記載し両当事者によって署名された書面によってのみ修正，改変，変更又は補足される。

第11節第12
(⇨223頁)

299

第3章　産業技術ライセンス契約書式

11.13 <u>Severability.</u> If any provision of this Agreement should be fully or partly invalid or unenforceable for any reason whatsoever or should violate any Applicable Law, this Agreement is to be considered divisible as to such provision and such provision is to be deemed deleted from this Agreement, and the remainder of this Agreement shall be valid and binding as if such provision were not included therein. There shall be substituted for any such provision deemed to be deleted a suitable provision which, as far as is legally possible, comes nearest to the sense and purpose of the stricken provision.

11.14 <u>Construction of this Agreement.</u> Interpretation of this Agreement will be governed by the following rules of construction:

(a) a word in the singular will include the plural and vice versa, and a word of one gender will include the other gender as the context requires;

(b) the word "including" will mean "including without limitation," unless otherwise specified;

(c) the word "or" will not be exclusive;

(d) a reference to any Person includes such Person's successors and permitted assigns;

(e) a reference to "days" will mean calendar days, unless otherwise specified;

(f) a reference to "written" or "in writing" includes in electronic form;

(g) a reference to "$" or "U.S. Dollars" means the currency of the United States of America;

(h) the titles and headings contained in this Agreement are for reference purposes only and will not affect in any way the meaning or interpretation of this Agreement; and

(i) each of the Parties has participated in the negotiation and drafting of this Agreement and if a question of intent or interpretation should arise, this Agreement will be construed as if drafted jointly by the Parties and no

第3章　産業技術ライセンス契約書式

11.13　分離.　本契約の規定の全部又は一部が何らかの理由により無効若しくは権利行使不能であり又は適用法に違反する場合，本契約は当該規定に関して分離可能であって，当該規定は本契約から削除されたものとみなされ，当該規定が含まれていなかったものとして本契約の残部は有効かつ拘束力を有するものとする。当該削除されたものとみなされる規定は，当該削除規定の意味と目的に法的に可能な限りにおいて最も近似した適切な規定によって置き換えられるものとする。

第11節第13
(⇨ 224 頁)

11.14　本契約の解釈.　本契約の解釈は以下の解釈準則に準拠する。

第11節第14
(⇨ 226 頁)

(a)　単数形の単語は複数形を含み，その逆もまたしかりであって，一方の性の単語は文脈に応じて他方の性を含む。

(b)　「含む」という単語は，別段の定めがない限り，「含み，これに限られない」との意味を有する。

(c)　「又は」という単語は排他的でない。

(d)　人は，当該人の承継人及び許された譲受人を含む。

(e)　「日」は，別段の定めがない限り，歴日を意味する。

(f)　「書面の」又は「書面による」は電子的形態を含む。

(g)　「＄」又は「米ドル」はアメリカ合衆国の通貨を意味する。

(h)　本契約に含まれる見出し及び表題は参考目的にすぎず，本契約の意味又は解釈に何ら影響を及ぼさない。

(i)　当事者双方は本契約の交渉と起草に参加しており，意図又は解釈に疑義が生じた場合，本契約は，両当事者が共同して起草したものと解釈され，本契約の規定の著作により一方当事者にとって

301

第3章　産業技術ライセンス契約書式

presumption or burden of proof will arise favoring or disfavoring either Party by virtue of the authorship of any of the provisions in this Agreement.

11.15　Controlling Language. The English version of this Agreement executed by the Parties shall be the official text, and this Agreement shall be interpreted in the English language. The English original of this Agreement shall prevail over any translation hereof. In addition, all notices required or permitted to be given under this Agreement, and all written, oral or other communications between the Parties regarding this Agreement shall be in the English language.

11.16　Counterparts. This Agreement may be executed in two or more counterparts, each of which shall be deemed an original, but all of which together shall constitute one and the same instrument.

IN WITNESS WHEREOF, the Parties have caused their duly authorized representatives to execute this Agreement in duplicate originals as of the Effective Date.

CORPORATION A　　　　　　　　　CORPORATION B

By: _____　　By: _____

Name:　　　　　　　　　　　　　Name:

Title:　　　　　　　　　　　　　Title:

第 3 章　産業技術ライセンス契約書式

有利又は不利となる推定又は立証責任が生じるものではない。

11.15　支配言語.　両当事者によって締結された英語版の本契約
が公式文であり，本契約は英語によって解釈される。本契約の英語
版原本はそのいかなる訳文にも優越する。さらに，本契約上要求又
は許容される全ての通知及び全ての書面，口頭又は他の手段による
本契約に関する当事者間の連絡は英語によってなされるものとす
る。

第 11 節第 15
（⇨ 229 頁）

11.16　副本.　本契約は，2 以上の副本によって締結される可能
性があり，その各副本が原本とみなされるが，その全てが一体と
なって単一かつ同一の文書を構成する。

第 11 節第 16
（⇨ 230 頁）

　上記の合意を証するため，両当事者は，適式に授権された代表者
をして，本効力発生日に本契約の 2 通の原本に署名させた。

　　会社A　　　　　　　　　　　　　会社B

　　　　：＿＿＿＿＿＿＿＿＿＿　　　　：＿＿＿＿＿＿＿＿＿＿

　　氏名：　　　　　　　　　　　　氏名：

　　役職：　　　　　　　　　　　　役職：

第3章　産業技術ライセンス契約書式

EXHIBIT A

Certain Licensed Patents

1. Patents

Country	Invention Title	Patent No.	Filing Date	Issue Date	Status

2. Patent Applications

Country	Invention Title	Appl. No.	Filing Date	Pub. Date	Status

EXHIBIT B

Core Technical Information

The Core Technical Information shall include the following information:

Title	Description	Status

第3章　産業技術ライセンス契約書式

別紙A

特定の本許諾特許

1．特許

国	発明の名称	特許番号	出願日	発行日	状況

2．特許出願

国	発明の名称	出願番号	出願日	公開日	状況

別紙B

本主要技術情報

本主要技術情報は，以下の情報を含む。

名称	説明	状況

判例索引

判例索引

【外国判例】

Bristol Locknut Co. v. SPS Technologies, Inc., 677 F.2d 1277 (9th Cir. 1982) ········· *119*

Brulotte v. Thys Co., 379 U.S. 29 (1964)（Brulotte 事件）·····························*94, 119*

Case 320/87 *Ottung,* ECLI: EU: C: 1989: 195 ·······································*94*

Case C-567/14 *Genentech,* ECLI: EU: C: 2016: 526 ······························*94*

Corebrace LLC v. Star Seismic LLC, 566 F.3d 1069 (Fed. Cir. May 22, 2009) ·········*47*

Cornell Univ. v. Hewlett-Packard Co., 609 F. Supp. 2d 279, 283 (N.D.N.Y. 2009)
（Cornell University 対 Hewlett-Packard 事件）·································*84*

eBay Inc. v. MercExchange, LLC, 547 U.S. 388 (2006) ··························*32*

Garretson v. Clark, 111 U.S. 120, 121 (1884) ································*83*

Impression Products, Inc. v. Lexmark International, Inc., 581 U.S. (2017)（Lexmark
事件）··*61*

In re *Qimonda,* 462 B.R. 165 (Bankr. E.D. Va. 2011)（Qimonda AG 事件）············ *175*

Innovus Prime, LLC v. Panasonic Corp., No.C-12-00660-RMW (N.D.Cal. 2013) ·······*71*

Kimble v. Marvel Entertainment, LLC, 576 U.S. __ (2015)（Kimble 事件）············*94, 119*

Lear, Inc. v. Adkins, 395 U.S. 653 (1969)（Lear 事件）·························· *117*

MedImmune, Inc. v. Genentech, Inc., 127 S. Ct. 764 (2007)（MedImmune 事件）······ *121*

Microsoft Corp. v. Motorola, Inc., 696 F.3d 872, 884 (9th Cir. 2012) ···········*92*

Moraine Products. v. ICI America, Inc., 538 F.2d 134 (7th Cir. 1976) ··········*64*

Nano-Proprietary, Inc. v. Canon, Inc., 537 F.3d 394 (5th Cir. 2008) ··········*68*

TransCore v. Electronic Transaction. Consultants Corp., 563 F.3d 1271 (Fed. Cir. 2009)
···*71*

Troxel Manufacturing Co. v. Schwinn Bicycle Co., 465 F.2d 1253 (6th Cir. 1972) ··· *119*

United States v. Univis Lens Co., 316 U.S. 241 (1942) ························ *217*

【日本判例】

最高裁昭和 52 年 6 月 20 日判決・民集 31 巻 4 号 449 頁 ···························*95*

東京地裁昭和 57 年 11 月 29 日判決・判時 1070 号 94 頁 ························· *118*

大阪高裁昭和 61 年 6 月 20 日判決・無体裁集 18 巻 2 号 210 頁 ·····················*40*

東京地裁平成 3 年 2 月 25 日判決・判時 1399 号 69 頁 ·························· *216*

最高裁平成 9 年 7 月 1 日判決・民集 51 巻 6 号 2299 頁（BBS 事件）················*60*

最高裁平成 9 年 10 月 28 日判決・集民 185 号 421 頁······················*47*

東京地裁平成 10 年 10 月 12 日判決・判時 1653 号 54 頁 ·····················*41*

東京高裁平成 13 年 5 月 30 日判決・判時 1797 号 111 頁（キューピー著作権事件）····· *208*

最高裁平成 14 年 9 月 26 日判決・民集 56 巻 7 号 1551 頁（カードリーダー事件）····· *208*

判例索引

東京地裁平成 14 年 10 月 3 日判決・裁判所ウェブサイト ………………………… *41*
最高裁平成 19 年 11 月 8 日判決・民集 61 巻 8 号 2989 頁（インクカートリッジ事件）
　……………………………………………………………………………… *51, 60*
東京地裁平成 20 年 8 月 28 日判決・判時 2044 号 134 頁 ……………………… *118*
公取委平成 20 年 9 月 16 日審決（平成 16 年（判）第 13 号）・審決集 55 巻 380 頁
　（マイクロソフト事件）……………………………………………………… *144*
知財高裁平成 21 年 1 月 28 日判決・判時 2044 号 130 頁 ……………………… *119*
東京地裁平成 22 年 3 月 31 日判決・裁判所ウェブサイト……………………… *129*
知財高裁大合議平成 26 年 5 月 16 日判決・判時 2224 号 146 頁（アップル対サムソン事件）
　……………………………………………………………………………… *54, 92*
最高裁平成 26 年 12 月 19 日判決・集民 248 号 189 頁 ………………………… *228*
最高裁平成 29 年 12 月 12 日判決・裁時 1690 号 1 頁……………………………… *143*
公取委平成 31 年 3 月 13 日審決（平成 22 年（判）第 1 号）・公取委審決等データベース
　（クアルコム事件）…………………………………………………………… *145*

事項索引

【アルファベット】

ANDA 訴訟 ················ 135
covenant not to sue ···········70
EMVR ····················82
FRAND ライセンス ···········91
habe-made rights ·············47
NAP 条項 ·················· 144
non-assertion···············70
PE ····················· 109
RAND ライセンス ············92
SEP····················91
SSPPU ···················82

【あ行】

(あ)
アウトバウンド・ライセンス········ 110
アサインバック················ 140
(い)
委員会制度··················76
委託製造···················47
インバウンド・ライセンス··········· 108
(う)
売上ベース··················85
(え)
営業秘密···················· 5

【か行】

(か)
外国税額控除················ 110
改良技術··················· 138
監査···················· 100
間接侵害品··················52
完全合意··················· 222
簡略新薬承認申請············· 135

(き)
技術支援···················74
競争品取扱禁止義務············ 126
共有特許···················34
許諾期間·················62, 169
許諾技術···················35
許諾行為···················43
許諾製品···················49
許諾地域···················55
記録···················· 100
(く)
グラントバック··············· 140
グローバル・ライセンス···········57
グロスアップ条項·············· 113
クロスライセンス契約··············90
(け)
契約一時金··················78
契約解釈··················· 226
契約期間··················· 169
契約準拠法················· 207
研究発表··················· 163
源泉徴収義務············ 108, 109
限定提供データ················ 5
権利不主張··················70
権利放棄··················· 218
(こ)
恒久的施設················· 109
国際消尽···················60
国内源泉所得················ 108
国内消尽···················60
国内ライセンス··············· 108

【さ行】

(さ)
再実施許諾権·················63

309

事項索引

最小販売可能特許実施単位‥‥‥‥‥‥*83*
最低ロイヤルティ‥‥‥‥‥‥‥‥‥ *104*
サブライセンス権‥‥‥‥‥‥‥‥‥‥*63*
産業技術‥‥‥‥‥‥‥‥‥‥‥‥‥‥ *3*
産業財産権‥‥‥‥‥‥‥‥‥‥‥‥‥ *5*
(し)
実施努力義務‥‥‥‥‥‥‥‥‥‥‥ *124*
実施分野‥‥‥‥‥‥‥‥‥‥‥‥‥‥*48*
支配言語‥‥‥‥‥‥‥‥‥‥‥‥‥ *229*
支配権の変動‥‥‥‥‥‥‥‥‥‥‥ *195*
消尽論‥‥‥‥‥‥‥‥‥‥‥‥‥ *51, 59*
書面による契約変更‥‥‥‥‥‥‥‥ *223*
侵害廃除義務‥‥‥‥‥‥‥‥‥‥‥ *134*
(す)
ステップダウン‥‥‥‥‥‥‥‥‥‥‥*96*
(せ)
全体市場価値ルール‥‥‥‥‥‥‥‥‥*82*
専用実施権‥‥‥ *40, 67, 135, 178, 192, 193*
(そ)
属地主義‥‥‥‥‥‥‥‥‥‥‥‥ *21, 55*
租税条約‥‥‥‥‥‥‥‥‥‥‥‥‥ *109*
損害賠償(補償)‥‥‥‥‥‥‥‥‥ *198*

【た行】
(た)
第三者への実施委託‥‥‥‥‥‥‥‥‥*46*
(ち)
知的財産‥‥‥‥‥‥‥‥‥‥‥‥‥‥ *3*
知的財産権‥‥‥‥‥‥‥‥‥‥‥‥‥ *3*
仲裁‥‥‥‥‥‥‥‥‥‥‥‥‥‥‥ *210*
賃貸型(ライセンス契約)‥‥‥‥‥‥*18*
(つ)
追加保証‥‥‥‥‥‥‥‥‥‥‥‥‥ *217*
通常実施権‥‥‥‥‥‥ *40, 67, 178, 192, 193*
通知‥‥‥‥‥‥‥‥‥‥‥‥‥‥‥ *220*
(て)
適用為替レート‥‥‥‥‥‥‥‥‥‥‥*99*

(と)
当事者の独立性‥‥‥‥‥‥‥‥‥‥ *205*
独占的通常実施権‥‥‥‥‥‥‥‥‥‥*40*
独占ライセンス‥‥‥‥‥‥‥‥‥‥‥*38*
特許期間満了後のロイヤルティ支払義
  務‥‥‥‥‥‥‥‥‥‥‥‥‥‥ *94, 95*

【な行】
(の)
ノウハウ‥‥‥‥‥‥‥‥‥‥ *6, 25, 72*

【は行】
(は)
売買型(ライセンス契約)‥‥‥‥‥‥*18*
ハッチ・ワックスマン訴訟‥‥‥‥‥ *135*
発明‥‥‥‥‥‥‥‥‥‥‥‥‥‥‥‥*25*
発明の「実施」‥‥‥‥‥‥‥‥‥‥‥*43*
パテントプール‥‥‥‥‥‥‥‥‥‥‥*91*
ハブメイド権‥‥‥‥‥‥‥‥‥‥ *47, 53*
(ひ)
引き抜きの禁止‥‥‥‥‥‥‥‥‥‥ *214*
非係争義務‥‥‥‥‥‥‥‥‥‥‥‥ *144*
非独占的通常実施権‥‥‥‥‥‥‥‥‥*40*
非独占ライセンス‥‥‥‥‥‥‥‥‥‥*38*
非独占ライセンスへの転換権‥‥‥‥ *125*
非物権的知的財産権‥‥‥‥‥‥‥ *6, 15*
秘密保持‥‥‥‥‥‥‥‥‥‥‥‥‥ *156*
標準必須特許‥‥‥‥‥‥‥‥‥‥‥‥*91*
表明保証‥‥‥‥‥‥‥‥‥‥‥‥‥ *146*
(ふ)
不可抗力‥‥‥‥‥‥‥‥‥‥‥‥‥ *204*
副本‥‥‥‥‥‥‥‥‥‥‥‥‥‥‥ *230*
不公正な取引方法‥‥ *81, 89, 94, 120, 127,*
  142, 143, 144
不争義務‥‥‥‥‥‥‥‥‥‥‥‥‥ *120*
物権的知的財産権‥‥‥‥‥‥‥ *5, 10, 13*
不提訴誓約‥‥‥‥‥‥‥‥‥‥‥‥‥*70*

事項索引

プレスリリース……………………… 166
紛争解決方法……………………… 209
分離……………………………… 224

【ま行】

（ま）
マイルストーン・ペイメント…………79
（も）
黙示的ライセンス…… 37, 52, 54, 61, 216

【や行】

（ゆ）
ユニット・ベース…………………………89

【ら行】

（ら）
ライセンスの永続性……………………68
ライセンスの譲渡可能性………………67
ライセンスの取消可能性………………68
ランニング・ロイヤルティ…………80
（ろ）
ロイヤルティ……………………………80
ロイヤルティ・レポート………………98
ロイヤルティ期間…………………93, 169
ロイヤルティ・ベース…………………82

311

著者略歴

伊 藤 晴 國（いとう　はるくに）

　弁護士・ニューヨーク州弁護士（外国法共同事業ジョーンズ・デイ法律事務所）

　1994年　東京大学法学部卒業

　2006年　ノースウェスタン大学スクール・オブ・ロー修士課程修了

　著書：『International Copyright Law』（共著，Globe Law and Business社，2013年）

知的財産ライセンス契約
──産業技術（特許・ノウハウ）

2019 年 11 月 27 日　初版発行

著　者　伊　藤　晴　國

発行者　和　田　　　裕

発行所　日本加除出版株式会社

本　　　社　郵便番号 171 - 8516
　　　　　　東京都豊島区南長崎 3 丁目 16 番 6 号
　　　　　　T E L　（03）3953 - 5757（代表）
　　　　　　　　　（03）3952 - 5759（編集）
　　　　　　F A X　（03）3953 - 5772
　　　　　　U R L　www.kajo.co.jp

営　業　部　郵便番号 171 - 8516
　　　　　　東京都豊島区南長崎 3 丁目 16 番 6 号
　　　　　　T E L　（03）3953 - 5642
　　　　　　F A X　（03）3953 - 2061

組版・印刷　㈱亨有堂印刷所　／　製本　牧製本印刷㈱

落丁本・乱丁本は本社でお取替えいたします。
★定価はカバー等に表示してあります。
© H. Ito 2019
Printed in Japan
ISBN978-4-8178-4608-2

JCOPY　〈出版者著作権管理機構　委託出版物〉
本書を無断で複写複製（電子化を含む）することは，著作権法上の例外を除き，禁じられています。複写される場合は，そのつど事前に出版者著作権管理機構（JCOPY）の許諾を得てください。
　また本書を代行業者等の第三者に依頼してスキャンやデジタル化することは，たとえ個人や家庭内での利用であっても一切認められておりません。

〈JCOPY〉　H P：https://www.jcopy.or.jp，e-mail：info@jcopy.or.jp
　　　　　　電話：03-5244-5088，FAX：03-5244-5089

技術法務のススメ
事業戦略から考える知財・契約プラクティス

知財戦略・知財マネジメント・契約交渉・契約書作成・特許ライセンス契約・秘密保持契約・共同開発契約・共同出願契約・ソフトウェアライセンス契約・ソフトウェア開発委託契約など

鮫島正洋 編集代表
2014年6月刊 A5判 396頁 本体3,450円+税 978-4-8178-4168-1

商品番号：40556
略　　号：技法

- ノウハウを惜しみなく提供した戦略的アドバイスのための必読書。
- 知財法を知らないビジネスマンでも知財戦略を理解可能なように再構成した「知財戦略セオリ」を提唱。

知財審決取消訴訟の理論と実務

中野哲弘 著
2015年10月刊 A5判 220頁 本体2,100円+税 978-4-8178-4267-1

商品番号：40605
略　　号：知審

- 特許・実用新案・意匠・商標に関する取消訴訟につき、訴訟当事者の立場からは見えにくい「訴訟運営」に焦点を当て、裁判所視点でのポイントを中心に理論的根拠と実務運用を解説。行政事件訴訟法、民事訴訟法など手続法の視点と審決の先行手続となる根拠法が複雑に絡み合う実務を体系的に整理。

契約書が楽に読めるようになる
英文契約書の基本表現
Encyclopedia of Key Words and Expressions in English Contracts

牧野和夫 著
2014年12月刊 A5判 244頁 本体2,400円+税 978-4-8178-4201-5

商品番号：40573
略　　号：英基

- 英文契約書を理解するために必要な表現や用語を精選。
- 基本表現を対訳・語注つきのシンプルな例文を使って解説。「契約書の英語」を体得できる。
- 一般条項も同時にマスターできる構成。

第2版 実務英文契約書文例集
サンプル書式ダウンロード特典付

黒河内明子／ムーン・キ・チャイ 著
2017年6月刊 A5判 484頁 本体4,400円+税 978-4-8178-4402-6

商品番号：40457
略　　号：英文契約

- 様々な契約に共通する一般条項と厳選した契約書21文例の英文を収録し、全条項の和訳と充実した解説を付与。改正民法（平成29年5月26日成立）に関しても、法改正の内容にとどまらず、実務対応まで踏み込んで解説。
- 本書掲載の契約書21文例をダウンロードできる購入者特典付。

日本加除出版

〒171-8516　東京都豊島区南長崎3丁目16番6号
TEL (03)3953-5642　FAX (03)3953-2061（営業部）
www.kajo.co.jp